AF532153

Die größten Rätsel der Kunst

ISBN 978-3-8094-4307-0

3. Auflage 2024
© 2020 by Bassermann Verlag, einem Unternehmen der Penguin Random House Verlagsgruppe GmbH, Neumarkter Straße 28, 81673 München
© der deutschen Erstausgabe 2014 by Prestel Verlag, einem Unternehmen der Penguin Random House Verlagsgruppe GmbH, Neumarkter Straße 28, 81673 München

© der französischen Originalausgabe: © 2014 Olo Éditions, Paris
Originaltitel: *The Museum of Secrets*

Bildnachweis auf S. 176

Die Verwertung der Texte und Bilder, auch auszugsweise, ist ohne die Zustimmung des Verlags urheberrechtswidrig und strafbar. Dies gilt auch für Vervielfältigungen, Übersetzungen, Mikroverfilmung und für die Verarbeitung mit elektronischen Systemen.

Autorinnen: Éléa Baucheron und Diane Routex

Projektmanagement der französischen Originalausgabe: Nicolas Marçais
Künstlerische Leitung: Philippe Marchand
Redaktionelle Unterstützung: Énaïde Xetuor-Docin
Layout: Prestel Verlag, basierend auf einem Entwurf von Marion Alfano
Lektorat der französischen Originalausgabe: Aurélie Gaillot
Dank an: Thierry Freiberg für seinen aufmerksamen Blick

Projektleitung dieser Ausgabe: Martha Sprenger
Übersetzung aus dem Französischen: Annegret Hunke-Wormser, Berlin
Lektorat: Clemens von Lucius, Berlin
Satz: textum GmbH/Christine Rehmann, München
Umschlaggestaltung: Atelier Versen, Bad Aibling
Repro: Regg Media GmbH
Herstellung: Timo Wenda

Der Verlag behält sich die Verwertung der urheberrechtlich geschützten Inhalte dieses Werkes für Zwecke des Text- und Data-Minings nach § 44 b UrhG ausdrücklich vor. Jegliche unbefugte Nutzung ist hiermit ausgeschlossen.

Die Informationen in diesem Buch sind von den Autorinnen und vom Verlag sorgfältig geprüft, dennoch kann eine Garantie nicht übernommen werden. Eine Haftung der Autorinnen bzw. des Verlags und seiner Beauftragten für Personen-, Sach- und Vermögensschäden ist ausgeschlossen.

Druck und Bindung: Mohn Media GmbH, Gütersloh
Printed in Germany

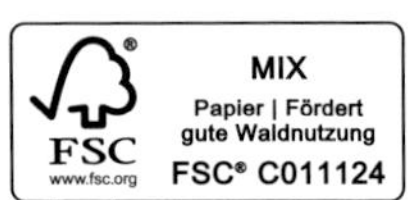

Penguin Random House Verlagsgruppe FSC® N001967

422349210114

Éléa Baucheron
Diane Routex

Die größten Rätsel der Kunst

Welches Kunstwerk hat nicht irgendetwas zu verbergen? Künstlerische Arbeiten werden ständig von Kunsthistorikern und -kritikern detektivisch unter die Lupe genommen. Neue Erkenntnisse ihrer permanent von überraschenden Wendungen erschütterten Disziplin führen zu neuen Fragestellungen und neuen Debatten, die wiederum regelrechte Ermittlungen auslösen.

Eine Darstellung besitzt immer eine gewisse Macht, die zu dieser sonderbaren Aura der Kunst beiträgt: in vielen Zivilisationen eine magische oder religiöse Macht, politische Macht, die Macht zu zeigen, zu gefallen, Wissen weiterzugeben, etwas ohne Worte zu sagen ... Kunstwerke sind selten nichtssagend und ihre mehr oder weniger deutlichen Botschaften, ihre bisweilen rätselhaften Intention machen sie zu komplexen Objekten, die untersucht und erforscht werden wollen.

Gewisse Werke berühren uns und lassen keinen passiven Blick zu, sei es, weil wir so konditioniert wurden, sie als geheimnisvoll zu betrachten (siehe die *Mona Lisa,* Seite 54 oder die ägyptischen Pyramiden, Seite 88), sei es, weil sie mit Symbolen gespickt sind, die zuerst entziffert werden müssen (siehe *Melencolia I,* Seite 150, oder *Die Liebkosungen,* Seite 166), oder auch, dass sie Teil einer Kultur oder eines Kontextes sind, zu denen wir keinen Zugang mehr haben (siehe die Zeichnungen in der Höhle von Lascaux, Seite 128, oder die *Moai* der Osterinsel, Seite 12).

Dafür verbergen andere Werke, die wir zu kennen glauben, die wir zu oft gesehen haben oder die uns auf Anhieb verständlich erscheinen, manchmal Geheimnisse, die wir nicht vermutet hätten. Einige Künstler spielen mit dem Publikum, indem sie absichtlich Werke schaffen, die Fragen aufwerfen. Dadurch wird der Betrachter gedrängt, Interesse zu zeigen und trägt zur Berühmtheit des Künstlers bei. Banksy, der anonym bleiben will (siehe Seite 80) oder Marcel Duchamp, der das Geheimnis seines Werkes mit ins Grab genommen hat (siehe Seite 32), waren sich sicherlich bewusst, dass ihre hervorragenden ›Werbekampagnen‹ zu ihrem Ruhm beitragen würden.

Die Kunst spricht die Menschen auf unterschiedliche Weise an: Kunsthistoriker, Kunstfreunde oder einfach nur Betrachter können ihr Wissen ins Spiel bringen, sie können aber auch ihren Eindrücken und Gefühlen folgen, wenn sie einem Werk gegenüberstehen. Es gibt nicht den einen richtigen Weg, um Kunst zu begreifen oder zu lieben. Konkurrierende Theorien oder falsche Eindrücke können oft zu Streitgesprächen führen, ohne dass am Ende die Wahrheit dabei herauskommt. Dieses Buch nimmt übrigens auch nicht für sich in Anspruch, alle aufgeführten Geheimnisse zu lösen. Man muss akzeptieren, dass man den Sinn eines Werkes nie ganz ergründen kann … und lernen, seine rätselhafte Seite zu schätzen.

SCHICKSAL

IDENTITÄT

ERSCHAFFUNG

BEDEUTUNG

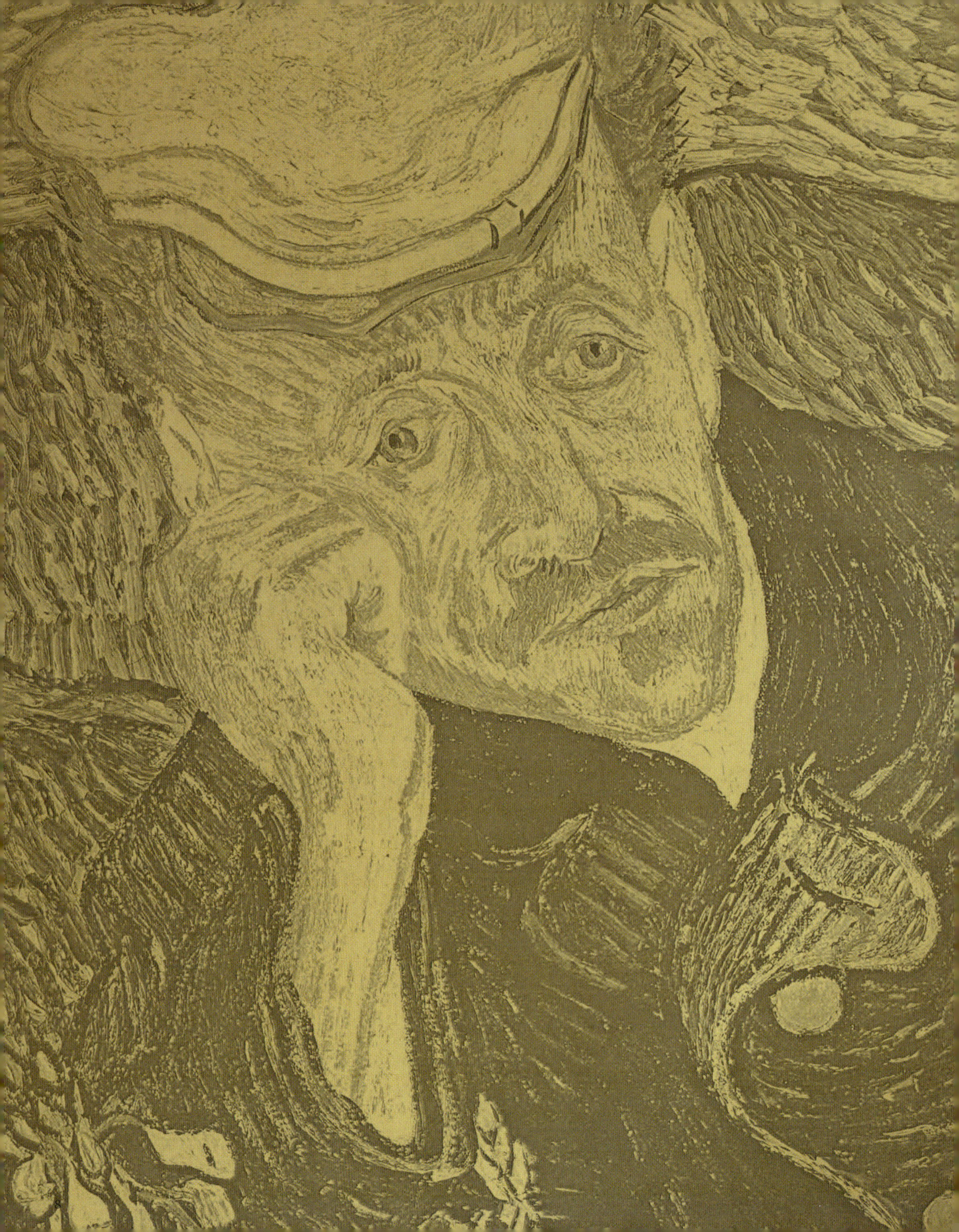

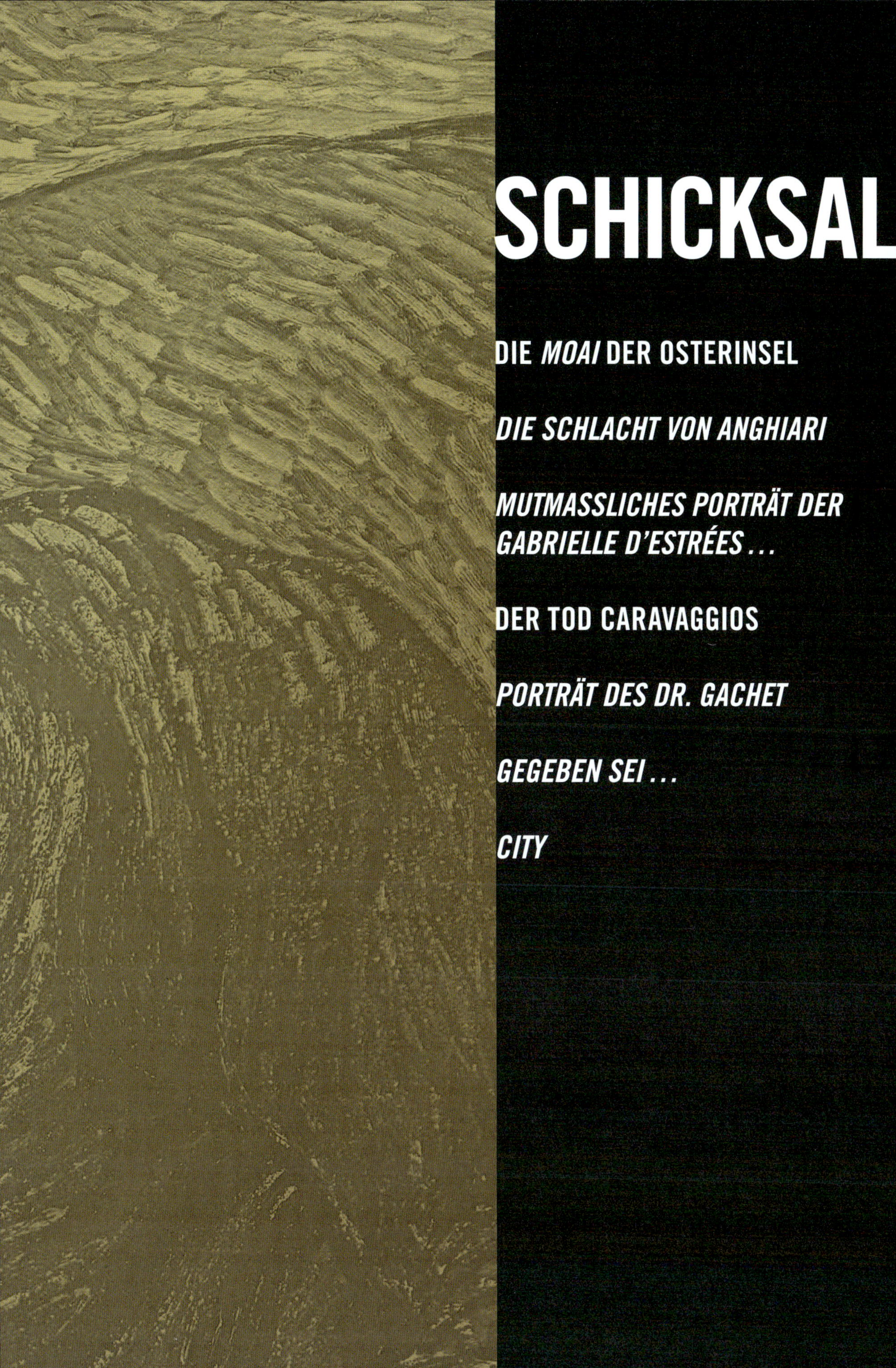

SCHICKSAL

DIE *MOAI* DER OSTERINSEL

DIE SCHLACHT VON ANGHIARI

MUTMASSLICHES PORTRÄT DER GABRIELLE D'ESTRÉES …

DER TOD CARAVAGGIOS

PORTRÄT DES DR. GACHET

GEGEBEN SEI …

CITY

Das Leben von Kunstwerken ist nicht immer ein langer ruhiger Fluss. Sie haben im Laufe von hundert, fünfhundert oder sogar zweitausend Jahren einiges erlebt. Könnten wir sie zum Reden bewegen, würden wir atemberaubende Geschichten zu hören bekommen.

Die *Moai* der Osterinsel (siehe Seite 12) würden uns vielleicht das Geheimnis ihres Ursprungs verraten, *Die Schlacht von Anghiari* von Peter Paul Rubens (siehe Seite 16) würde uns einen Tipp geben, wo sich das gleichnamige Fresko Leonardo da Vincis befindet, und das heute im Musée d'Orsay aufbewahrte *Porträt des Dr. Gachet* (siehe Seite 28) könnte uns vermutlich die ganze Wahrheit über die Identität seines Schöpfers erzählen. Ebenso wie das Fresko Leonardos werfen zahlreiche andere Werke Fragen auf, weil sie entweder auf geheimnisvolle Weise verschwunden sind, oder weil man nicht weiß, wem sie zuzuschreiben sind. Darüber hinaus können sie Opfer eines verhängnisvollen Schicksals geworden sein. Kriege, Brände und andere Katastrophen haben die Perlen unseres kulturellen Erbes zerstört und zerstören sie noch. Bisweilen werden die Werke absichtlich vernichtet … Man denke nur an all die Gemälde, die während des Zweiten Weltkriegs zu Asche zerfielen, weil sie als ›entartete Kunst‹ eingestuft wurden, aber auch an die beiden

Buddhastatuen, die – vor nicht allzu langer Zeit, im Jahr 2011 – für ›islamfeindlich‹ gehalten und von den Taliban gesprengt wurden.
Ein Kunstwerk hat sein Schicksal nicht in der Hand. Es ist den Zufällen der Geschichte und den Menschen unterworfen, die die Macht haben, zu erschaffen und zu zerstören. Nehmen wir die *Mona Lisa* (siehe Seite 54). Wäre sie auch so bekannt, wenn Kunsthistoriker und -kritiker nicht mit allen Mitteln versucht hätten, immer weitere Rätsel in ihr zu entdecken? Entscheidend ist auch, wie Künstler sich gegenüber ihren eigenen Werken verhalten. Würde Michael Heizer die Vollendung seiner *City* (die noch auf sich warten lässt, siehe Seite 38) nicht derart in Szene setzen, kann man sicher sein, dass die Installation unsere Neugier viel weniger anstacheln würde.
Ein rätselhaftes Schicksal ist nicht nur Kunstwerken beschert, auch das turbulente Leben einiger Künstler, sogar das einiger Modelle, macht neugierig. Wurde Caravaggio wirklich an einem Strand von seinem Liebhaber ermordet (siehe Seite 24)? Wie starb Gabrielle d'Estrées, die auf diesem anonymen Gemälde aus dem 16. Jahrhundert nackt dargestellt ist (siehe Seite 20)?
Oh! Wenn Kunstwerke doch nur sprechen könnten.

Die *Moai* der Osterinsel

DAS MYSTERIUM DER STEINRIESEN

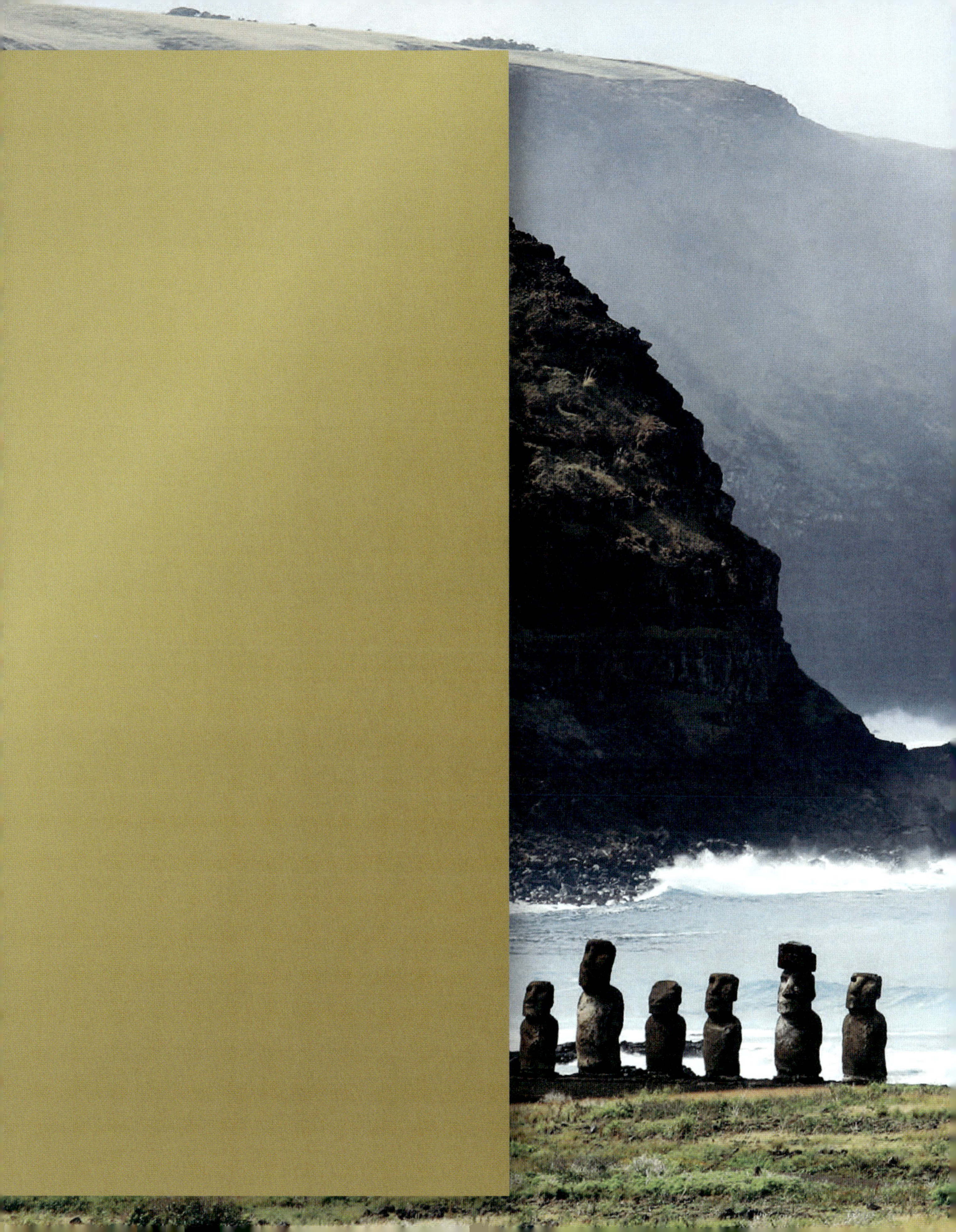

Man weiß nur sehr wenig über die Menschen, die auf der Osterinsel lebten – Rapa Nui in der gleichnamigen Sprache – und über diese faszinierenden Steinriesen: Warum und wie schufen die Rapa Nui diese *Moai,* die überall auf ihrer Insel zu finden sind? Über dieser Insel, die zu den entlegensten Orten der Welt zählt, scheint ein Fluch zu liegen: Ihre Bevölkerung ist im Lauf der Jahrhunderte ausgestorben und nur sehr wenige Informationen sind bis zu uns durchgedrungen.

Man nimmt häufig an, Umweltzerstörung und apokalyptische Kriege seien unserer heutigen Gesellschaft vorbehalten. Aber in der kleinen Welt der etwa 163 Quadratkilometer großen Osterinsel haben diese traurigen Tatsachen einst wohlhabende Stämme in zunehmendem Maße geschwächt. Die massive Ausbeutung der Felder und Wälder sowie zahlreiche, durch Stammeskriege entfachte Brände haben das ökologische Gleichgewicht der Insel zerstört und die Bevölkerung in Hungerkatastrophen gestürzt. So treffen die Europäer im 18. Jahrhundert auf eine ausgeblutete Zivilisation. Die Konfrontation mit der westlichen Welt zieht den Schlussstrich unter die Tragödie. Krankheiten, die bis dahin auf der Insel unbekannt waren, Auseinandersetzungen, in denen sich Steine gegen Feuerwaffen behaupten müssen, und Versklavung dezimieren die Bewohner der Osterinsel das gesamte 19. Jahrhundert hindurch.

All das hat dazu geführt, dass die Bräuche dieser Insel im Dunkeln geblieben sind und immer bleiben werden. Das Erstaunlichste ist zweifellos die Errichtung dieser beeindruckenden männlichen Steinfiguren, die vermutlich zwischen 1000 und 1650 stattfand. Man weiß, dass die Stämme nur über wenige technische Hilfsmittel verfügten. Katalogisiert wurden 1993 nicht weniger als 886 *Moai,* die im Schnitt sechs Meter hoch sind. Diese mehrere Tonnen schweren Monolithen mussten aus Kratergestein gemeißelt, über unbefestigte Wege transportiert und dann aufgerichtet werden! Einer einheimischen Legende zufolge sollen die Kolosse, sobald sie fertig waren, an ihren vorbestimmten Platz gewandert sein … Man könnte fast versucht sein, dieser Legende Glauben zu schenken!

Einige Archäologen hingegen haben mit gewissem Erfolg versucht, Techniken zu entwickeln, die die eingesetzten Mittel erklären. Mithilfe von Seilen und einem Schlitten aus Baumstämmen ist es ungefähr zwanzig Personen gelungen, die Kolosse zu transportieren und aufzurichten. Laufrollen und Hebel hätten denselben Zweck erfüllt. Nur einer gut strukturierten, organisierten und hoch motivierten Zivilisation konnte das gelingen. Aber genau das ist die Frage: Was motivierte diese Stämme?

Die Bedeutung der *Moai* ist unklar. Man geht heute davon aus, dass sie ruhmreiche Ahnen darstellen, die über die Grabkammern wachten. Die Bewohner der Osterinsel haben Besuchern nie untersagt, sich ihnen zu nähern. Die *Moai* scheinen also keine heilige oder tabuisierte Aura zu besitzen, die Gottheiten für gewöhnlich auszeichnet. Im 20. Jahrhundert stellte ein Forscher fest, dass die meisten von ihnen zerstört oder umgestürzt waren. In Kriegszeiten haben die Ureinwohner zweifellos selbst für diese Zerstörung gesorgt. Bereits vor der Ankunft der Europäer vernachlässigten sie ihre Traditionen, die dazu bestimmt zu sein scheinen, in den Tiefen der Vergangenheit begraben zu liegen.

Moai, um 1000–1650,
Nationalpark von Rapa Nui, Osterinsel, Chile

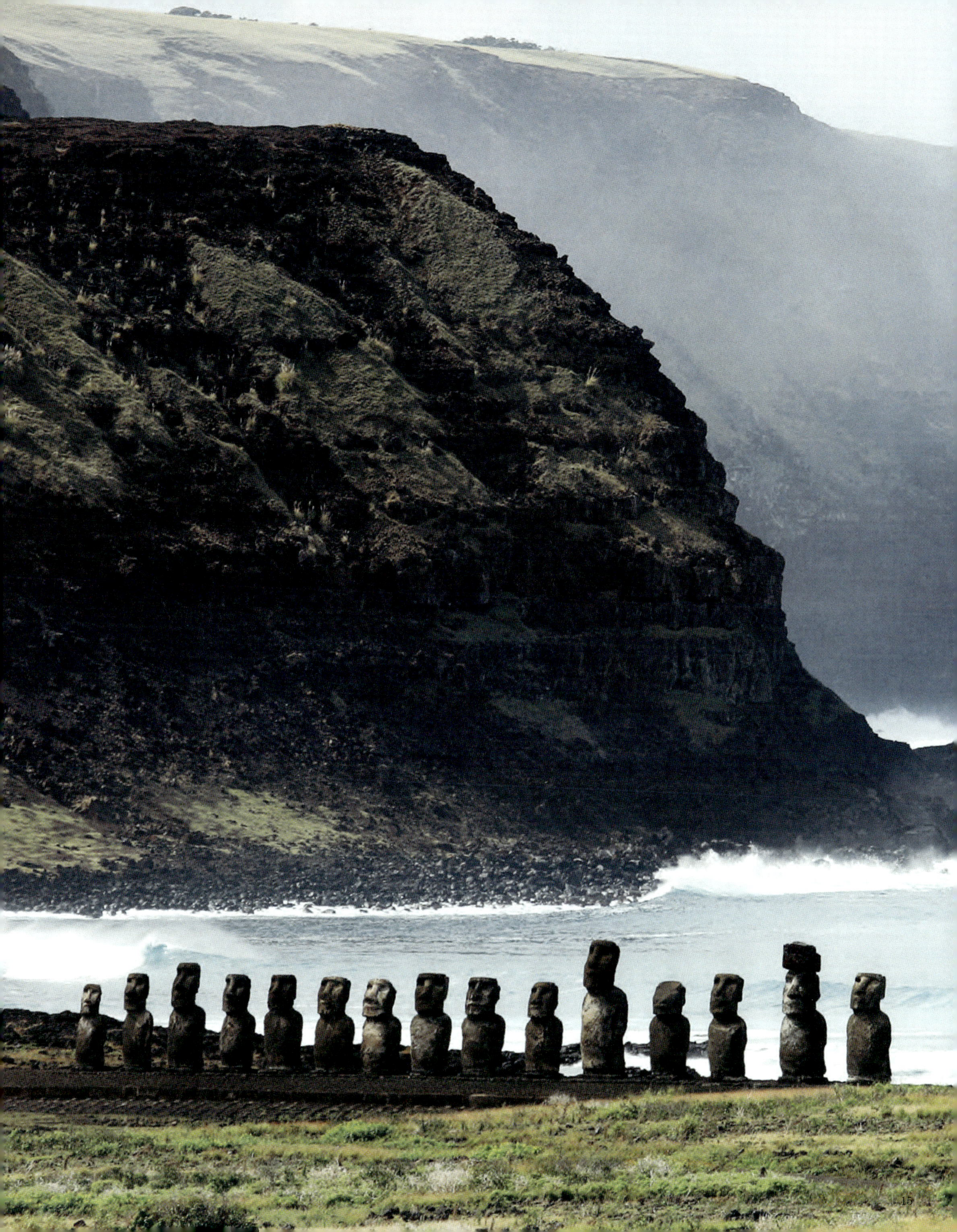

DER FLUCH VON LEONARDO DA VINCIS FRESKO

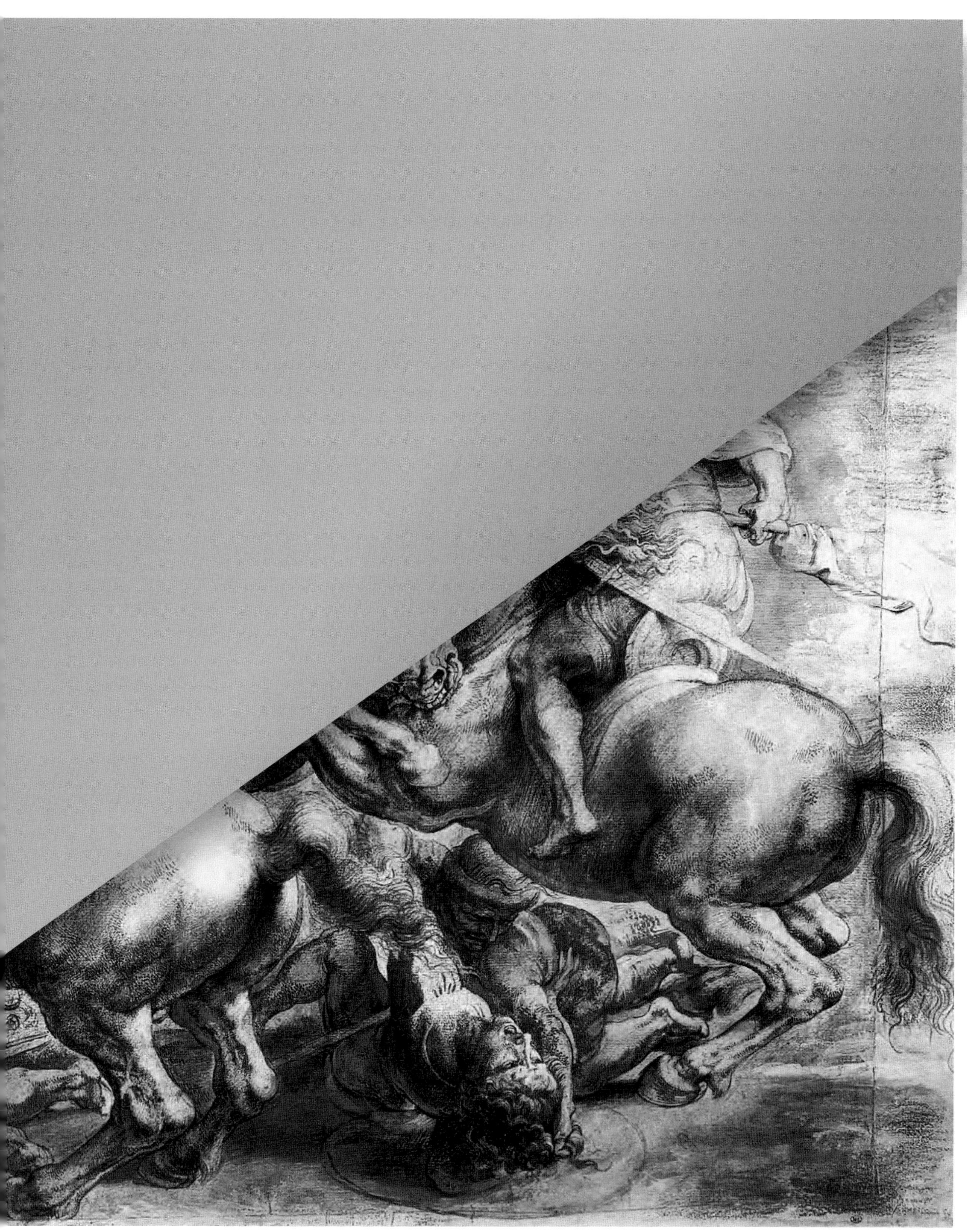

Wenn es einen Maler gibt, der die Massen begeistert, so ist es Leonardo da Vinci, dieser unglaubliche Tausendsassa, Künstler und Erfinder. Das Geheimnis um seine Person scheint seinem Erfolg in nichts nachzustehen. Seit Ende des 15. Jahrhunderts sind seine Werke bei Kunstliebhabern und Anhängern geheimnisumwobener Geschichten heiß begehrt. Das vielleicht wiederentdeckte, aber im Verborgenen gebliebene Fresko der *Schlacht von Anghiari* trägt zur legendären Aura dieses genialen Künstlers bei.

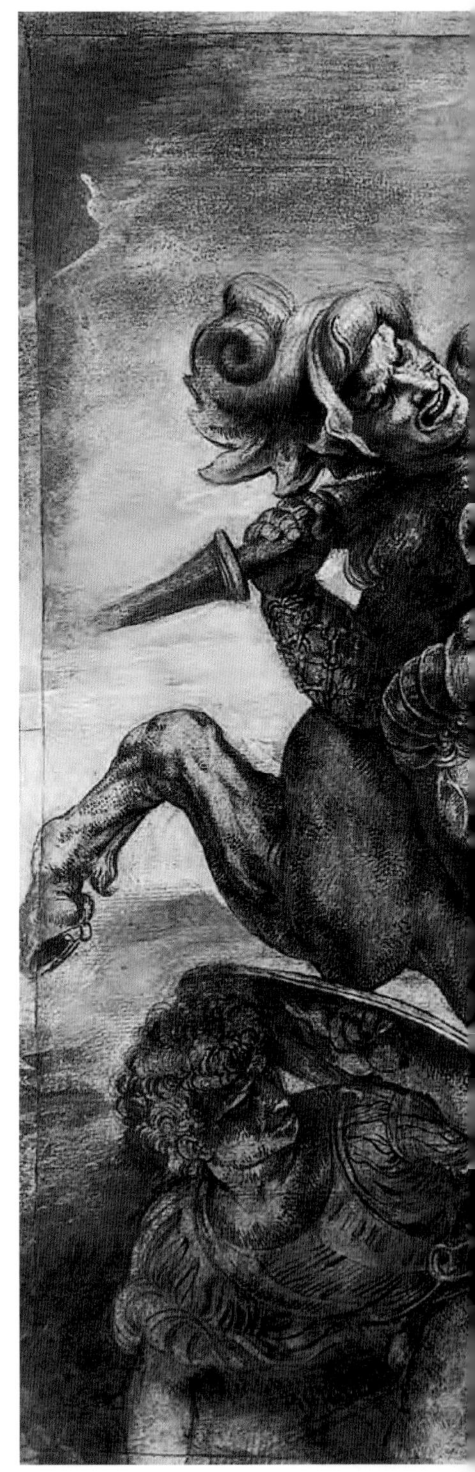

Darf man ein Fresko Giorgio Vasaris zerstören, um eines von Leonardo da Vinci zu enthüllen? Diese Frage spaltet seit den 1970er-Jahren die Lager, als Maurizio Seracini sich der von Carlo Pedretti aufgestellten These zur *Schlacht von Anghiari* anschließt. Beide sind der Ansicht, dass dieses Wandgemälde, das man nur durch einige Skizzen und eine Kopie von Peter Paul Rubens (Abb. rechts) kennt, nicht zerstört, sondern lediglich übermalt worden ist. Wie ist das möglich? Kehren wir ins 15. Jahrhundert zurück, um die Turbulenzen um das unbekannte Fresko besser zu verstehen.

Von 1504 bis 1506 malt Leonardo im Florentiner Palazzo Vecchio ein Fresko. Es heißt, das Ganze sei ein technischer Misserfolg gewesen. Das Renaissancegenie soll eine neue Mischung aus Ölfarben ausprobiert haben, die schlecht getrocknet und heruntergetropft sein soll. Mitten in einer von Pessimismus geprägten Zeit wollte der Maler die menschliche Grausamkeit und Brutalität darstellen und hat damit das Unglück vermutlich heraufbeschworen. Er selbst berichtet in seinen Aufzeichnungen, schon beim ersten Pinselstrich, zur dreizehnten Stunde des Tages, sei sein gesamtes Material umgefallen. Zweifellos entmutigt durch die Katastrophen, die sein Werk heimsuchten, reist er nach Mailand und lässt das Werk unvollendet zurück. Die Stadt Florenz versuchte vergeblich, das Honorar von ihm zurückzubekommen.

Mehr als ein halbes Jahrhundert später, im Jahr 1563, malte Vasari im Auftrag der Medici an derselben Stelle die *Schlacht von Marciano*. Die erste Schlacht wäre somit also unter einem anderen Meisterwerk verschwunden. Da Vasari aber zu den großen Bewunderern Leonardo da Vincis gehörte, gehen einige Spezialisten davon aus, dass er alles getan hätte, um das Fresko zu erhalten. Eine Vermutung, die durch die Tatsache gestützt wird, dass er einige Jahre später ein Gemälde Masaccios in der Kirche Santa Maria Novella in Florenz rettete, indem er eine Mauer aus Ziegelsteinen zu dessen Schutz errichten ließ.

Gestützt auf diese Hypothese erhält Maurizio Seracini Ende 2011 die Genehmigung, sechs kleine Löcher in das Werk Vasaris zu bohren, um Mikrokameras und endoskopische Sonden einführen zu können. Auf diese Weise wurden unter dem Fresko die gleichen braunen und schwarzen Pigmente entdeckt, die auch Leonardo benutzte. Das reicht als Beweis allerdings nicht aus und viele Kunsthistoriker oder Restauratoren haben sich über dieses Verfahren empört, durch das das Fresko Vasaris beschädigt wurde. Die Untersuchungen mussten eingestellt werden und das Rätsel, ob *Die Schlacht von Anghiari* noch existiert, bleibt weiterhin ungelöst.

PETER PAUL RUBENS (1577–1640),
***Die Schlacht von Anghiari,* auch *Kampf um die Standarte* genannt,** 1504/05,
Kopie nach Zeichnungen Leonardo da Vincis, schwarze Kreide, Feder, braune und graue Tinte, grau laviert, weiß und farbig gehöht,
45,3 × 63,6 cm, Musée du Louvre, Paris

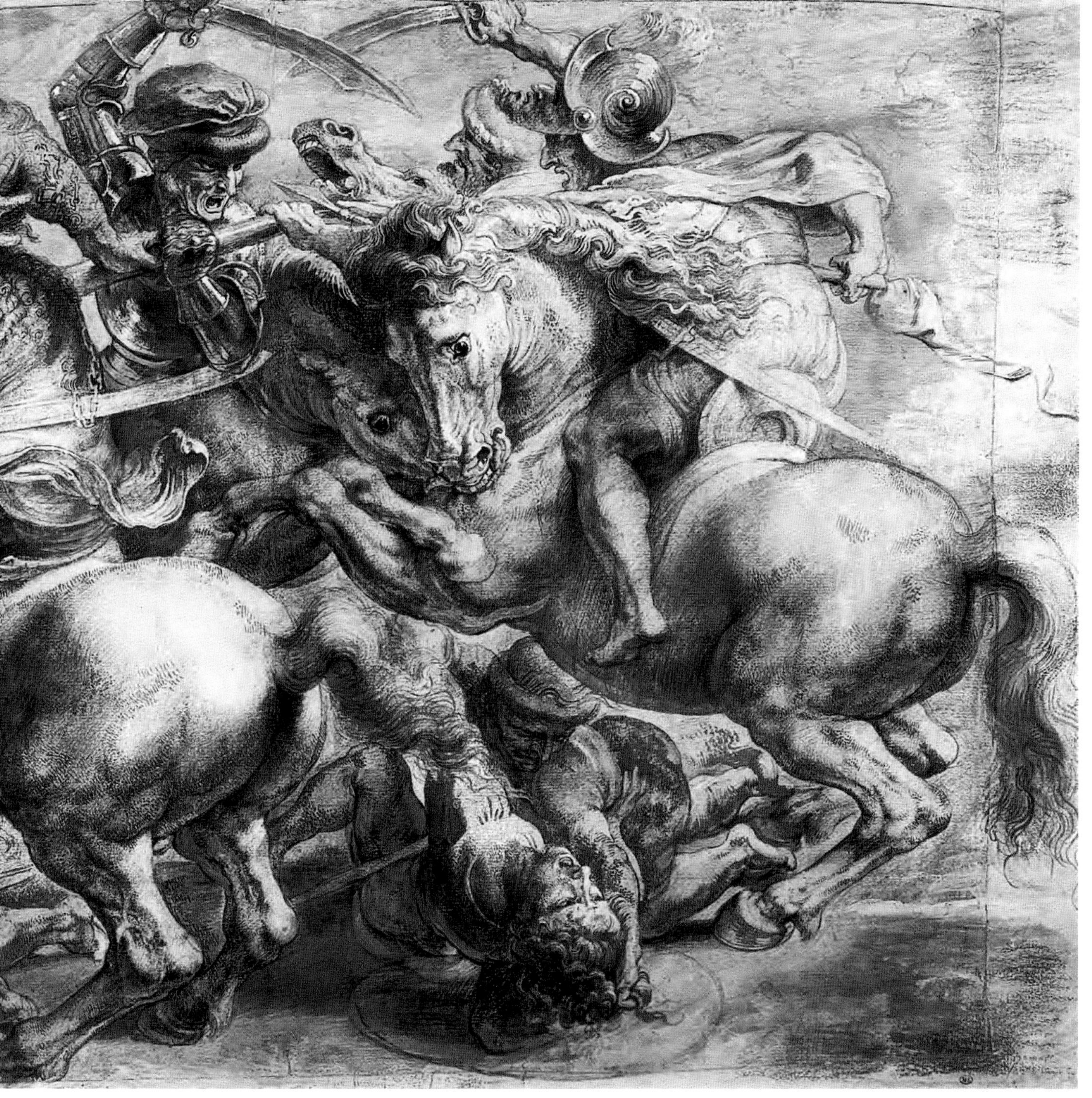

Mutmaßliches Porträt der Gabrielle d'Estrées und ihrer Schwester, der Duchesse de Villars

DIE POLITIK UND DIE BRÜSTE GABRIELLES

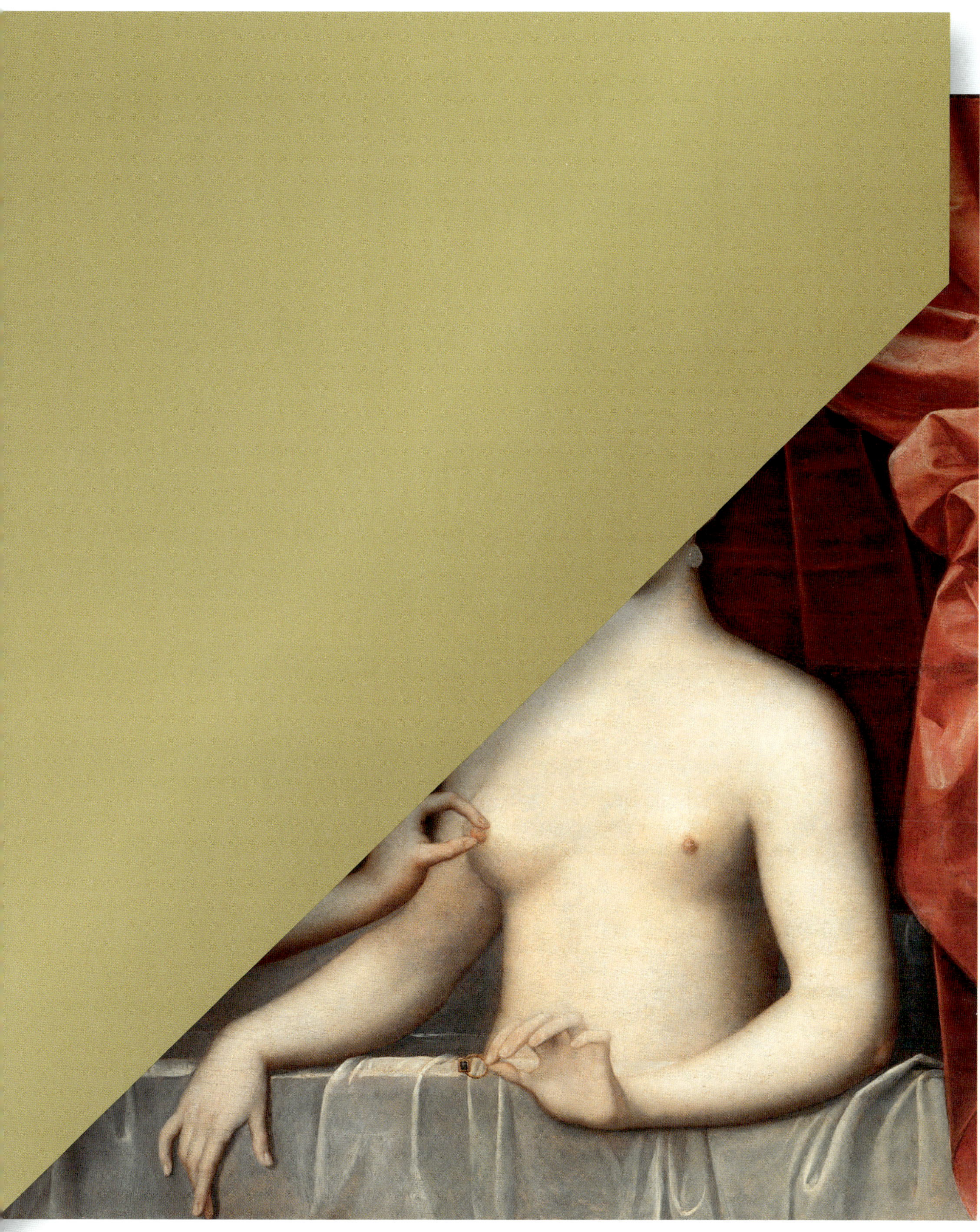

Zwei unbekleidete Frauen und eine seltsam anmutende Geste. Ein erotisches Gemälde? Nicht nur! Es geht hier um König Heinrich IV. und eine Seite in der Geschichte Frankreichs, die wir mit diesem Gemälde entziffern können. Die Anspielungen lassen es eher zu einem intellektuellen als anstößigen Werk werden – zu einem Appell an den Geist und die Kultur des Betrachters.

Rechts Gabrielle d'Estrées, die Geliebte Heinrichs IV., und links ihre Schwester, die Herzogin von Villars, die zwischen Daumen und Zeigefinger deren Brustwarze hält. Diese seltsam anmutende Geste wird gemeinhin als Hinweis auf eine Schwangerschaft Gabrielles gedeutet, die ein Kind von ihrem königlichen Geliebten erwartet. Im Hintergrund sieht man eine Bedienstete, die möglicherweise Wäsche für das zukünftige Kind näht. Der betont auffällig, im Vordergrund abgebildete Ring könnte ein Heiratsversprechen des Königs vermuten lassen.

Warum eine solche Darstellung, in der das Augenmerk so stark auf die Beziehung zwischen Heinrich IV. und seiner Geliebten gerichtet ist? Will man diese Frage beantworten, muss man sich näher mit dem Liebesleben der Gabrielle d'Estrées beschäftigen. Der fast 40-jährige König begegnet ihr, als sie gerade 18 Jahre alt ist. Er verfällt sofort dem Charme ihrer außergewöhnlichen Schönheit. Das junge Mädchen wird schließlich zur Favoritin Heinrichs IV. Die Liaison hält bis zu ihrem Tod im Jahr 1599, als sie gerade erst 26 Jahre alt ist. Sie schenkt ihm drei Kinder, darunter 1594 auch einen Sohn, den sie zu der Zeit erwartet, als dieses Bild gemalt wird.

Der Liebe des Königs sicher und gestärkt durch die Nachkommen versucht Gabrielle, Margarete von Angoulême – die berühmte Königin Margot, deren Ehe mit Heinrich IV. kinderlos geblieben ist – von ihrem Platz zu verdrängen.

Dieses Gemälde soll dem Monarchen alle guten Eigenschaften seiner Mätresse vor Augen führen. Da er ein großer Frauenliebhaber war, tat die Sinnlichkeit der Szene sicherlich ihr Übriges. Den König haben diese beiden nackten Schönheiten zweifellos nicht gleichgültig gelassen. Bis auf die gehaltene Brustwarze gibt es allerdings keinen weiteren Hinweis auf eine sexuelle Färbung der Szene. Darüber hinaus gehörte der anonyme Maler zur Schule von Fontainebleau, in der Brustporträts von nackten Frauen ein beliebtes Sujet waren.

Gabrielle d'Estrées starb unter grausamen Qualen nur wenige Wochen, bevor sie den König heiraten sollte. Wurde sie, die schöne, aber zu ehrgeizige Geliebte, vergiftet? Starb sie im Kindbett? Ein weiteres Geheimnis …

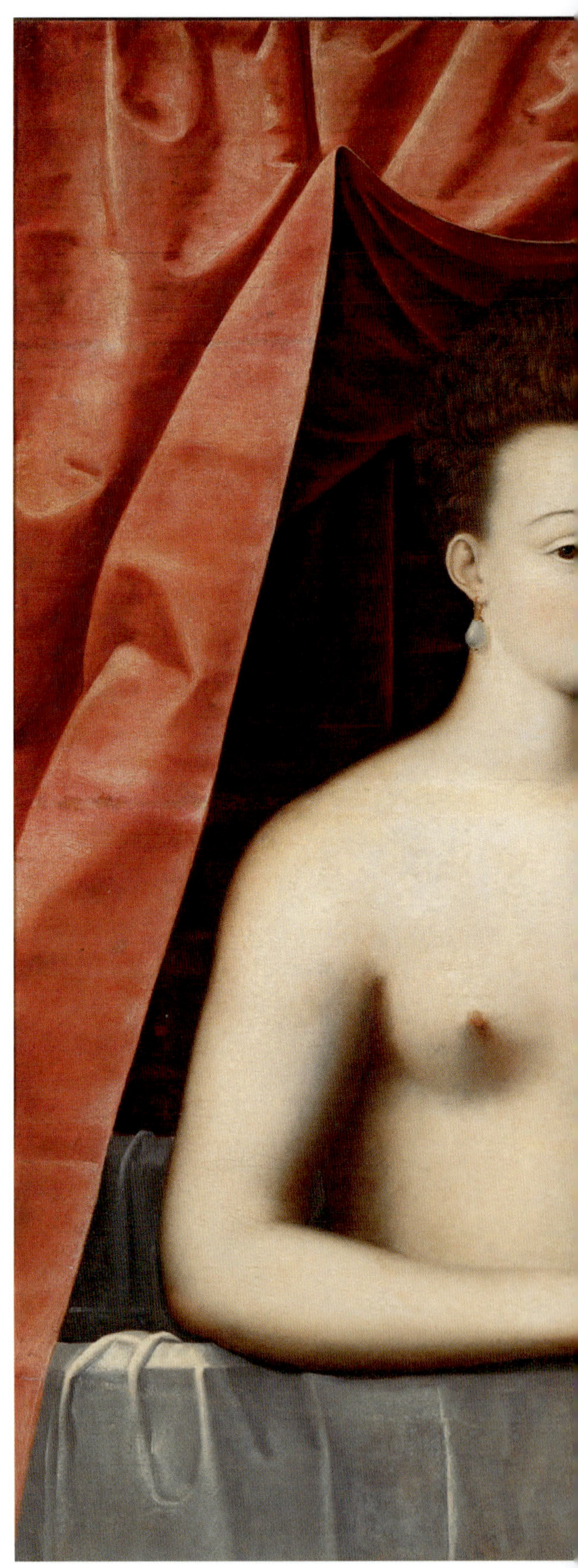

ANONYM, SCHULE VON FONTAINEBLEAU (ENDE DES 16. JAHRHUNDERTS),
Mutmaßliches Porträt der Gabrielle d'Estrées und ihrer Schwester, der Duchesse de Villars,
um 1594, Öl auf Holz, 96 × 125 cm, Musée du Louvre, Paris

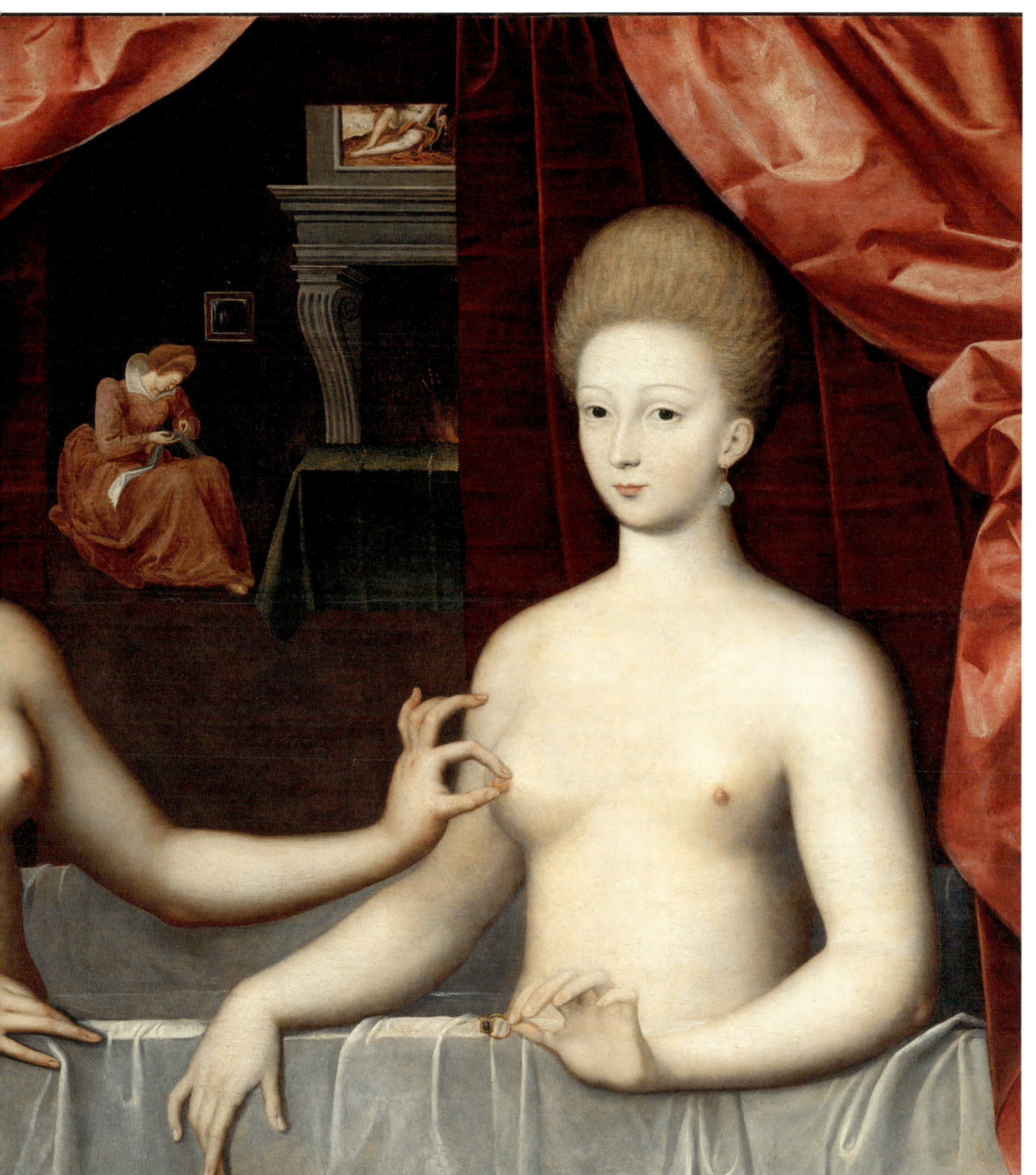

Der Tod Caravaggios

DIE JAGD AUF DEN LEICHNAM IST ERÖFFNET!

Da Caravaggio bereits zu Lebzeiten bekannt und berühmt war, verfügen wir heute über zahlreiche Informationen zu seinem Leben. Die Umstände seines Todes jedoch – Fieber? schlecht verheilte Wunden? Mord? – bleiben im Dunklen.

Im Jahr 2010 feierte die Kunstwelt, getrieben von einem geradezu überspitzten ›Caravaggismus‹, den 400. Todestag des Malers mit einem Eklat: Neue Erkenntnisse und Theorien über die Umstände seines Todes wurden veröffentlicht.

Will man verstehen, warum das Ableben dieses Künstlers ein derartiges Interesse weckt, muss man sich zunächst mit den widrigen Umständen seines Lebens auseinandersetzen. Caravaggio wird 1571 in der Lombardei geboren und geht schon im Jünglingsalter nach Rom, wo seine Karriere von Fürsprechern gefördert wird. Schon bald erhält er offizielle Aufträge und ist weithin bekannt. Auf dem Höhepunkt seines Ruhms angelangt, ereignet sich eine Tragödie: Im Mai 1606 kommt es zu einer heftigen Auseinandersetzung. Ranuccio Tomassoni, der das Pech hatte, Caravaggio zu besiegen, wird tot aufgefunden. Der Maler selbst ist bereits auf und davon. Eine vier Jahre anhaltende Irrfahrt beginnt. Verbannt und vom Papst zum Tode verurteilt, hat er keine andere Wahl, als die Flucht zu ergreifen, sobald er sich in Gefahr wähnt. Neapel, Sizilien, dann wieder Neapel. Er lässt sich für kurze Zeit auf Malta nieder, wird aber gefasst und hinter Gitter gebracht. 1608 gelingt ihm die Flucht und er schifft sich erneut nach Sizilien ein. Dann kehrt er nach Neapel zurück und wird bei einer Auseinandersetzung schwer verletzt. Müde und von dem Wunsch erfüllt, die Gnade Papst Pauls V. zu erlangen, beschließt Caravaggio, mit einigen Gemälden als Gegengabe für seine Begnadigung nach Rom zu reisen. Er geht in Palo bei Rom an Land, wird erkannt und verhaftet. Man lässt ihn bald wieder frei, aber sein Schiff ist bereits ohne ihn und mit seinen Bildern auf dem Meer! Daraufhin reist Caravaggio auf dem Landweg weiter, um es einzuholen. Es besteht kein Zweifel, dass er am 18. Juli 1610 auf dem Strand von Porto Ercole stirbt. Fieber? Schlecht verheilte Wunden? Mord? Die Einzelheiten sind nicht bekannt und der Leichnam bleibt unauffindbar.

Im Jahr 2001 spürt ein Forscher die Todesurkunde des Meisters auf und entdeckt, dass dieser nicht am Strand, sondern im Hospital gestorben und dann in San Sebastiano begraben worden sein soll. 2010 erklärt Professor Giorgio Grupponi, unter Berufung auf diese Urkunde, die Überreste Caravaggios gefunden zu haben. Da die Toten 1956 ohne erkennbare Ordnung neu begraben wurden, verbrachten Grupponi und sein »Komitee Caravaggio« ein Jahr damit, die Knochen von 200 Personen zu untersuchen, bevor sie sich für einen brauchbaren ›Sieger‹ entschieden. Es handelt sich um die Überreste eines Mannes, der genauso alt war wie Caravaggio und zur selben Zeit gestorben ist. Über diese Forschungsergebnisse wurde zwar ausgiebig berichtet, trotzdem sorgen sie weiterhin für Verblüffung: So wurde zum Beispiel die DNA der Knochen mit derjenigen »von etwa zwanzig Personen verglichen, die entfernte Verwandte« des Malers gewesen sein könnten …

Von dieser Untersuchung, die eher einer Werbekampagne glich, bleibt vor allem im Gedächtnis, dass sie sich mit einem der geheimnisvollsten Künstler der späten Renaissance beschäftigt hat, dessen Tod ein Mysterium bleibt.

MICHELANGELO MERISI, GENANNT CARAVAGGIO (1571–1610),
David mit dem Haupte Goliaths, 1609/10, Öl auf Leinwand, 125 x 101 cm, Galleria Borghese, Rom

Zu den Werken, die von 1606 bis 1610 dem Papst als Gnadengesuch gesandt wurden, gehört auch dieses Gemälde, auf dem Caravaggio das Haupt des Goliath mit einem Selbstbildnis versehen hat. Gefiel es dem Künstler, seinen eigenen Tod vorwegzunehmen?

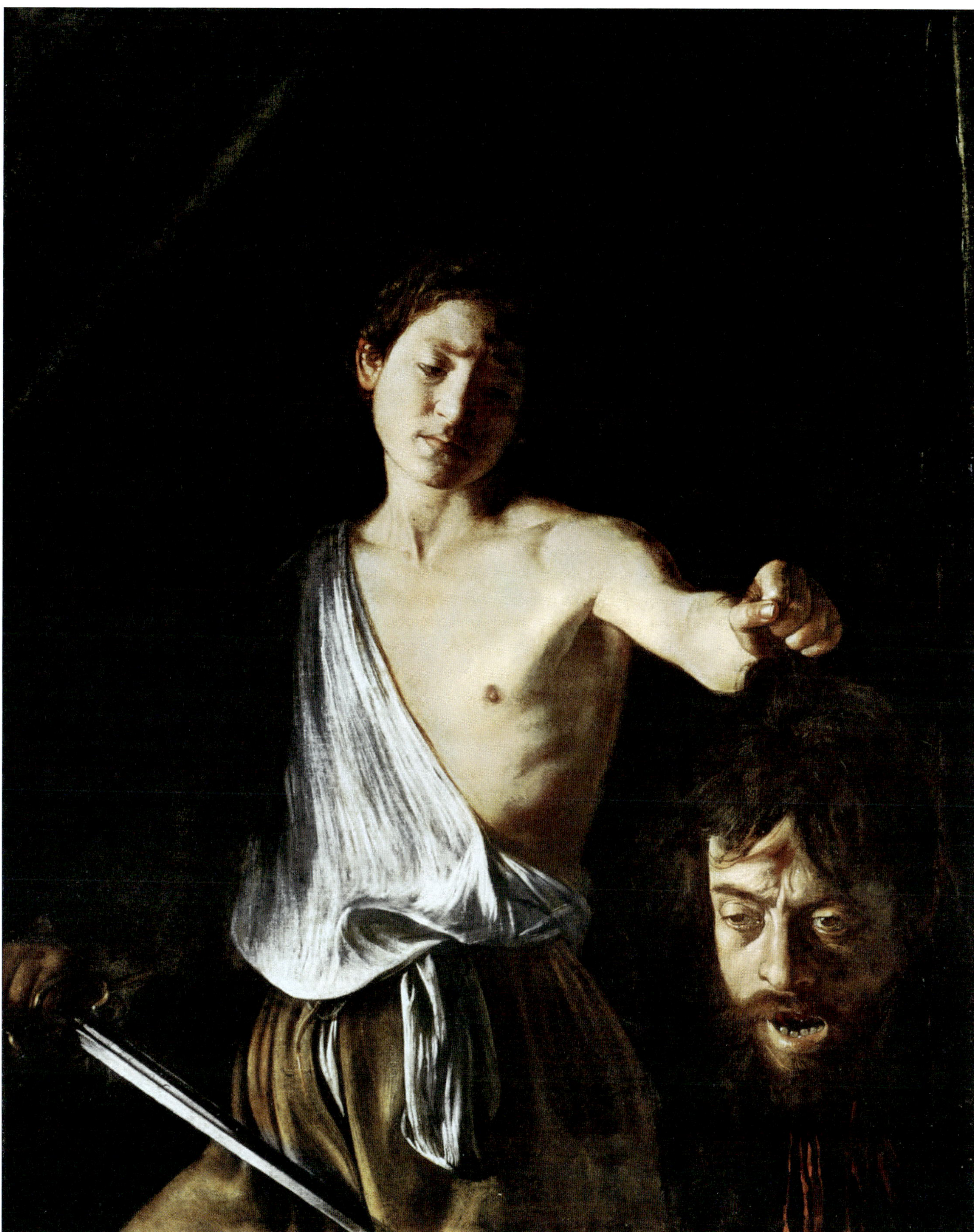

Porträt des Dr. Gachet

WO IST DIESES VAN-GOGH-BILD HEUTE?

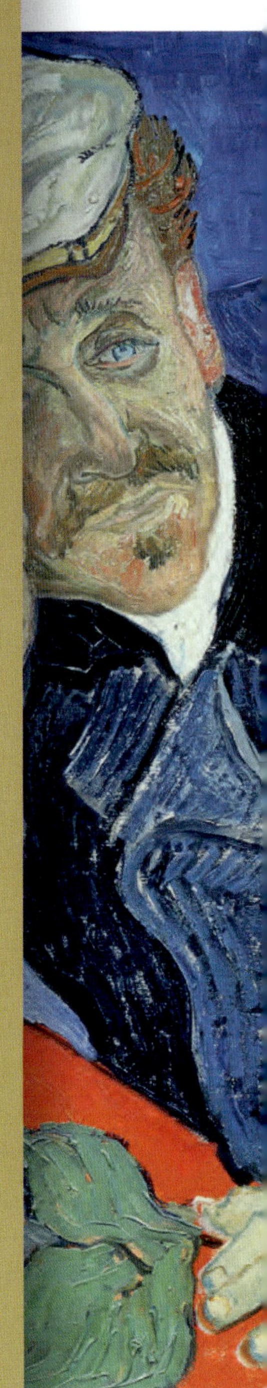

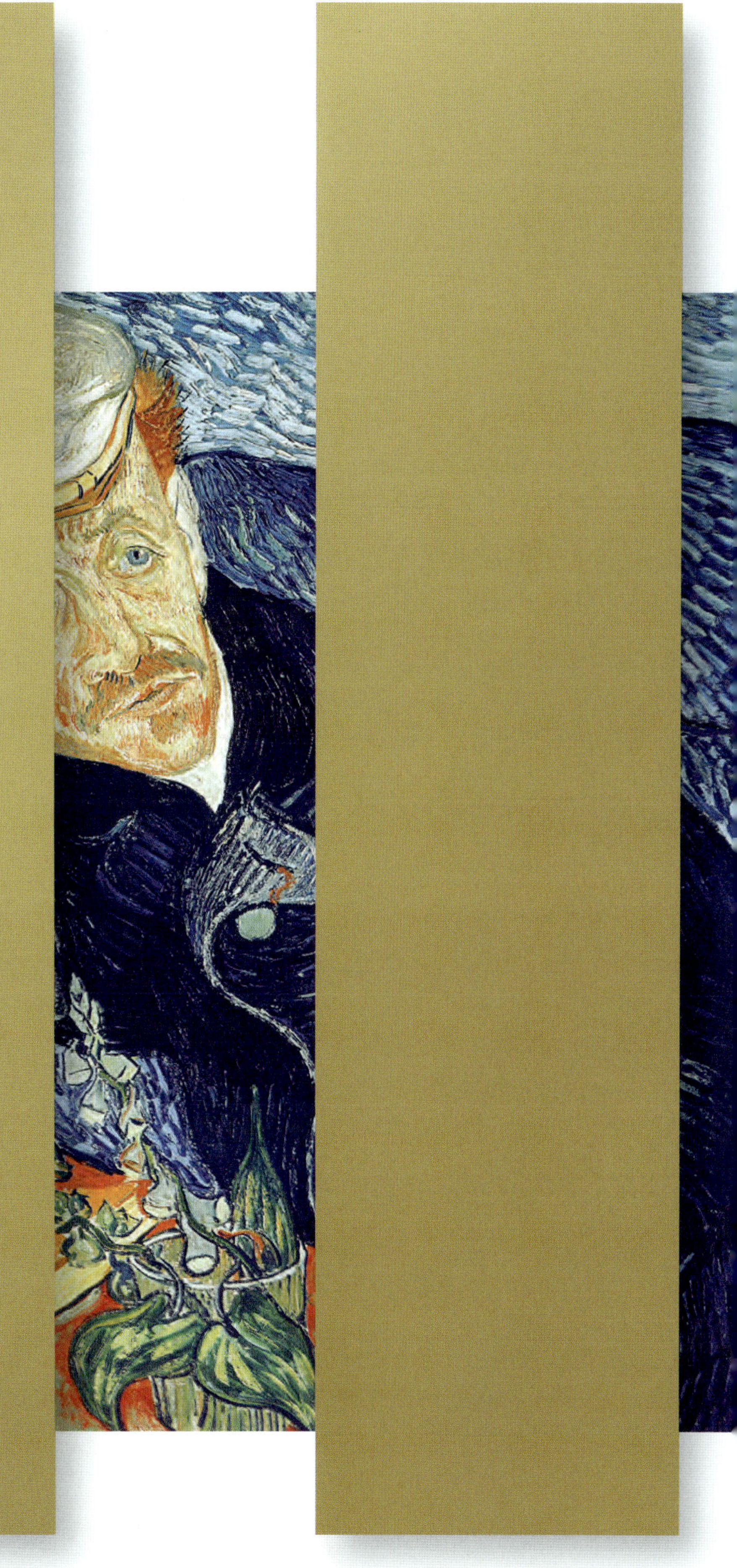

Vincent van Gogh starb am 29. Juli 1890, nachdem er sich eine Kugel in die Brust geschossen hatte. Paul Gachet, Arzt, Freund und Bewunderer des Malers, bleibt für immer untrennbar mit dem Ende dieses Lebens verbunden. Im Juni 1890 soll van Gogh zwei Porträts von ihm gemalt haben, von denen das eine heute verschollen ist und die Echtheit des anderen stark angezweifelt wird.

Am 20. Mai 1890 verlässt Vincent van Gogh die Nervenheilanstalt von Saint-Rémy-de-Provence, um sich in Auvers-sur-Oise niederzulassen. Sein Bruder Theo übergibt ihn in die Obhut Dr. Paul Gachets, der van Goghs Freund wird. In einem Brief vom 4. Juni 1890 schreibt er an seinen Bruder: »Ich arbeite an seinem Porträt [...], gestützt auf einen roten Tisch, auf dem ein gelbes Buch und ein Digitaliszweig mit purpurfarbenen Blüten liegen.« Das Gemälde, von dem hier die Rede ist, hat eine bewegte Geschichte hinter sich und niemand weiß, wo es sich heute befindet. Es wurde 1897 zum ersten Mal verkauft und wechselte danach häufig den Besitzer, bis es im Jahr 1938 von den Nazis beschlagnahmt wurde, die skrupellos ›entartete‹ Werke vernichteten. Wie durch ein Wunder entging das Porträt der Zerstörung: Sicher ist nur, dass Hermann Göring es an einen holländischen Sammler weiter-verkaufte. Das Gemälde wurde 1990 zum letzten Mal anlässlich einer Ver-steigerung bei Christie's gesehen, bei der es der japanische Geschäftsmann Ryoei Saito für 82,5 Millionen Dollar erwarb – in jener Zeit ein Rekordpreis! Seitdem ist das Gemälde verschwunden. Es hätte 1996, als Saito starb, wieder auftauchen können, blieb aber weiterhin unsichtbar. Einige reden von Europa, andere versichern, es sei noch in Japan und sei vielleicht sogar mit seinem Eigentümer begraben worden, der geschworen haben soll, es mit in sein Grab zu nehmen ...

Die zweite Version dieses Gemäldes, heute im Musée d'Orsay, birgt ein anderes Problem: ihre Echtheit. Denn dieses *Porträt des Dr. Gachet* stammt aus der Privatsammlung des Dr. Gachet, der den Ruf eines Betrügers hatte ... Er stand mit vielen Künstlern in Kontakt, und man weiß, dass er »zu Übungszwecken« gern Gemälde kopierte. 1949 bricht der Streit erst richtig aus, als die Erben des Arztes dem französischen Staat eine Reihe von Schenkungen zukommen lassen, die zu schön sind, um wahr zu sein: Gemälde, von deren Existenz bislang niemand etwas geahnt hatte, tauchen plötzlich aus dem Nichts auf! Louis Aufray, ein begeisterter Anhänger van Goghs, zweifelt daraufhin die Echtheit dieses Porträts an, dass er als »schwach« bezeichnet. Niemand weiß, wann und wie Gachet in den Besitz dieses Gemäldes gekommen ist, und vor allem erwähnt van Gogh es in seinen Briefen mit keinem Wort. Der Experte Benoît Landais erklärt 1997, »die Sammlung Gachets ist gespickt mit Fälschungen«. Mit einer vom Musée d'Orsay im Jahr 1999 organisierten Ausstellung sollte das Gegenteil bewiesen werden, obwohl auch damals kein unwiderlegbarer Beweis vorgelegt werden konnte ...

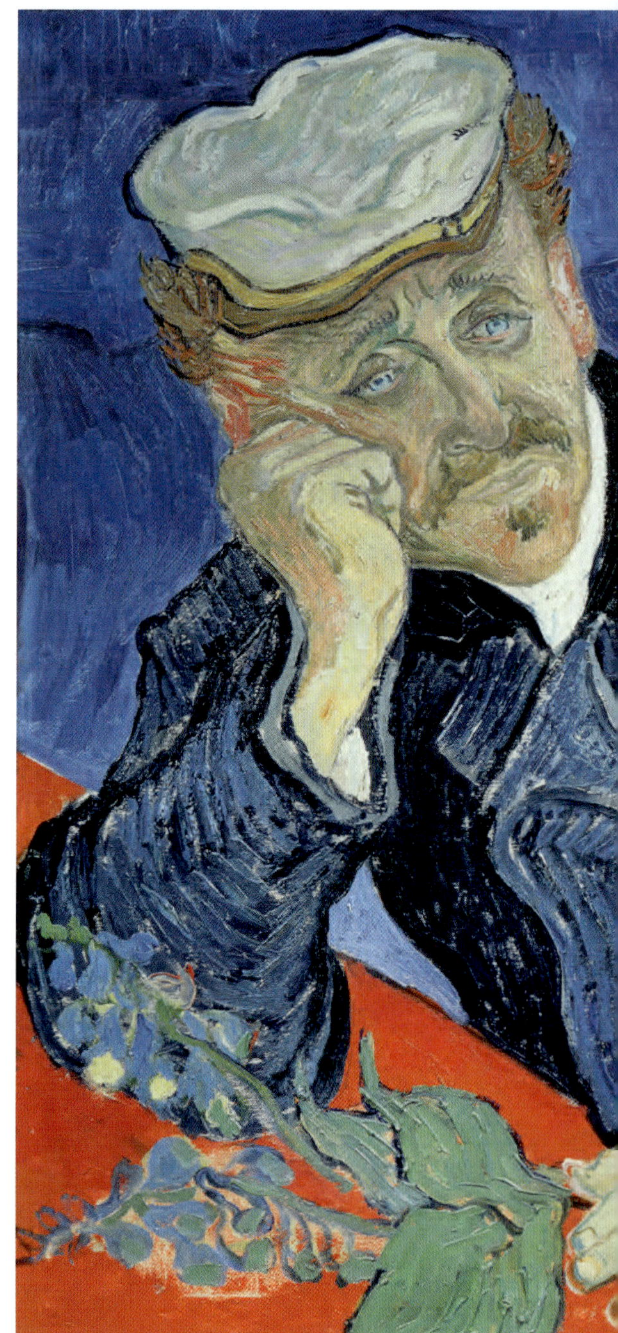

Links:
VINCENT VAN GOGH (1853–1890)
Porträt des Dr. Gachet, 1890,
Öl auf Leinwand, 68 × 57 cm, Musée d'Orsay, Paris

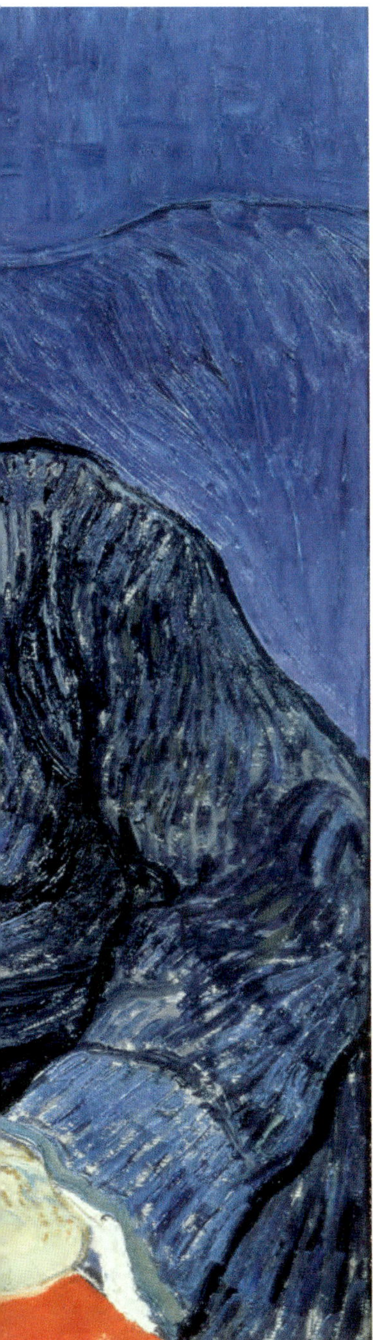

Rechts:
VINCENT VAN GOGH
Porträt des Dr. Paul Gachet, 1890, Öl auf Leinwand, 68 × 56 cm,
Privatsammlung (versteigert am 15. Mai 1990 bei Christie's, New York)

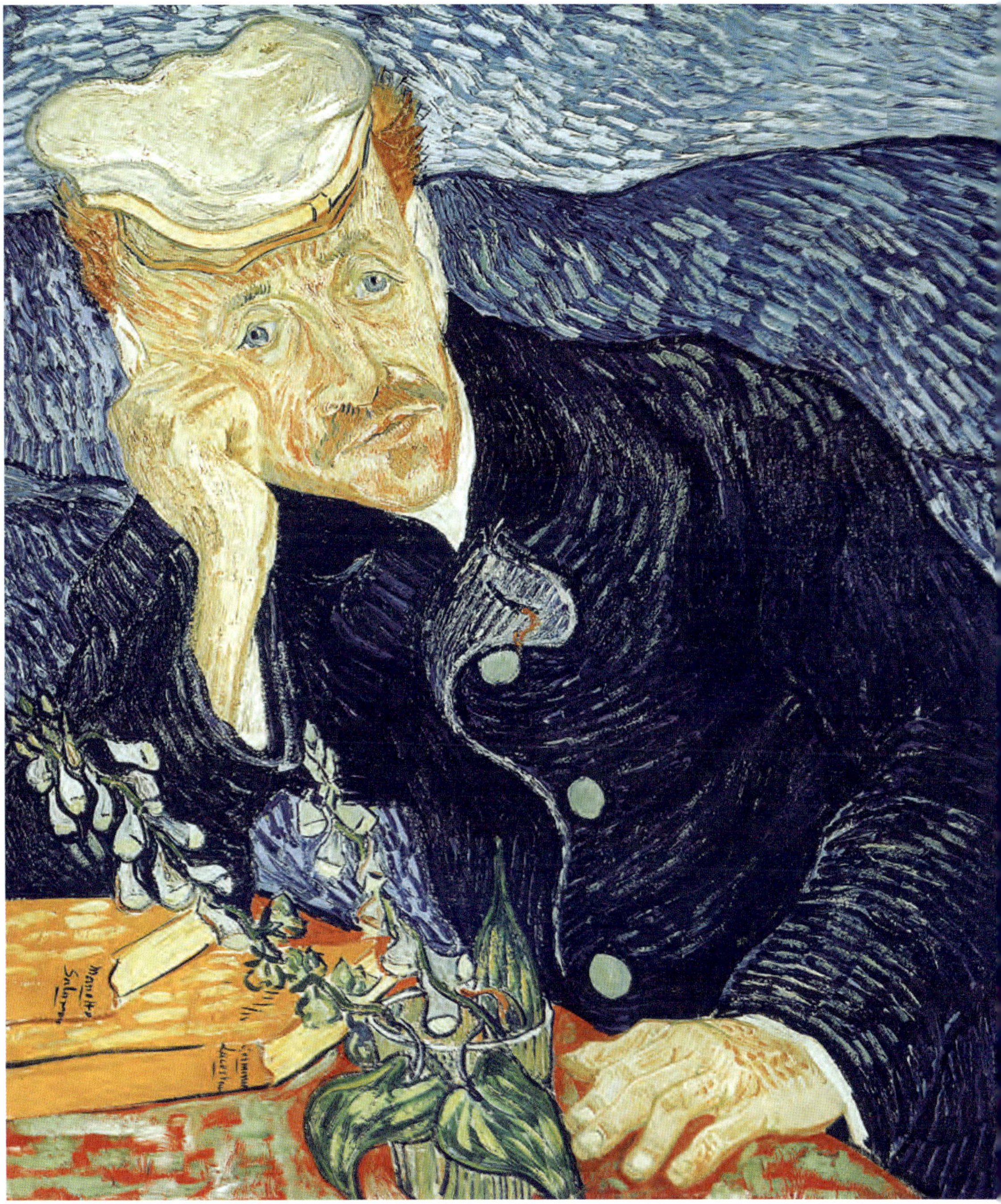

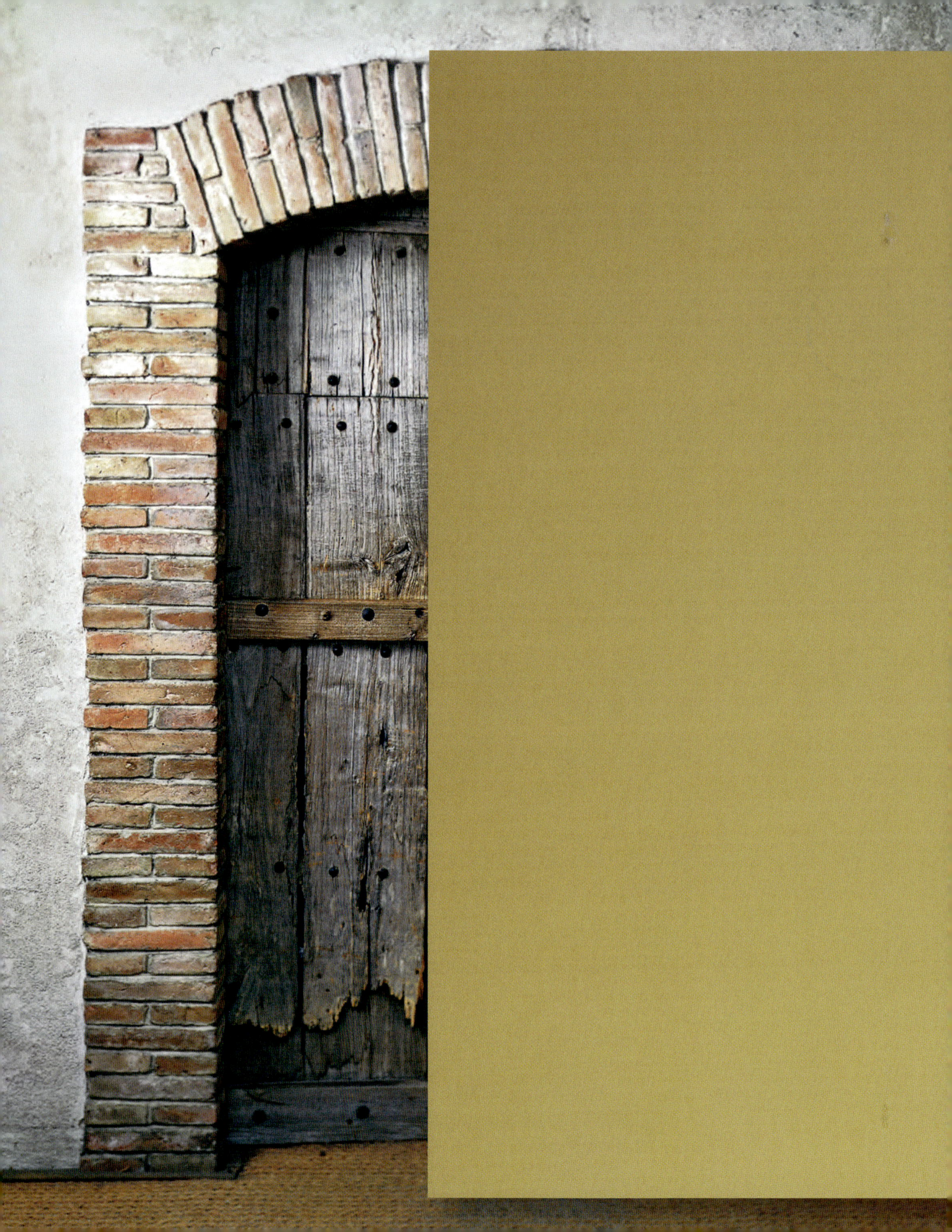

Gegeben sei: 1. Der Wasserfall, 2. Das Leuchtgas…

DER POSTHUME PAUKEN-SCHLAG DUCHAMPS

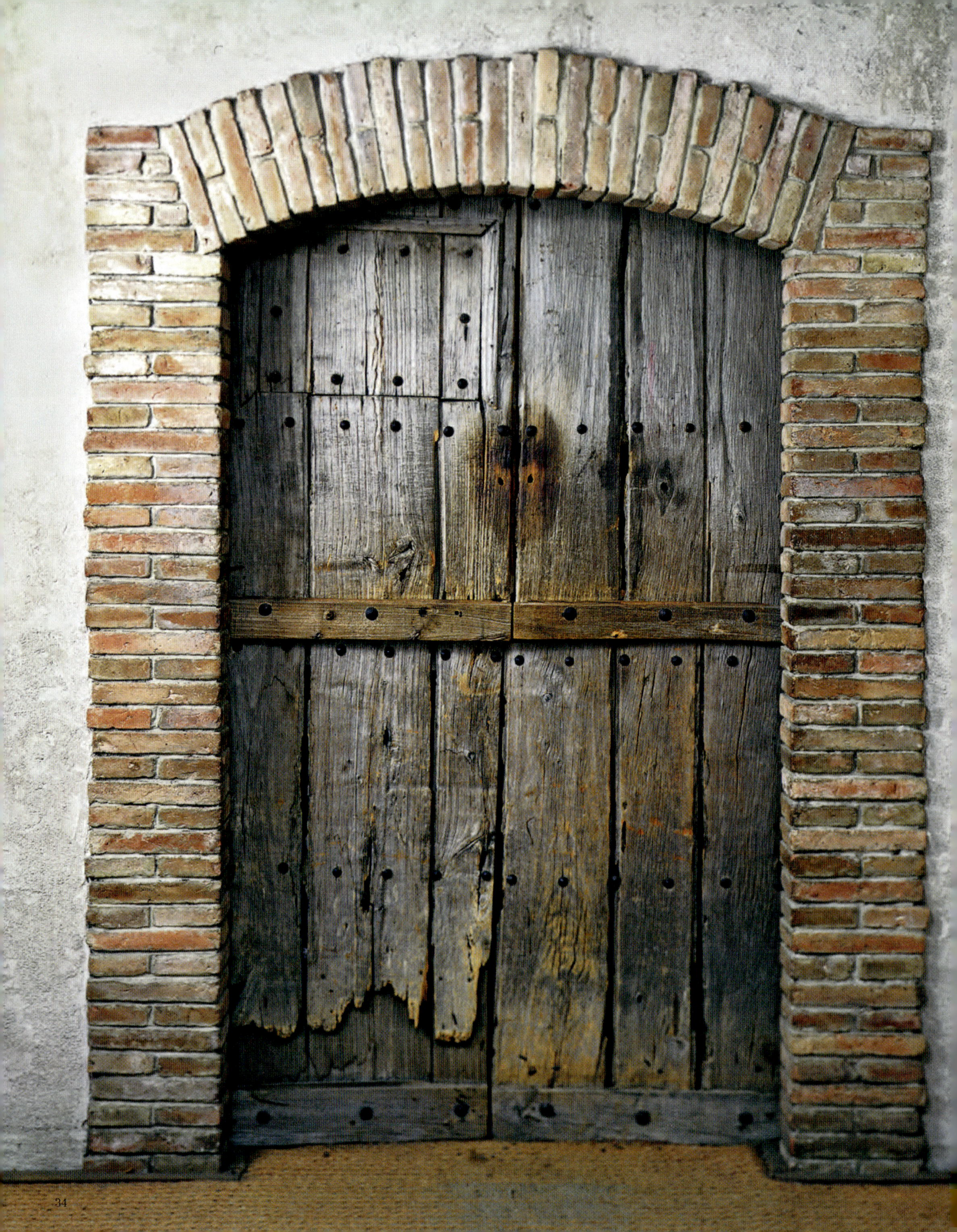

MARCEL DUCHAMP (1887–1968)
Étant donnés: 1° la chute d'eau, 2° le gaz d'éclairage…, (Gegeben sei: 1. Der Wasserfall, 2. Das Leuchtgas …), 1946–1966,
Installation, unterschiedliche Materialien, Außenansicht (links) und Innenansicht (rechts), Philadelphia Museum of Art

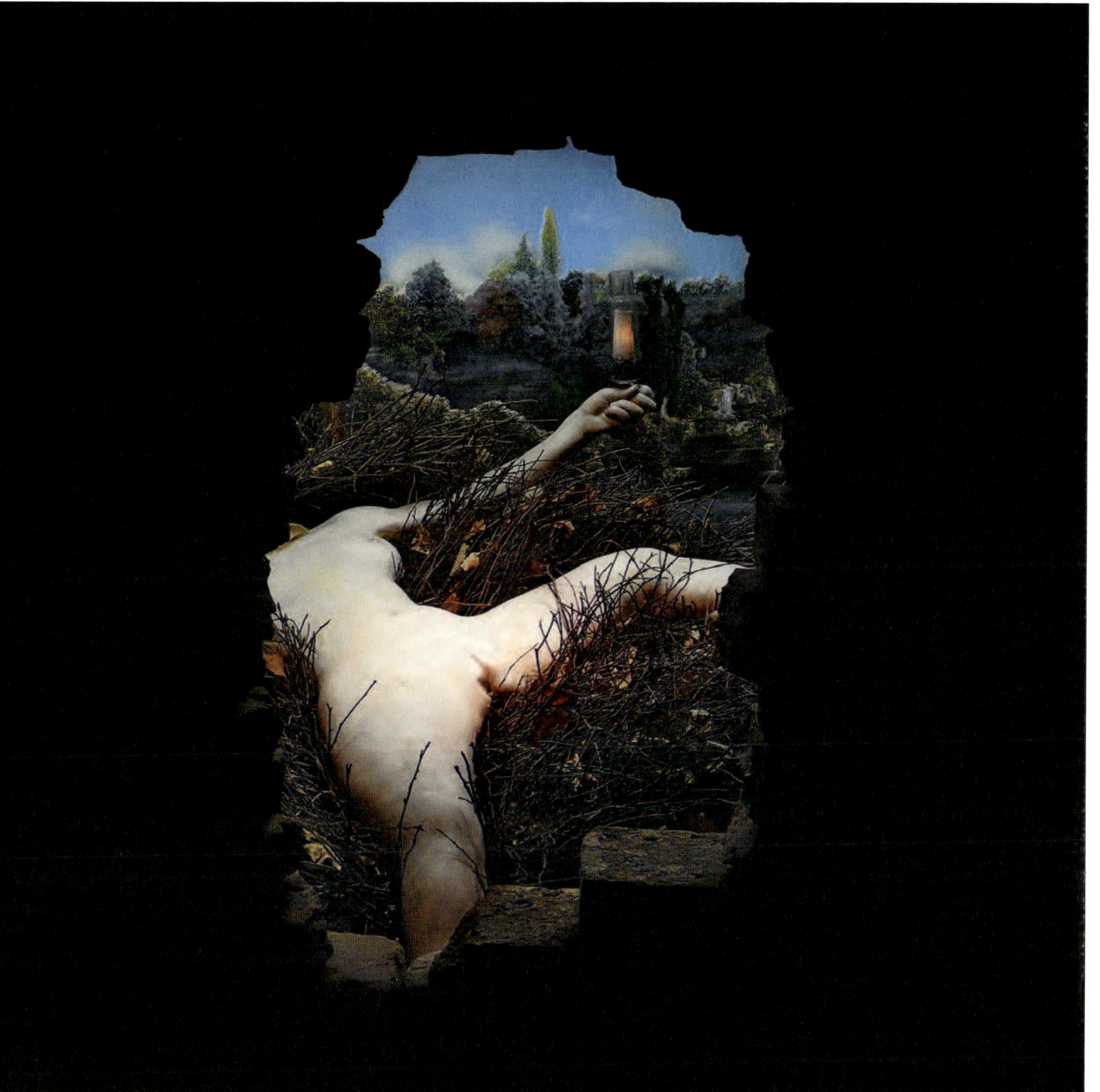

1968 wird ein Werk entdeckt, das Marcel Duchamp bis zu seinem Tod geheim gehalten hat. Diese schockierende, unerklärliche und absurde Zauberkiste hat wie eine Zeitbombe in die Welt der Kunst eingeschlagen und ist und bleibt ein Mysterium.

Im Jahr 1923 erklärt Marcel Duchamp, nicht mehr künstlerisch tätig sein zu wollen, um sich voll und ganz seinem bevorzugten Zeitvertreib, dem Schachspiel, widmen zu können. Als er im Jahr 1968 stirbt, ist alle Welt sprachlos vor Erstaunen: Ein Werk wird entdeckt, an dem er die letzten zwanzig Jahre seines Lebens im Verborgenen gearbeitet hat! Vor seinem Tod hatte er allerdings dafür gesorgt, das posthume Erscheinen dieser Installation geschickt zu inszenieren. Nach dem letzten Willen des ›Nicht-Künstlers‹ wurde das Werk dem Philadelphia Museum of Art übergeben, das die größte Duchamp-Sammlung besitzt. Dem Museum fiel also die schwere Bürde zu, die Installation nach den äußerst präzisen Angaben zu montieren, die der Künstler in einem umfangreichen Handbuch mit der Aufschrift »Approximation démontable, exécutée à New York entre 1946 et 1966« (»Demontierbare Approximation, ausgeführt in New York zwischen 1946 und 1966«) niedergelegt hatte. Die eng beschriebenen Seiten dieses Hefts mit Spiralbindung sind mit mehr als einhundert Fotografien gefüllt, aber auch mit Plänen, Skizzen et cetera. Duchamp hat nichts dem Zufall überlassen und den kleinsten Schritt detailliert festgelegt, sogar die genaue Ausrichtung des Lichts, »direkt vertikal auf die Möse«. Die Techniker des Philadelphia Museum of Art befolgten die genauen Anweisungen und arbeiteten drei Monate lang unermüdlich am Aufbau des Werkes.

Im Juni 1969 konnte die Öffentlichkeit endlich in Augenschein nehmen, was wie die erste Installation der Kunstgeschichte erscheint. Durch zwei Gucklöcher in einer Holztür können die Besucher, einer nach dem anderen, einen mit Pergament überzogenen Frauenkörper erblicken, der ausgestreckt im Gras vor einem Wasserfall liegt. Die weit gespreizten Beine, die den Blick auf das Geschlecht freigeben, erinnern unweigerlich an den *Ursprung der Welt* Gustave Courbets, der Duchamp zweifellos als Inspirationsquelle gedient hat. Merkwürdig ist auch, dass Duchamp in seinem Testament verboten hat, bis 1984 etwas anderes als die Holztür zu fotografieren.

Metapher des Voyeurismus in der Kunst? Reflexion über die Sexualität? Hommage an die Frauen, die Duchamp geliebt hat? *Gegeben sei: 1. Der Wasserfall, 2. Das Leuchtgas…* lässt Bewunderer wie Fachleute verblüfft zurück. Das Werk – in nichts mit den vorhergehenden Werken Duchamps zu vergleichen – überrascht und verwirrt zugleich. Einzig der Künstler Jasper Johns beschreibt es positiv als »das seltsamste in einem Museum gezeigte Kunstwerk«. Den Erfinder des Readymades muss es amüsiert haben zu wissen, dass er die Fachleute, die sich bemühen, sein gesamtes Werk zu verstehen und zu kontrollieren, in Verlegenheit bringen würde. Er hat ihnen posthum ein Schnippchen geschlagen, indem er gezeigt hat, dass nur der Künstler die vollständige Kontrolle über sein Werk hat, sogar noch aus dem Jenseits!

MARCEL DUCHAMP (1887–1968)
Einige Seiten aus der Montageanleitung für
Étant donnés: 1° la chute d'eau, 2° le gaz d'éclairage…, Philadelphia Museum of Art

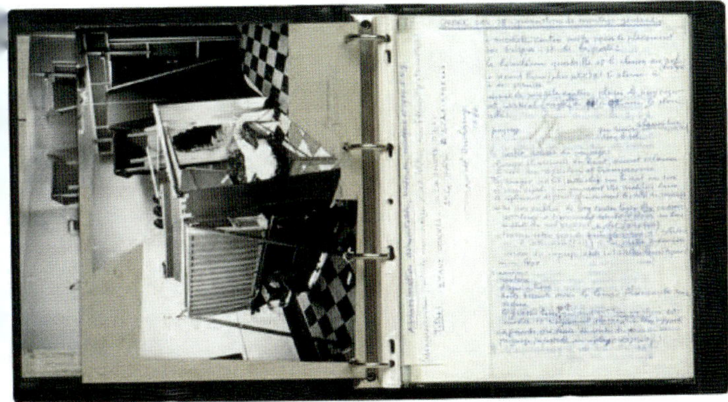

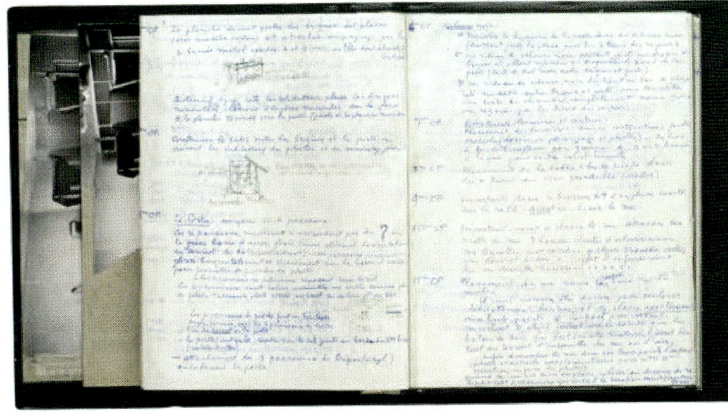

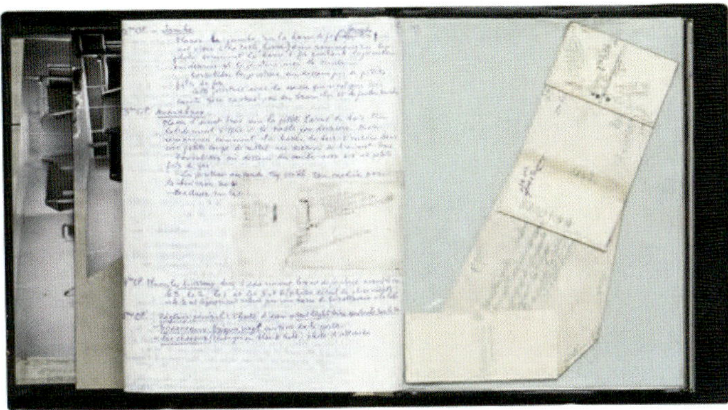

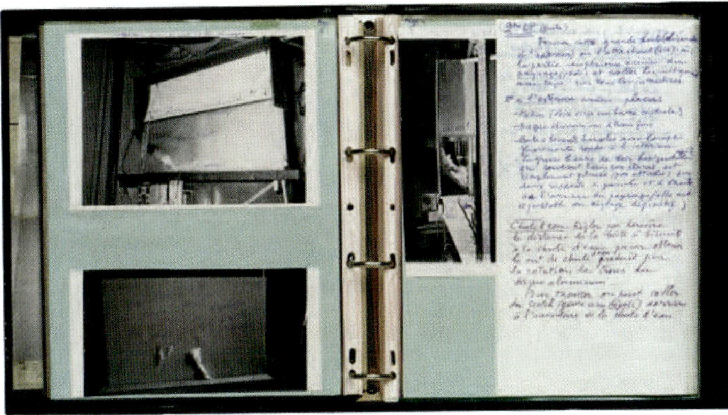

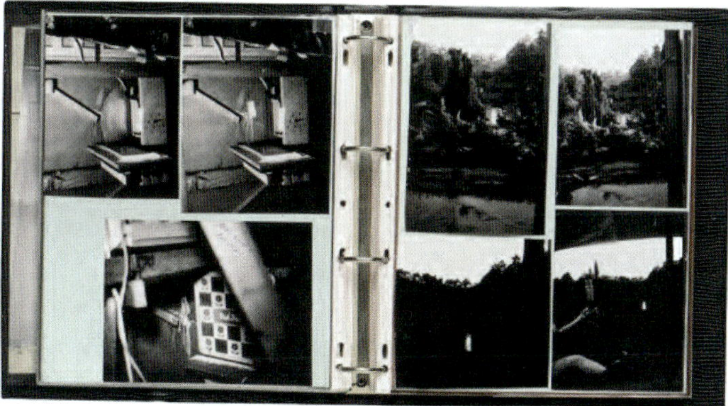

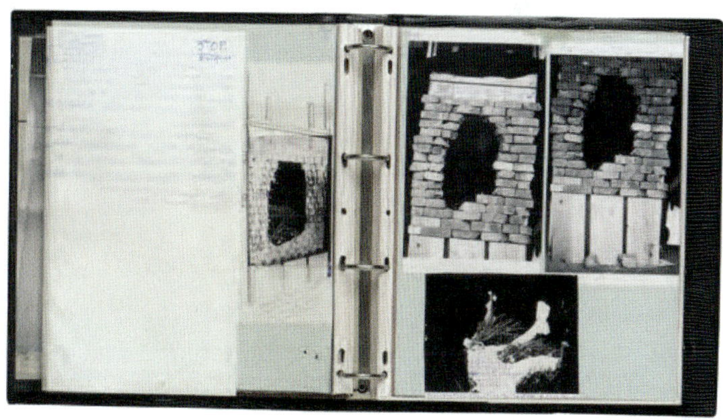

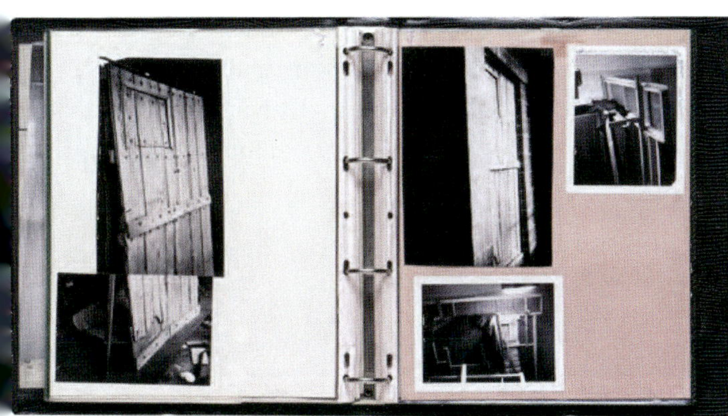

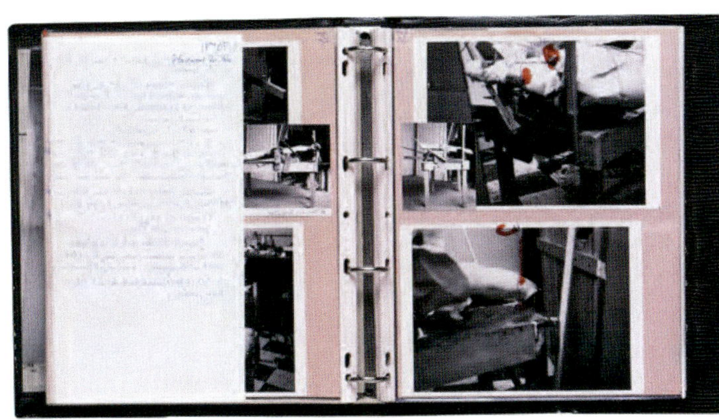

EINE VERBOTENE STADT IM HERZEN DER VEREINIGTEN STAATEN

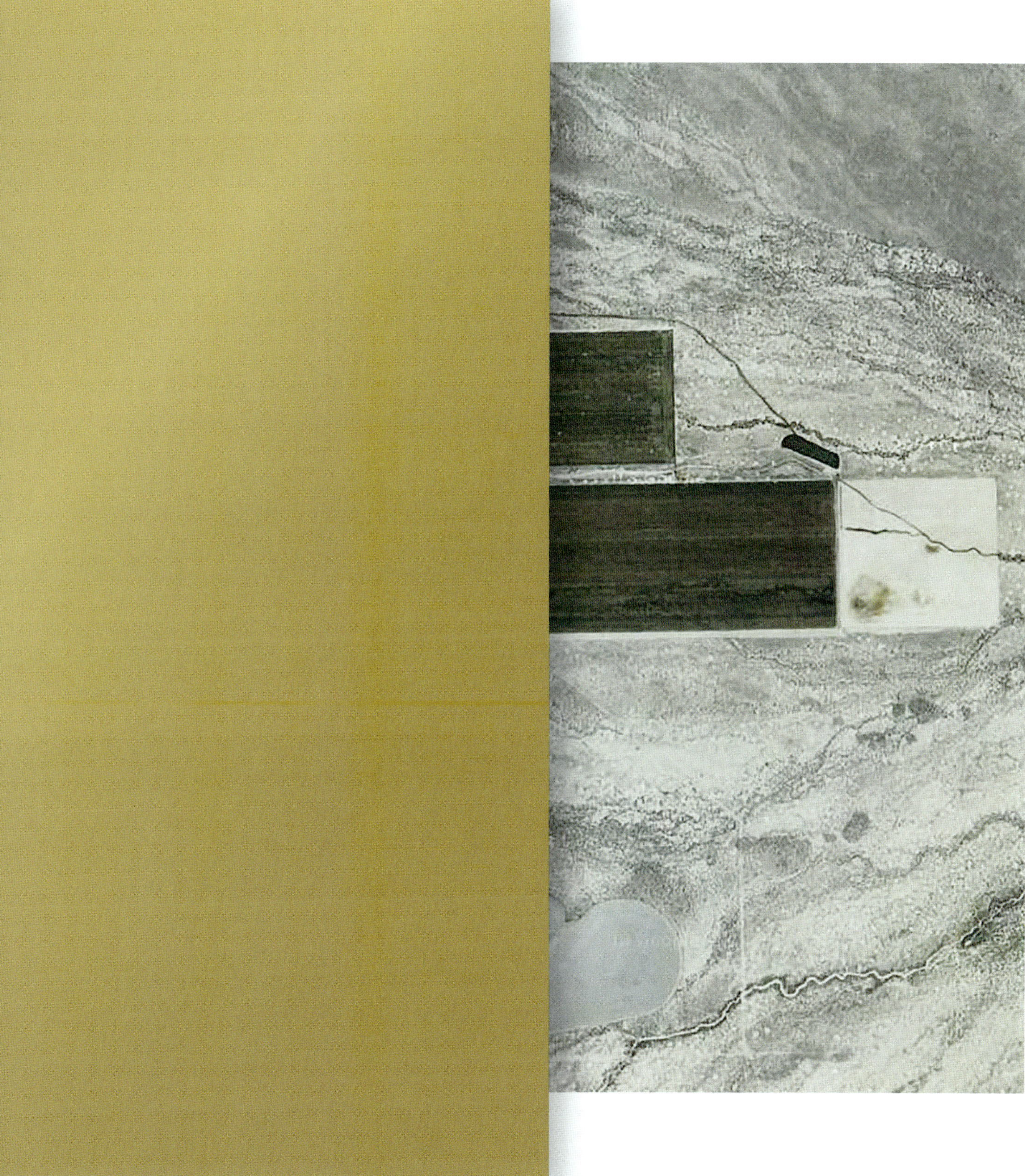

Im Garden Valley, einer weiten Wüstenlandschaft in Nevada, verbirgt sich das vielleicht gigantischste Kunstwerk, das man sich vorstellen kann. Die Sache ist nur, dass sein Urheber es geheim zu halten wünscht. Er will den Zugang erst gestatten, wenn die Arbeit vollendet ist, was, so denken einige, nicht mehr lange auf sich warten lassen kann. Andere sind der Ansicht, dass dies nie der Fall sein wird.

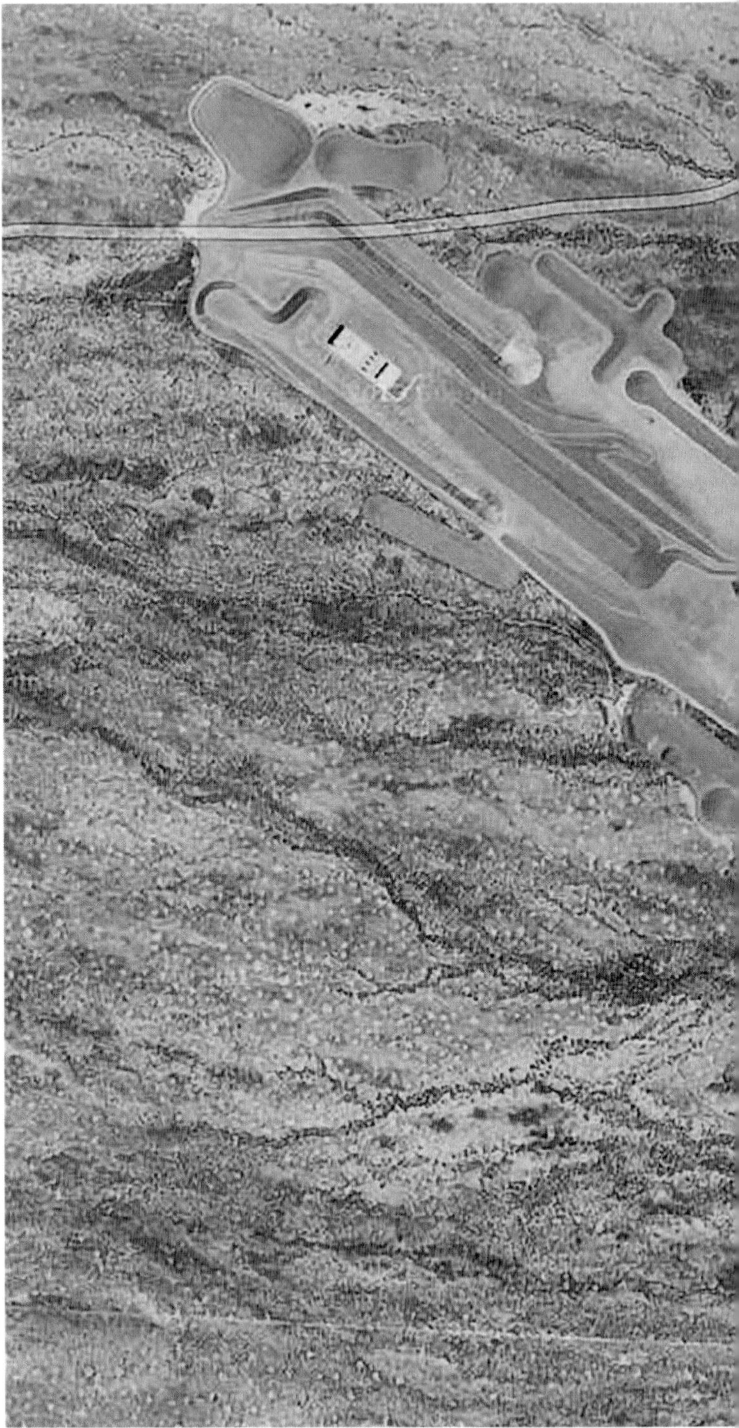

Der amerikanische Künstler Michael Heizer, ein Wegbereiter der Land-Art, hat immer schon in großen Dimensionen gedacht. Nur sehr wenige seiner Werke sind vom Format her auf Museen ausgerichtet. 1972 hat er die Idee für ein neues Projekt von monumentalem Ausmaß: eine Abfolge riesiger abstrakter Skulpturen in der Wüste, der er den Titel *City* geben will. Er kauft ein Gelände in Nevada, zwei Autostunden von der nächsten asphaltierten Straße entfernt. Die Errichtung soll in mehreren, »Phasen« genannten Etappen erfolgen, in denen jeweils unterschiedliche Skulpturen (»Komplexe«) entstehen. Alle Teile werden durch Straßen miteinander verbunden und zusammen etwa zwei Kilometer lang sein, also etwas länger als die Brooklyn Bridge. Beeinflusst durch seinen Vater, einen Spezialisten für präkolumbianische Architektur, orientiert Heizer sich an den Überresten antiker Bauwerke. Als Inspirationsquelle dient ihm nicht nur die Stufenpyramide König Djosers im ägyptischen Sakkara, sondern auch das Gebäude auf dem Ballspielplatz von Chichén Itzá, der geheimnisvollen Mayastadt auf der mexikanischen Halbinsel Yucatán.

Eine riesige Baustelle mit zahlreichen Maschinen, darunter Kräne, Container und Betonmischmaschinen, wird in Betrieb genommen. »Wir haben alles, fast alles, was die Welt des Bauens hergibt, für diese Skulptur benutzt«, berichtet der Künstler über *Complex One*.

1980 beginnt Heizer mit *Complex Two,* es folgt *Complex Three.* Aber das Gelände bleibt eine Baustelle, und das Geld beginnt knapp zu werden. Der Künstler lässt sein Riesenwerk ruhen, um sich weniger imposanten und rentableren Werken zuzuwenden. Ende der 1990er-Jahre zieht er sogar in Betracht, die unvollendeten Werke *Complex Two* und *Complex Three* zu zerstören und nur *Complex One* bestehen zu lassen. Mehrere Stiftungen jedoch, überzeugt vom Wert des zukünftigen Kunstwerks, leisten finanzielle Hilfestellung zur Weiterführung der ›Bauarbeiten‹.

Der Künstler selbst äußert sich nur vage zur Vollendung seines Werkes. Es sollte theoretisch aus fünf »Phasen« bestehen und

MICHAEL HEIZER (GEB. 1944),
City, seit 1972,
Erde, Fels, Beton, circa 2 x 0,4 km, Garden Valley, Nevada

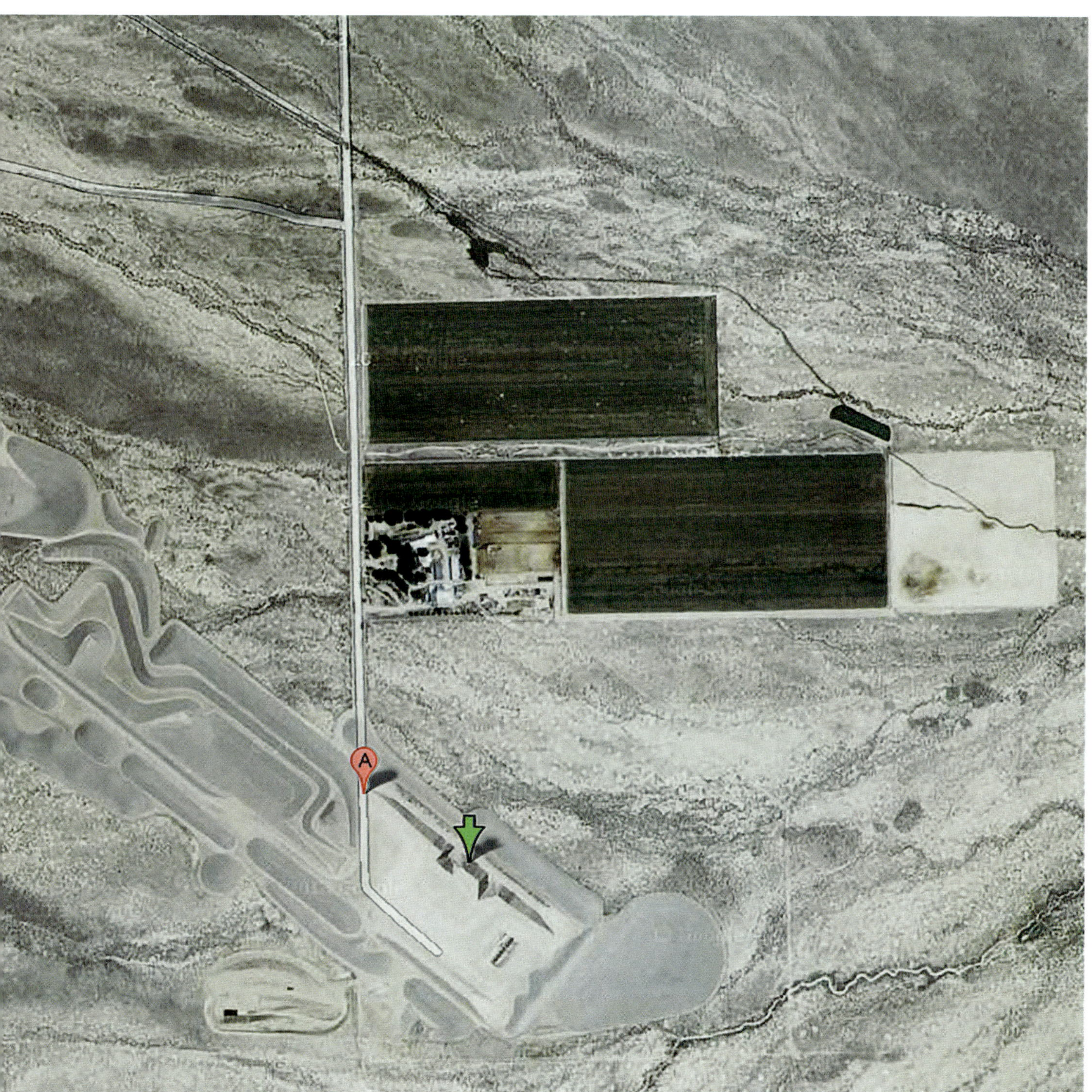

anfangs im Jahr 2010, dann 2013 fertiggestellt sein, ist aber bis heute unvollendet. In der Zwischenzeit bleibt das Gelände Privateigentum mit beschränktem Zugang. Seit dem Beginn der Konstruktion vor mehr als vierzig Jahren hat Michael Heizer sehr wenige Interviews gegeben und nur wenigen Journalisten Zugang zu den Örtlichkeiten gewährt, sicherlich auch, weil er es leid ist, dass mit Neugierigen gefüllte Flugzeuge über seinem Werk kreisen. Vermutlich ist nur ein Fünftel von *City* fertiggestellt, und der Künstler will keinesfalls der Öffentlichkeit Zutritt gewähren, bevor nicht die restlichen vier »Phasen« vollendet sind. Bis dahin kann niemand sagen, was in diesem Tempel der modernen Zeit verborgen liegt.

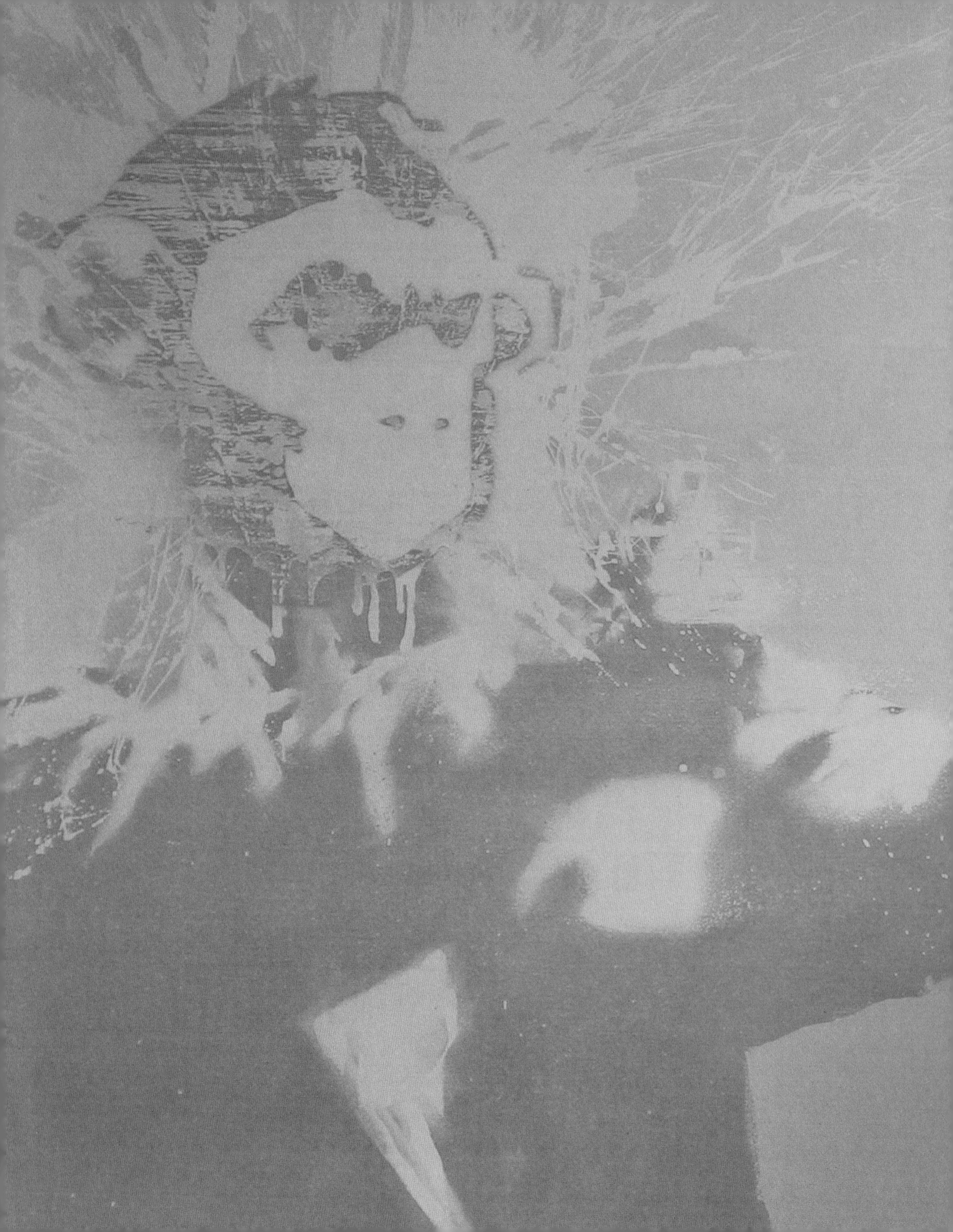

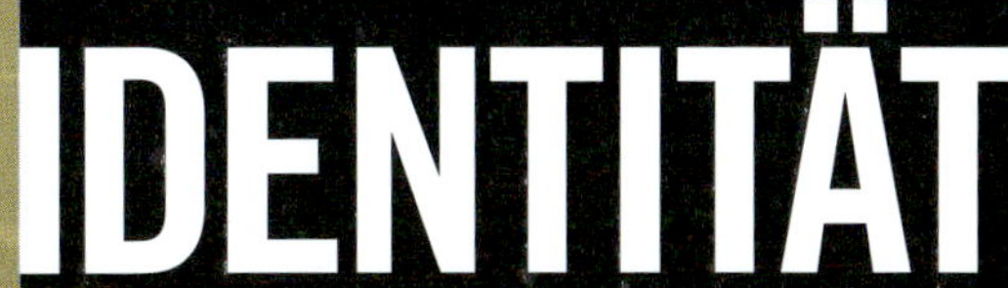

IDENTITÄT

DIE ›MASKE DES AGAMEMNON‹

DER MEISTER DES BARTHOLOMÄUS-ALTARS

DIE *MONA LISA*

DIE HÄSSLICHE HERZOGIN

LA FORNARINA

DIE BRÜDER LE NAIN

REMBRANDTS SELBSTPORTRÄTS

DAS MÄDCHEN MIT DEM PERLENOHRRING

BANKSY

Name und Details aus der Biografie des Künstlers, Fakten über das Modell, das als Inspirationsquelle für die abgebildete Person gedient hat... diese Informationen interessieren ganz ohne Frage jeden Kunstfreund. Individualität besitzt in unserer Gesellschaft einen hohen Stellenwert und beeinflusst nicht nur die Forschungsarbeiten zum Thema Kunst, sondern auch die Realisierung von Werken. Zeitgenössische Künstler sind Stars, die im Allgemeinen übrigens ihr Image auch geschickt zu nutzen wissen. Sogar Banksy (siehe Seite 80), der seine Identität nicht preisgibt, schafft auf diese Weise einen faszinierenden Mythos. All das war in anderen Epochen jedoch von geringer Bedeutung.

Im Mittelalter wurden Maler und Bildhauer als Handwerker angesehen, die ausführten, was man ihnen auftrug. Von einigen Ausnahmen abgesehen war es nicht besonders wichtig, den Urheber eines Werkes zu kennen: Dieser war lediglich für seine Fähigkeit bekannt, erfolgreich wiederzugeben, was die damals geltenden Regeln und der Auftraggeber verlangten. Erst zu Beginn der Renaissance wird der Künstler sich seiner Sonderstellung bewusst und fordert mehr Anerkennung für sein Talent. Im 16. Jahrhundert verfasst Giorgio Vasari in Italien seine *Lebensläufe der berühmtesten Architekten, Maler und Bildhauer*. Zum ersten Mal in der Kunstgeschichte werden die Biografie und die Persönlichkeit eines Künstlers als wichtiger Aspekt seines Werkes betrachtet.

Die Identität der Modelle zu bestimmen kann weitaus komplizierter sein. Wen kümmert schon eine arme Frau, die für weniger als nichts eine

Allegorie, eine mythologische oder eine biblische Figur inspiriert? Heute hingegen interessieren wir uns sehr für diese Frage, da die Wahl der Modelle direkt mit der Persönlichkeit des Künstlers und seinen Arbeitsmethoden verknüpft gewesen zu sein scheint. Man sagt, Caravaggio habe Bettler und Prostituierte posieren lassen, um biblische Figuren abzubilden. Einige, so Hans Holbein der Jüngere im 16. Jahrhundert oder Théodore Géricault im 19. Jahrhundert, malten Leichen, obwohl es verboten war. Vielen hat das Gesicht eines geliebten Menschen, das ihrer Ehefrau oder Geliebten, als Inspirationsquelle gedient. Andere wiederum haben es vorgezogen, sich selbst im Zentrum ihres Werkes darzustellen, wie zum Beispiel Hieronymus Bosch in der Hölle im *Garten der Lüste* (siehe Seite 140). Im Allgemeinen wissen wir mehr über die Menschen, die sich porträtieren ließen, da sie so wohlhabend und einflussreich waren, dass zahlreiche Details aus ihrem Leben bekannt sind.

Noch eine weitere Kategorie kann eine Identifizierung problematisch werden lassen: die dargestellten Figuren. Wenn die Bibel, das Leben der Heiligen oder die Mythologie damals Quellen waren, die den Adressaten der Werke vertraut waren, so besitzt der Kunstliebhaber von heute nicht immer das erforderliche Wissen, um die Symbole und Attribute entziffern zu können. Diese Fragen lassen sich nach einiger Recherchearbeit problemlos beantworten. Das gilt aber leider nicht für all jene Künstler und Modelle, die die bedeutendsten Fachleute angesichts des Geheimnisses, das sie umgibt, machtlos zurücklassen …

Die ›Maske des Agamemnon‹

OFFENBARUNG ODER BETRUG?

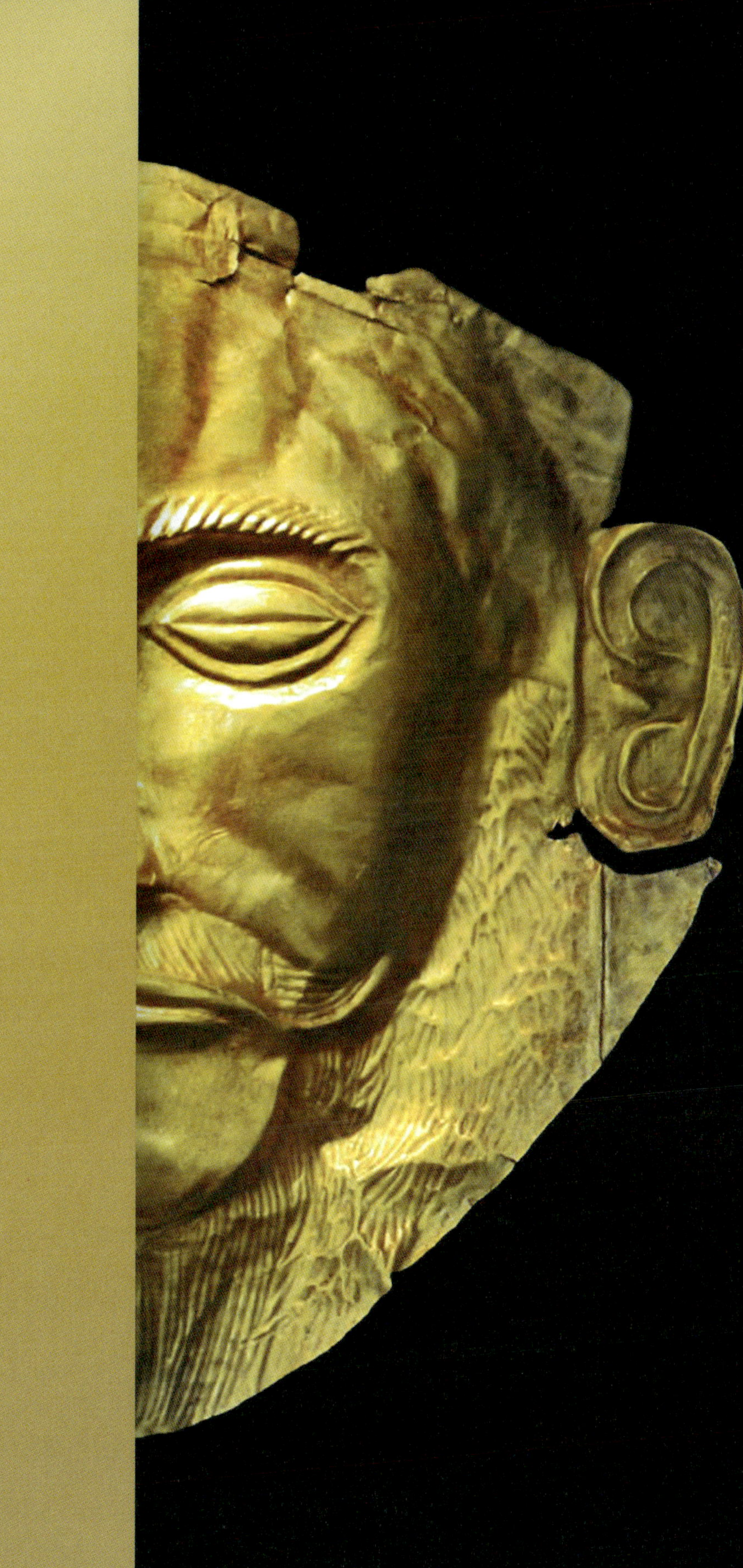

Homer erzählt in der *Ilias* von der Belagerung der Stadt Ilion (Troja) durch die Griechen, nachdem Paris die schöne Helena, die Frau des Königs von Sparta, entführt hatte. Diese Geschichte von Krieg, Liebe und Tod hat, obwohl sie aus der Antike stammt, die gesamte europäische Kultur beeinflusst und auch heute noch nichts von ihrer Faszination eingebüßt. Es ist also nicht verwunderlich, dass Heinrich Schliemann sich auf die Suche nach den historischen Spuren dieses Mythos begeben hat, der vielleicht gar keiner ist …

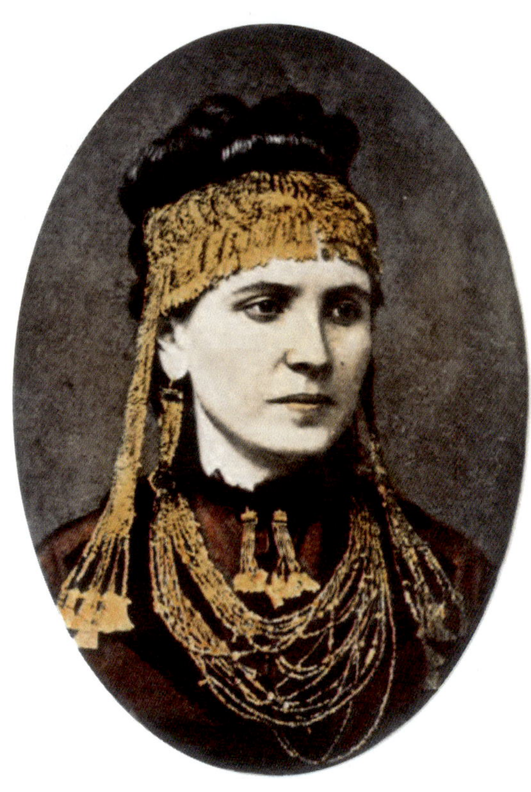

Sophia Schliemann mit Schmuckstücken aus dem ›Schatz des Priamos‹, fotografiert im Jahr 1874

Schliemann, aus einer armen Familie stammend, begeistert sich schon sehr früh für Reisen in ferne Länder und für alte Sprachen, die er autodidaktisch erlernt. Überzeugt, dass Homers Erzählungen auf wahren Begebenheiten beruhen, macht er sich auf den Weg, die in der *Ilias* und der *Odyssee* beschriebenen Orte aufzuspüren.

1871 fördert er die Überreste der Stadt Troja auf dem Hügel Hisarlik, heute in der Türkei gelegen, zutage und stößt 1873 schließlich auf den außergewöhnlichsten Fund seines Lebens: ein Lager aus Waffen, Gebrauchsgegenständen und vor allem unvorstellbar kunstvoll gefertigten Schmuckstücken aus Gold und Silber. Mithilfe seiner Frau Sophia bringt er den Fund, den er später zum ›Schatz des Priamos‹ (der mythische König von Troja) erklären wird, umgehend vor den Behörden in Sicherheit und darf deshalb das Osmanische Reich später nicht mehr betreten. Obwohl man die hervorragenden Ausgrabungstechniken dieses Pastorensohns anerkennt, wird die Echtheit des Schatzes infrage gestellt. Schliemann wird beschuldigt, unterschiedliche Objekte künstlich angehäuft zu haben, um seine Theorie zu stützen. Dieser neugierige Weltenbummler stößt in Wissenschaftskreisen auf Ablehnung. Schliemann: ein Hochstapler?

Weit davon entfernt, sich entmutigen zu lassen, jagt Schliemann weiter seinem Traum nach. Im Jahr 1874 reist er nach Griechenland, um in Mykene Ausgrabungen durchzuführen. Zwei Jahre später entdeckt er eine Totenmaske aus reinem Gold und versucht, die Spezialisten davon zu überzeugen, dass es sich um die Maske des Agamemnon handelt, des Herrschers der Achäer. Da Schliemann bedauerlicherweise bekannt dafür ist, Artefakte an seinen Ausgrabungsstätten zu hinterlegen, um seine Hypothesen zu stützen, ist die Meinung verbreitet, er habe die Maske selbst anfertigen lassen, bevor er sie an einer geeigneten Stelle vergrub. Mangelnde Übereinstimmung mit anderen Fundstücken, fehlerhafte Datierungen … alles weist darauf hin, dass es sich nicht um das Grab Agamemnons handelt. Aber wer weiß? Mit dem Tod Schliemanns im Jahr 1890 gerät das trojanische Rätsel nicht in Vergessenheit. Die Mehrheit der Archäologen ist heute der Ansicht, dass es sich bei der Ausgrabungsstätte in Hisarlik um die Zitadelle Troja handelt. Aber hat der Trojanische Krieg wirklich stattgefunden? Die Rätsel dieser sagenumwobenen Stadt sind noch lange nicht gelöst.

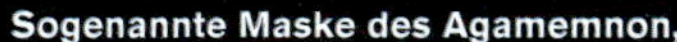

Sogenannte Maske des Agamemnon,
16. Jahrhundert v. Chr., Gold, Höhe: 31 cm, Archäologisches Nationalmuseum, Athen

Totenmaske aus dem Grab V in Mykene, entdeckt von Heinrich Schliemann (1822–1890).

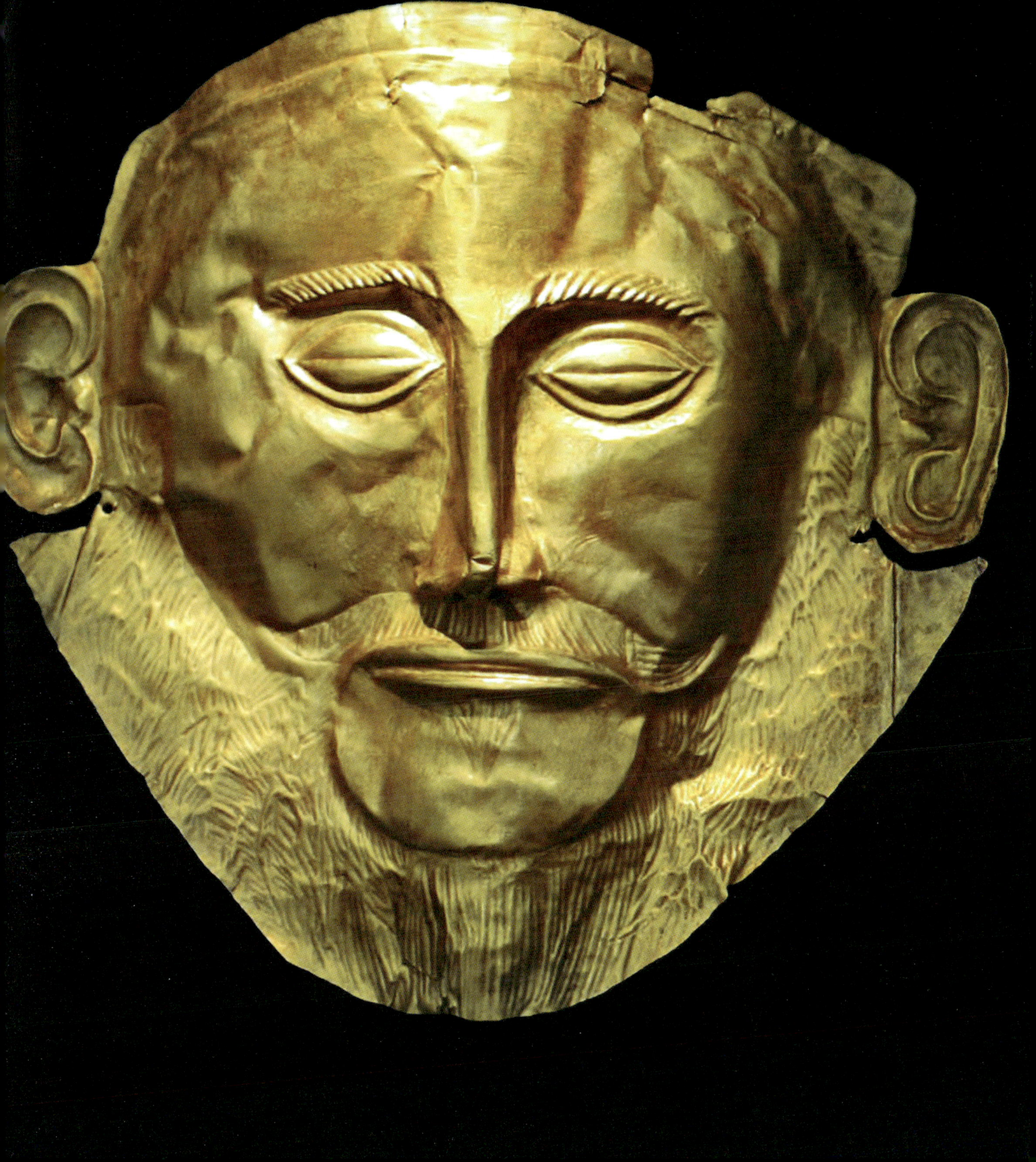

Der Meister des Bartholomäus-Altars

VERGESSENE KÜNSTLER UND DIE HEILIGEN DER VERGANGENHEIT

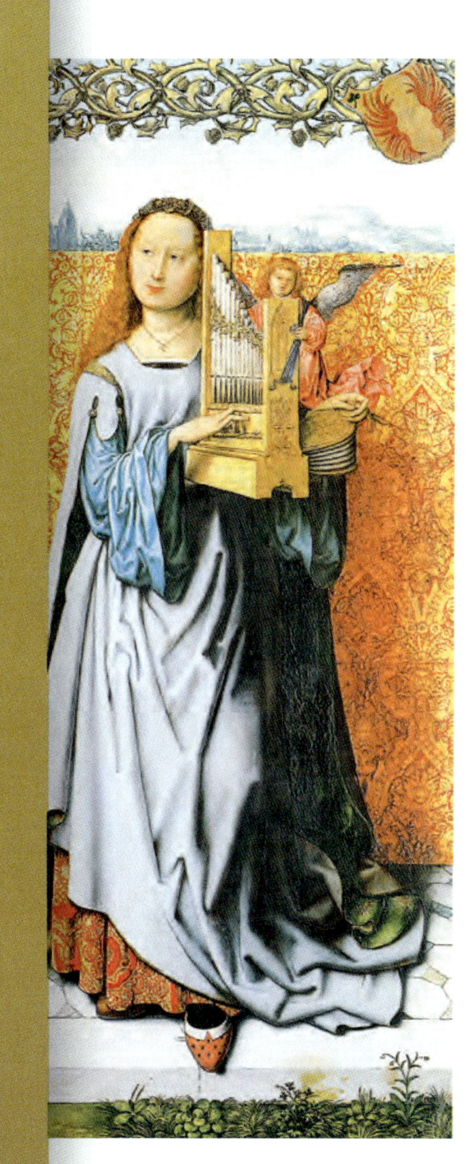

Ende des 15. Jahrhunderts zählt der Schöpfer des *Bartholomäus-Altars* in Europa zu den bedeutenden Vertretern seiner Zunft. Dennoch weiß man nur sehr wenig über ihn, nicht einmal sein Name ist überliefert. Dieses Gemälde ist das Symbol für eine Epoche, in der der Künstler vollkommen hinter sein Werk zurücktritt. In unserer heutigen Zeit hat ein Betrachter, der den *Bartholomäus-Altar* zu verstehen versucht, allen Grund verwirrt zu sein: Zum einen, weil ihm so gut wie keine Informationen zur Verfügung stehen, zum anderen aber auch, weil die Figuren nur schwer zu identifizieren sind.

Der Künstler, den man in Ermangelung anderer Informationen den Meister des Bartholomäus-Altars nennt, war vermutlich in Köln tätig. Wenig beeinflusst von den Anfängen der Renaissance, verschreibt er sich einem spätgotischen Stil. Im Mittelalter besaßen Künstler nicht den Status, den man ihnen heute gewährt. Da sie als Handwerker angesehen wurden, wie alle anderen, die mit ihren Händen arbeiteten, kann es heute den Anschein haben, als hätte man ihnen keine besondere Wertschätzung entgegengebracht. Noch im Jahr 1613 ordnet der französische Jurist Charles Loyseau sie in seinem *Traité des ordres et simples dignités (Traktat über die Stände und einfachen Würden)* auf einer der unteren Stufen der gesellschaftlichen Hierarchie ein, direkt vor den Feldarbeitern. Deshalb verfügen wir in der Regel nur über wenig präzise Informationen über Künstler aus der Zeit vor der Renaissance. Zudem haben die meisten, wie dieser unbekannte Meister, ihre Werke nicht signiert. Man hat nicht von ihnen verlangt, kreativ zu sein, und noch weniger, ihre Originalität unter Beweis zu stellen. Sie sollten lediglich nach den geltenden Regeln wiedergeben, was der Auftraggeber von ihnen forderte.

Der Altar entspricht dem ästhetischen Kanon des Mittelalters. Die abgebildeten Heiligen sind in jener Zeit unschwer zu erkennen: Die im 13. Jahrhundert von Jacobus de Voragine verfasste berühmte *Legenda aurea (Goldene Legende)* beschreibt nicht nur das vorbildliche Leben und die Martyrien dieser verfolgten Heiligen, sondern auch ihre Charaktereigenschaften. Bartholomäus war zum Beispiel einer der zwölf Apostel, der nach Armenien und Indien aufbrach, um dort das Evangelium zu verkünden. Da es einem Heiden nicht gelungen war, Bartholomäus dazu zu bringen, von seinem Glauben abzuschwören, soll er ihm bei lebendigem Leibe die Haut abgezogen haben (einer anderen Legende zufolge wurde er enthauptet). In Gemälden wird er mit einem Messer und manchmal mit seiner eigenen Haut über dem Arm dargestellt. Deshalb ist er auch der Schutzpatron der Handwerker, die mit Häuten und Leder arbeiten (Schuhmacher, Gerber et cetera). Das Messer, das er auf dem Altarbild hält, hat also keine erzählerische Funktion, sondern ist als Symbol zu verstehen, mithilfe dessen der Betrachter, der die Geschichte kennt, ihn unschwer identifizieren kann. Ebenso erkennt man die hl. Agnes auf dem Gemälde an dem Lamm an ihrer Seite (dem Symbol für Reinheit, dessen lateinische Bezeichnung ›agnus‹ mit ihrem Namen in Verbindung gebracht wird). Die hl. Cäcilia ist mit einer Orgel dargestellt, da sie der Legende nach während ihrer erzwungenen Hochzeit mit einem Heiden kaum der Orgel zugehört, sondern nur an Gott gedacht haben soll. Selbst wenn die Geschichte dieser Heiligen im Mittelalter wichtiger war als das Leben oder die Originalität des Künstlers, so kann man doch dem Meister des Bartholomäus-Altars dieses außergewöhnliche Talent nicht absprechen, das ihn zu einem berühmten und noch heute bewunderten Maler werden ließ. Man hat ihm übrigens mehrere Werke mit Sicherheit zugeschrieben, ohne auch nur zu wissen, wer er ist!

MEISTER DES BARTHOLOMÄUS-ALTARS (TÄTIG UM 1475 BIS 1510),
Bartholomäus-Altar, Mitteltafel mit dem hl. Bartholomäus, der hl. Agnes und der hl. Cäcilia und einem Stifter, um 1500–1505,
Öl auf Eichenholz, 128,6 × 161,3 cm, Alte Pinakothek, München

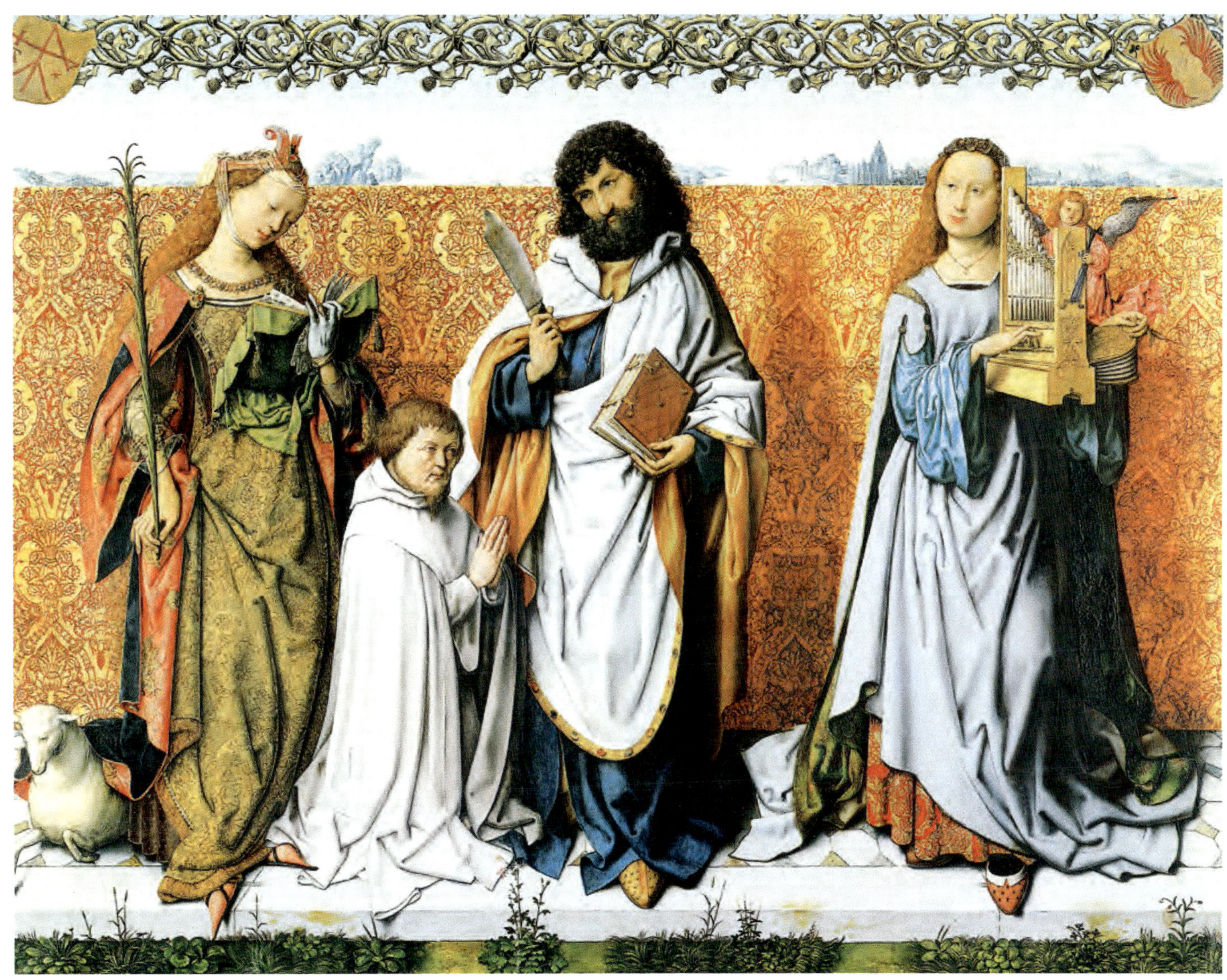

Die *Mona Lisa*

HURE ODER HEILIGE?

Dieses geheimnisvolle Lächeln ... Man glaubt, die *Mona Lisa* zu kennen, jenes weltberühmte Porträt, das von Millionen Neugierigen bestaunt wird und dessen Geheimnis zahlreiche Fachleute gern enthüllen würden. Zu viele Fragen springen jedoch bei diesem sonderbar anmutenden Gemälde ins Auge: Wer ist diese junge Frau, die wie eine Prostituierte aus jener Zeit dargestellt ist? Warum schafft der Maler mit diesem Lächeln und diesem wenig schmückenden, fremdartigen Hintergrund etwas völlig Neues? Und warum verkauft er dieses Bild erst kurz vor seinem Tod?

Um das Geheimnis der *Mona Lisa* zu ergründen, müssen wir einige Jahrhunderte zurückgehen, ins Florenz der Renaissance.

Das Glück ist Francesco del Giocondo hold: Dieser reiche florentinische Bürger hat gerade ein Haus erworben und möchte seiner 23 Jahre alten Ehefrau als Dank für die Söhne, die sie ihm geschenkt hat, eine Freude machen. Er gibt bei Leonardo da Vinci, dem bedeutendsten Maler der Stadt, ihr Porträt in Auftrag. Aber statt, wie erwartet, eine tugendhafte Ehefrau und Mutter abzubilden, malt der Künstler eine unschickliche Frau. Der Ehemann soll, außer sich angesichts einer derartigen Unerhörtheit, die Annahme des Porträts verweigert haben. Die junge Ehefrau ist in der Tat wie eine Frau mit ungebührlichem Lebensstil dargestellt: Mit ausrasierten Augenbrauen und einer zu freien Stirn, um tugendhaft zu sein, fixiert sie den Betrachter lächelnd und ohne jede Zurückhaltung. Aus diesem Grund haben einige bezweifelt, dass es sich wirklich um die Frau des florentinischen Bürgers handelt, zumal keinerlei Aufzeichnungen über den Auftrag existieren: Erst einige Jahre nach dem Tod des Malers hat ein Biograf die Einzelheiten über den Auftraggeber bekannt gemacht.

Leonardo da Vinci hat das Lächeln erfunden. Vor ihm hat nur Antonello da Messina versucht, einen lächelnden Mann zu malen, dessen merkwürdiges Grinsen jedoch nichts mit dem geheimnisvollen Lächeln der *Mona Lisa* gemein hat. Handelt es sich hier lediglich um eine Laune? Eine künstlerische Meisterleistung? Oder eher, wie der Kunsthistoriker Daniel Arasse erklärt, um das Gemälde einer glücklichen Frau und Mutter, der von ihrem Ehemann jeder Wunsch erfüllt wird? Der Künstler hat in Florenz nur zwei Porträts gemalt. Das zweite zeigt ebenfalls eine Frau, die den Betrachter jedoch traurig ansieht und mit einem Schmollmund dargestellt ist. Wie bei der *Mona Lisa* lässt sich auch dieser Ausdruck mit ihrer Geschichte erklären: Ihr Geliebter ist fern, und das Bild vermittelt über ihr Gesicht hinaus ihre Gefühle.

Das Lächeln zeigt eine Empfindung, ist aber auch als Symbol des Flüchtigen zu verstehen, das durch den Fluss im Hintergrund – der traditionell für die Vergänglichkeit steht – sowie durch die fremdartige, völlig menschenleere Landschaft noch bekräftigt wird.

Dieses Gemälde blieb bis zum Ende seines Lebens in Leonardo da Vincis Besitz. Mehr als ein bloßes Bild ist dieses Porträt eine persönliche Reflexion über die Malerei und die Kürze des vergänglichen Lebens.

LEONARDO DA VINCI (1452–1519),
***Porträt der Lisa Gherardini*, genannt *Mona Lisa* oder *La Gioconda*,** um 1503–1506,
Öl auf Pappelholz, 77 x 53 cm, Musée du Louvre, Paris

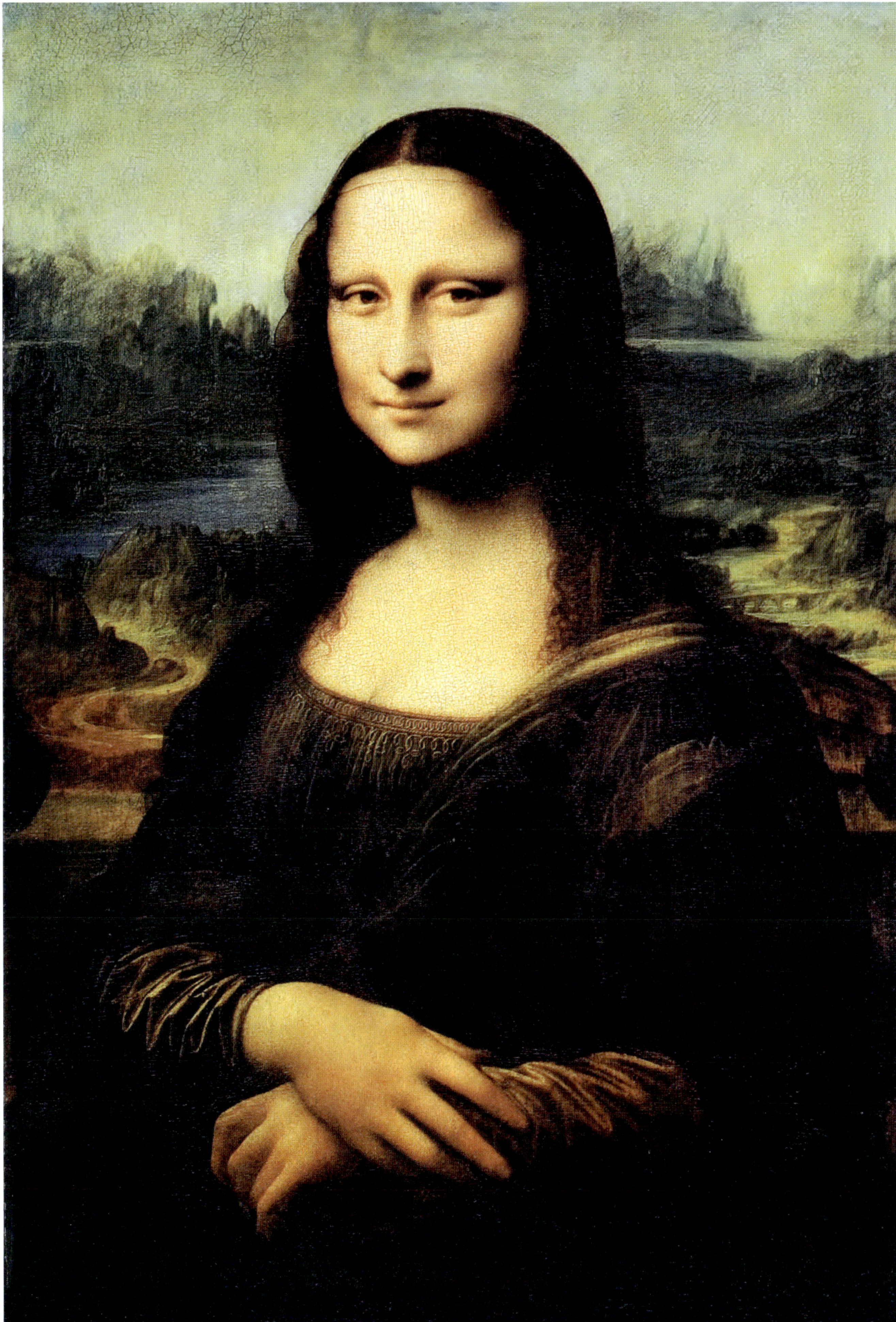

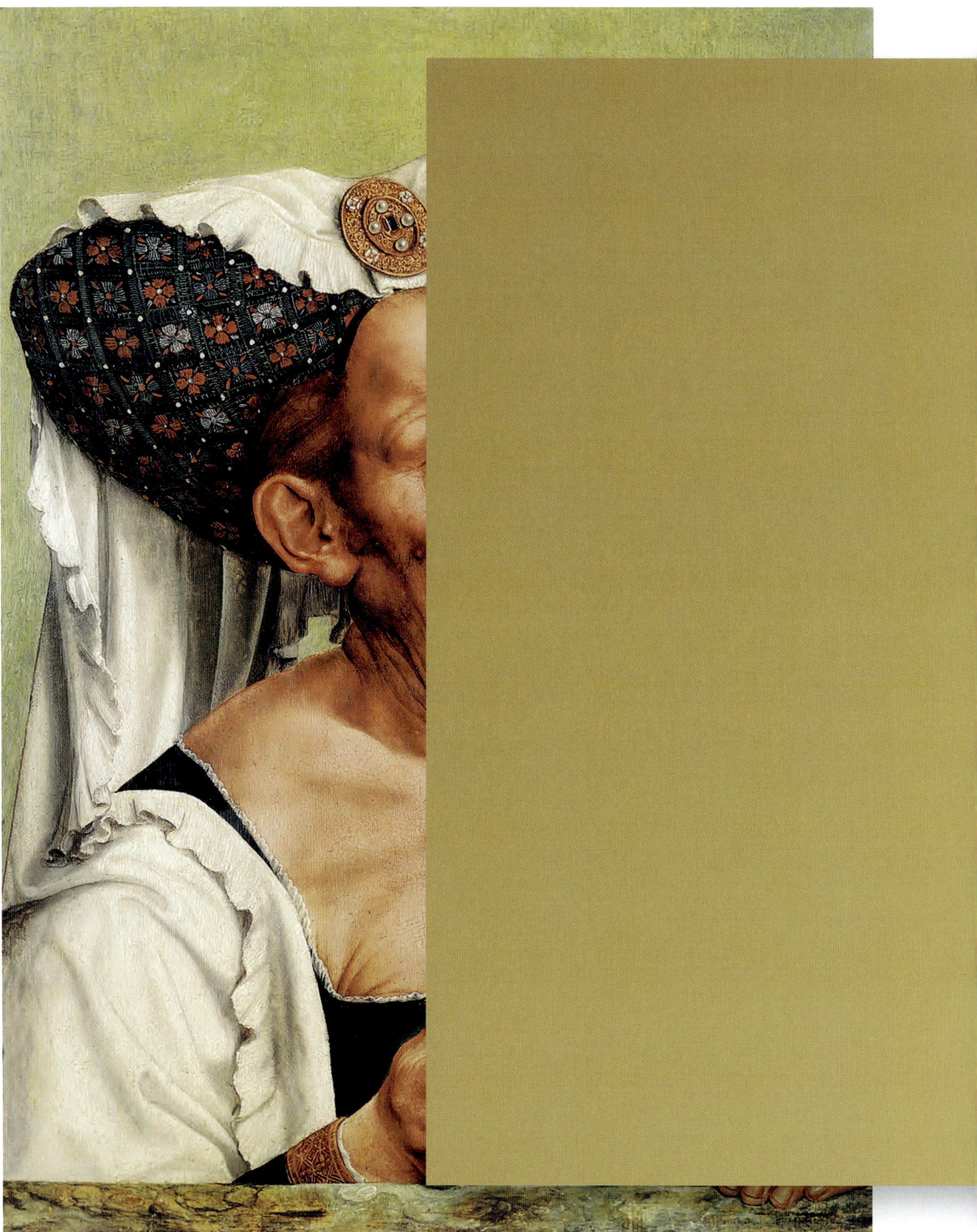

ZU HÄSSLICH, UM WAHR ZU SEIN

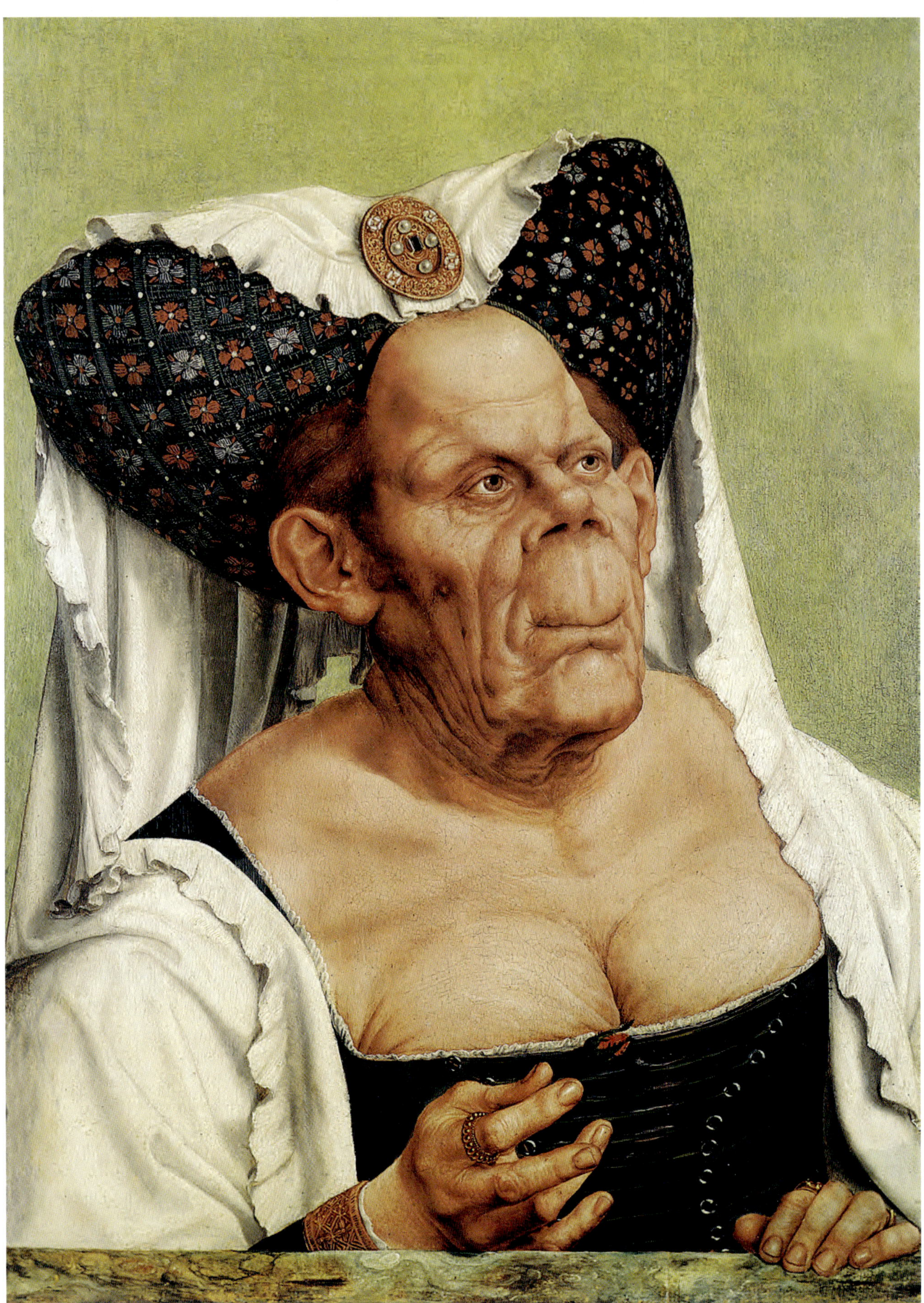

Im 15. und 16. Jahrhundert stellt der Humanismus den Menschen und seine Individualität in den Mittelpunkt des Interesses. Die Porträtkunst erlebt ihre Blütezeit. Nur etwa zehn Jahre nach der *Mona Lisa,* dem für seine Feinheit bewunderten, berühmtesten Porträt der Welt, malt der Flame Quentin Metsys ein Porträt, das wie eine Allegorie der Hässlichkeit erscheint: Eine alte Frau, die so deformiert ist, dass man es vorzieht, sie für eine Ausgeburt der Fantasie des Künstlers als für eine reale Person zu halten. Da hat man dann aber noch nichts von den jüngsten Enthüllungen gehört …

Hässlichkeit ist mindestens genauso faszinierend wie Schönheit, wenn nicht sogar noch faszinierender. Ein Beweis dafür ist Quentin Metsys' *Alte Frau,* die Kunsthistoriker auf der Suche nach ihrer mysteriösen Identität in ihren Bann gezogen hat. Lange Zeit hat man angenommen, Metsys habe sich von zwei grotesken Zeichnungen alter Frauen, die Leonardo da Vinci zugeschreiben werden, inspirieren lassen. Das Werk des flämischen Meisters wäre dann ebenfalls eine Karikatur gewesen. Er hätte das nur schwer zu ertragende Altern und nicht das Porträt einer realen Person gemalt. Diese bedauernswerte reiche Alte versucht, ihre verlorene Jugend wiederzufinden: Sie trägt aufwendige, aber aus der Mode gekommene Kleidung. Anrührend und lächerlich zugleich zeigt der Rosenknopf als Symbol für die Leidenschaft, dass sie verzweifelt bemüht ist, verführerisch zu wirken.

Im 19. Jahrhundert diente dieses Gemälde dem Illustrator Sir John Tenniel als Vorlage für die Figur der Königin in Alice im Wunderland.

Dann ist man plötzlich der Ansicht, Leonardo habe sich für seine Zeichnungen von Metsys' Porträt inspirieren lassen. Wer also verbirgt sich hinter den Zügen dieser grässlichen Frau? Mehrere Namen werden genannt, darunter auch der der Margarete von Tirol (1318–1369). Sie verstößt ihren Ehemann, Johann Heinrich von Luxemburg, um sich mit Ludwig I. von Bayern-Brandenburg erneut zu verheiraten. Das Paar wird 1342 von Papst Clemens VI. exkommuniziert. Dieser Geschichte verdankt die Gräfin ihren Beinamen ›Maultasch‹, in bayerischer Mundart die Bezeichnung für eine Prostituierte. Metsys soll diese berühmte Persönlichkeit als Inspirationsquelle gedient haben, um sich über Verführerinnen zu mokieren. Diese Vermutung wird auch heute noch geäußert, ist aber fragwürdig: Margarete sieht auf den anderen Darstellungen, die man von ihr kennt, durchaus nicht verunstaltet aus.

Ein weiteres Element, das lange von der Kritik unbeachtet bleib, sagt viel über die Geschichte dieses Gemäldes aus: *Eine alte Frau* ist nur eines von zwei Gemälden eines Diptychons. Sein Pendant – wenig bekannt, weil Teil einer Privatsammlung – zeigt einen Mann, der nichts Grässliches an sich hat. Das lässt vermuten, dass dieses Doppelporträt ein reales Paar zeigt. Was ist dann der Ehefrau zugestoßen? 2008 erklärt Michael Baum, das weibliche Modell habe offensichtlich an der Pagetschen Krankheit gelitten, einer Knochenerkrankung, die sich auch auf die Form des Schädels auswirkt. Aber warum hat Metsys sich nicht bemüht, die Züge der Ehefrau des Auftraggebers abzumildern, wie es sich in jener Zeit ziemte? Die Geschichte schweigt dazu …

QUENTIN METSYS (1465–1530)
Eine alte Frau, auch ***Die hässliche Herzogin*** genannt, um 1513,
Öl auf Eichenholz, 62,4 x 45,5 cm, National Gallery, London

WIDER-SPRÜCHLICHE REAKTIONEN

RAFFAELLO SANTI ODER SANZIO, GENANNT RAFFAEL (1483–1520),
Porträt einer Frau,* genannt *Donna Velata, um 1512–1518,
Öl auf Leinwand, 82 x 60,5 cm, Galleria Palatina, Palazzo Pitti, Florenz

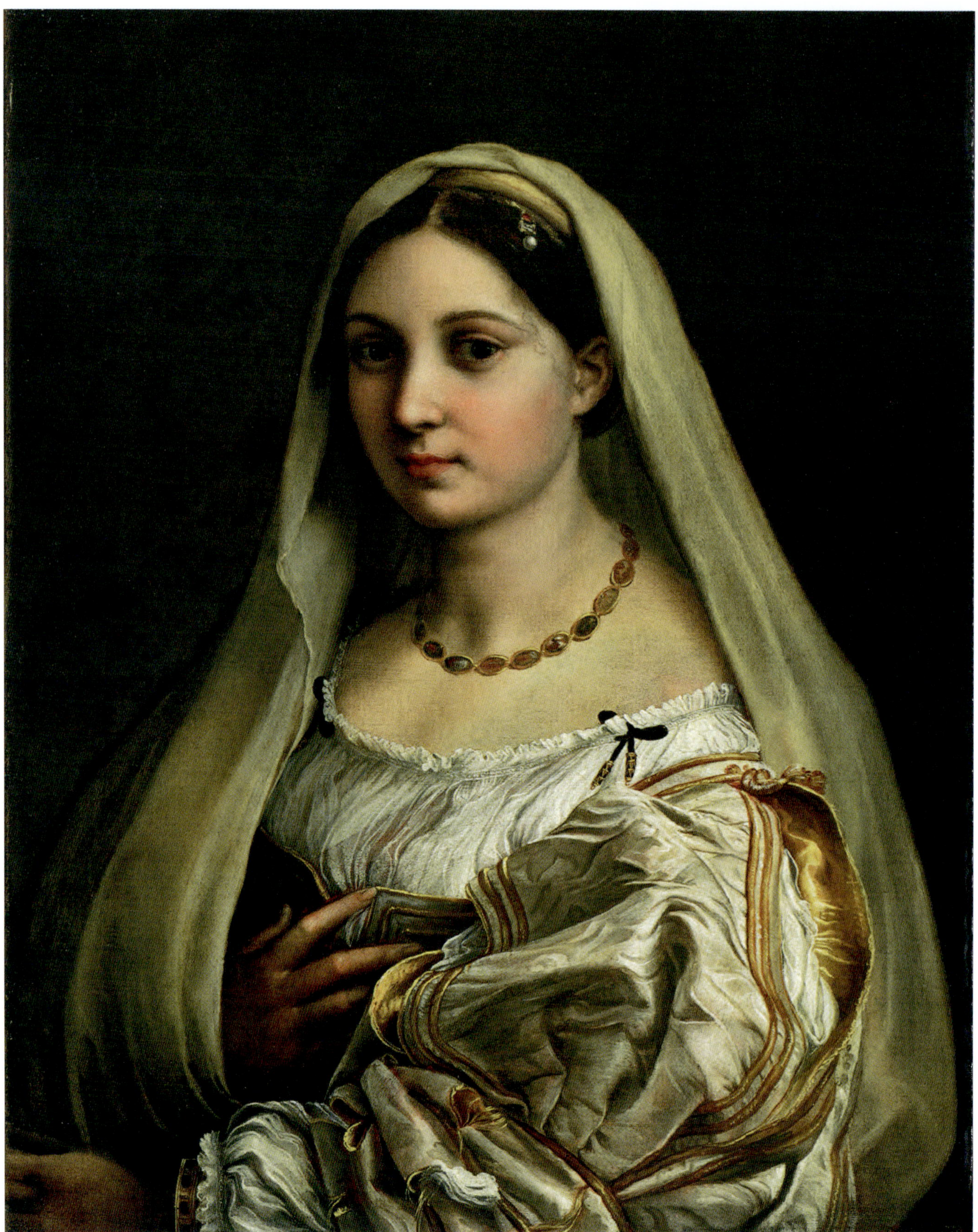

RAFFAELLO SANTI ODER SANZIO, GENANNT RAFFAEL,
La Fornarina, 1520,
Öl auf Holz, 87 x 63 cm, Galleria Nazionale d'Arte Antica, Palazzo Barberini, Rom
Dieses Porträt wird im Allgemeinen Raffael zugeschrieben, bisweilen aber auch Giulio Romano, einem seiner Schüler.

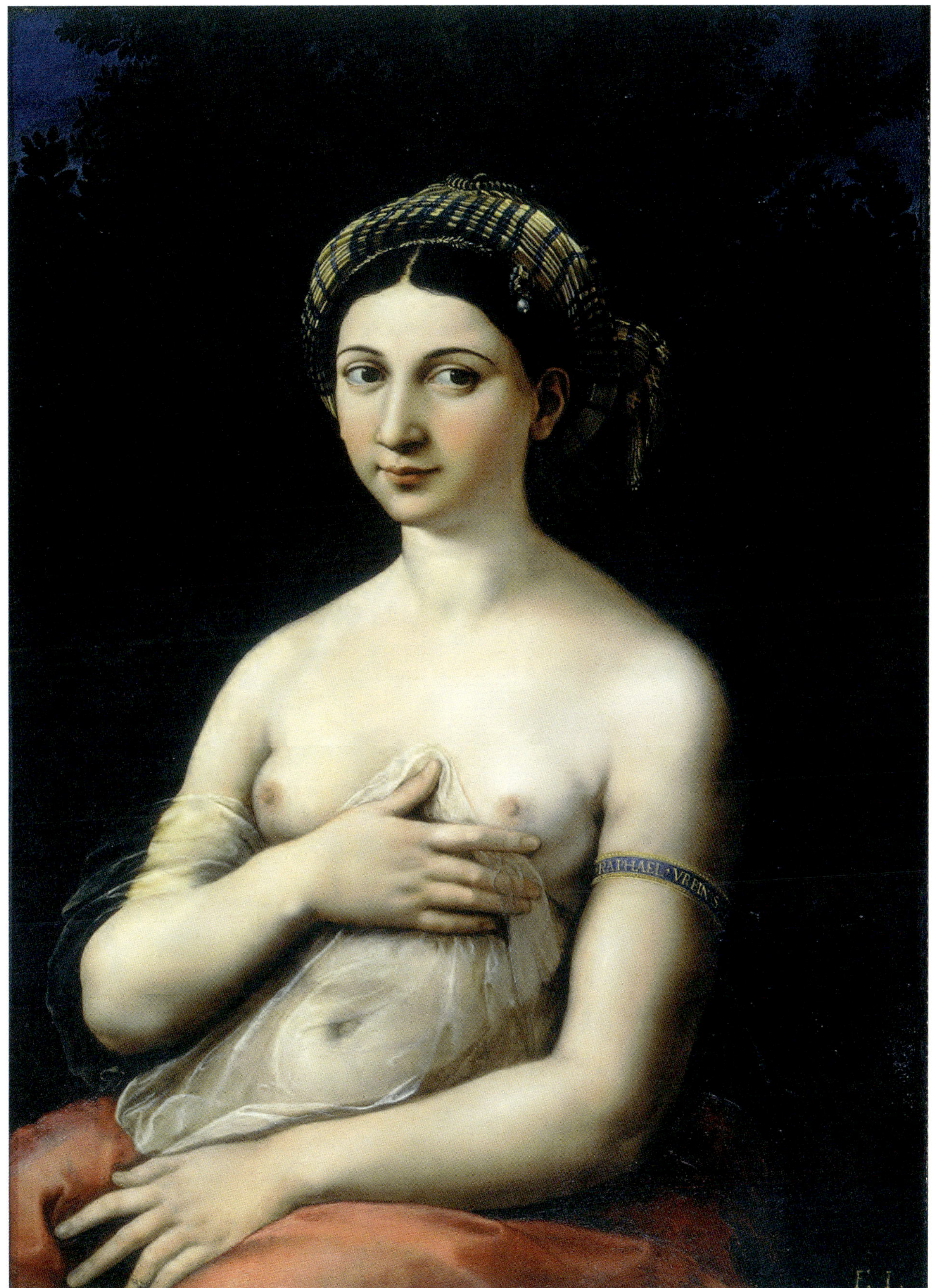

Nach Raffaels Tod im Jahr 1520 entdeckt man in seinem Atelier ein Gemälde, das er allem Anschein nach vor neugierigen Augen verbergen wollte. Diese geheimnisvolle Werk ohne Datierung und ohne Titel hat keinerlei Ähnlichkeit mit den anderen Frauenporträts des Malers und wirft zahlreiche Fragen auf: Wer ist diese Frau? War sie die Geliebte Raffaels, vielleicht sogar seine heimliche Ehefrau? Ist sie es, die wir auf anderen Gemälden des Meisters wiederfinden? Ist es überhaupt ein echter Raffael?

In den letzten, in Rom verbrachten Jahren seines Lebens war Raffael hoch angesehen und berühmt, sodass sich die öffentlichen Aufträge bald häuften. Nicht nur die Harmonie seiner Gemälde, auch seine treffende und feine Darstellung von Gesichtern wurden einstimmig gelobt. Sein Werk und sein Leben sind ziemlich gut bekannt. Ein vermutlich um 1520 entstandenes Gemälde jedoch, *La Fornarina,* bringt jede Gewissheit ins Wanken. Diese Frau, die ein um den Arm geschlungenes Band mit der Signatur des Malers trägt, hört nicht auf, Kunsthistoriker und Betrachter zu beschäftigen.

Zu Beginn des 17. Jahrhunderts wird sie als eine der Geliebten Raffaels identifiziert, die er in der Villa Farnesina wohnen ließ, um sie bei sich zu haben, als er dort arbeitete. Gegen Ende desselben Jahrhunderts glaubt man, in ihr eine junge Frau zu erkennen, die Raffael bis zu seinem Tod geliebt haben soll … Zu Beginn des 18. Jahrhunderts erhält das Gemälde endlich einen Titel: *La Fornarina,* »die Bäckerstochter«. Dieses Porträt zeigt angeblich Marguerita Luti, die Tochter eines Bäckers aus Siena, die vermutlich die letzte, aber auch am innigsten geliebte Mätresse des Malers war. Seinem Biografen Giorgio Vasari zufolge soll Raffael während des Orgasmus gestorben sein und Marguerita soll sich, von Kummer gebeugt und mit dem einzigen Wunsch zu sterben, ins Kloster Santa Apollonia zurückgezogen haben. Diese romantische Darstellung begeisterte die Kritiker und das Gemälde wurde weithin bekannt. Berühmtheit führt häufig zu zahlreichen Vermutungen. So sind zum Beispiel einige der Ansicht, der einem Ehering ähnelnde Schmuck an ihrem linken Ringfinger deute auf eine heimliche Verlobung Raffaels mit dieser Frau hin …

Auch die Urheberschaft des Gemäldes gibt Anlass zu Diskussionen. Einige Fachleute halten die Pinselstriche für zu grob, um von der Hand des Meisters zu stammen. *La Fornarina* hebt sich ab von der großen Schar feiner, zarter Frauen, die Raffael gemalt hat. Der durchsichtige, eher betonende als verhüllende Schleier, der seitliche Blick und das spöttische Lächeln: Alles an ihr strahlt eine starke, ungezwungene Erotik aus, auf die wir so bei diesem Meister nicht gefasst sind.

Die geheimnisvolle *Fornarina* hat weitere Rätsel nach sich gezogen. Man fragt sich vor allem, ob eine mögliche – und erfreuliche – Verbindung mit der *Donna Velata* besteht, einem früheren Gemälde mit großer Ähnlichkeit: das gleiche Kinn, die gleichen Haare, die gleiche Nase, die gleiche Dreieckskomposition … Wer ist diese Frau, die in Raffaels Werk immer wieder aufzutauchen scheint? Bis heute hat sich niemand auf eine präzise Antwort festgelegt.

Jahre später schuf der von Raffael und vor allem von diesem Porträt faszinierte Ingres mehrere Gemälde, auf denen er den Maler mit dem Werk und in Gesellschaft dieser Frau zeigt. Für ihn ein Weg, seine Sicht der Dinge zu schildern und … seinen Teil zum Geheimnis beizutragen.

JEAN-AUGUSTE-DOMINIQUE INGRES (1780–1867),
Raffael und die Fornarina, 1814,
Öl auf Leinwand, 64,8 x 53,3 cm, Harvard Art Museums, Cambridge (Massachusetts)

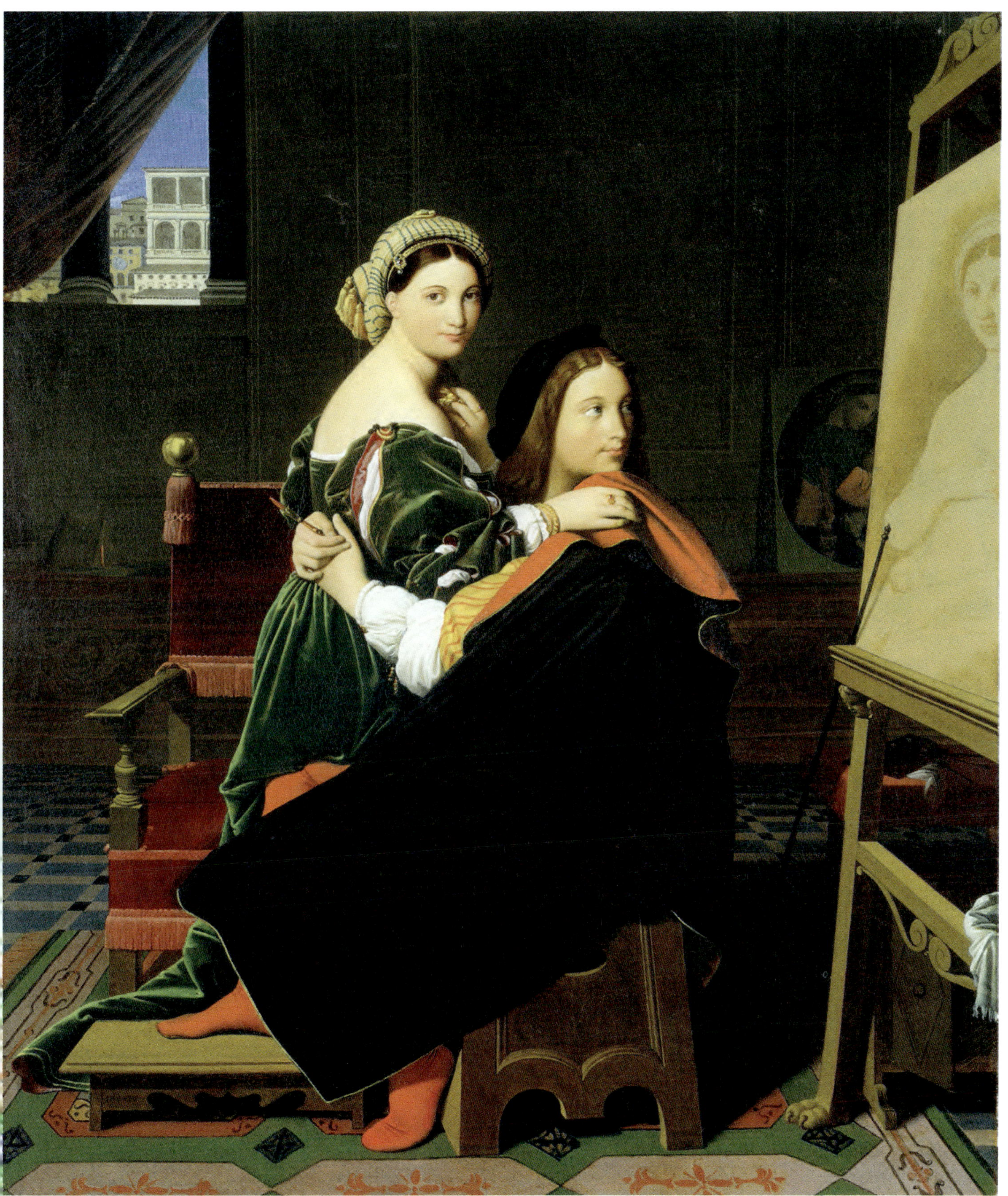

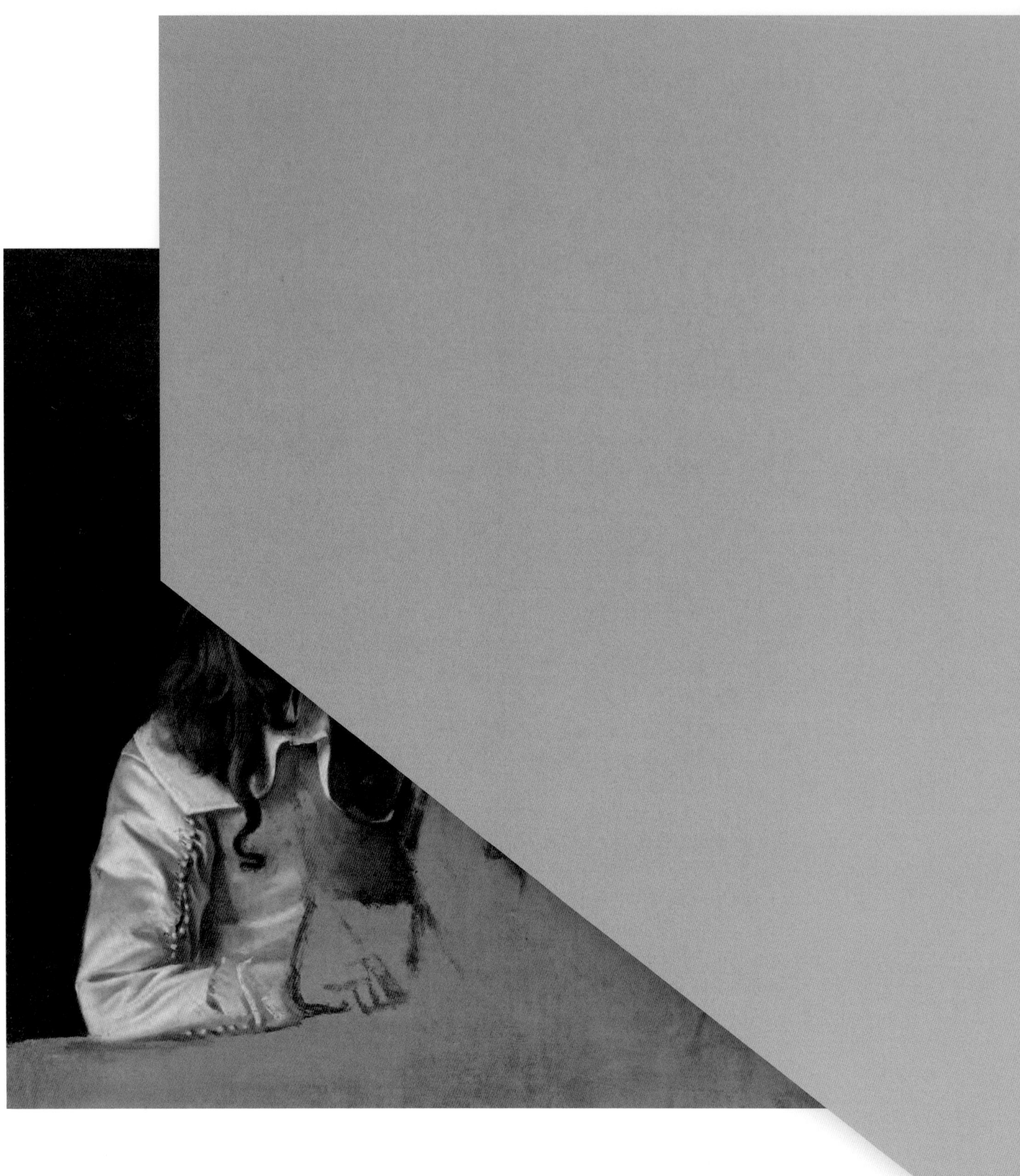

Die Brüder Le Nain

DREI MALER, EINE SIGNATUR

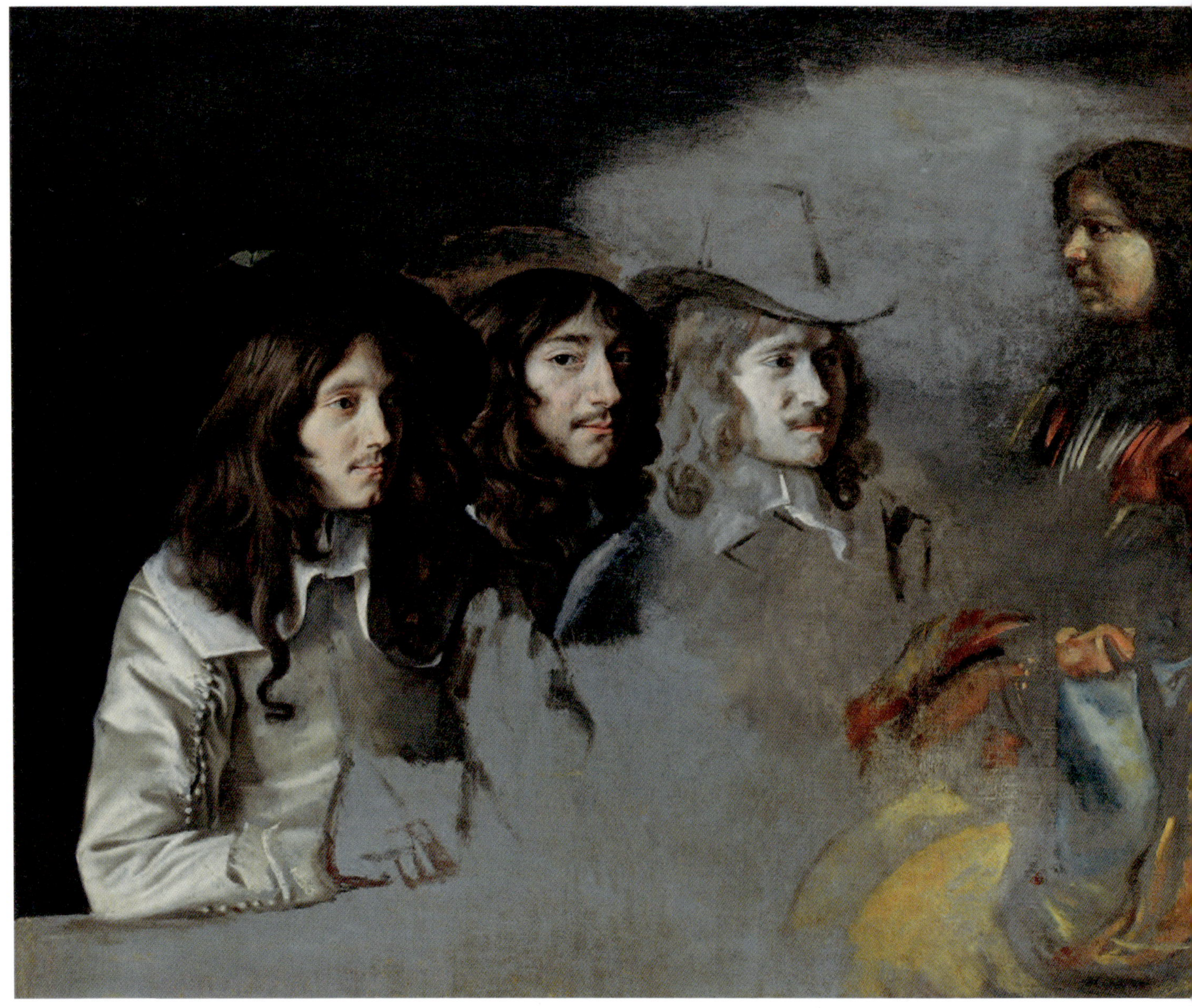

Der Künstler Le Nain zeichnet sich durch eine Besonderheit aus: Er existiert nicht. Die Brüder Le Nain hingegen sind real: Antoine, Louis und Mathieu arbeiten im selben Atelier. Sie haben eine große Zahl von Werken geschaffen, trotzdem weiß man so gut wie nichts über sie, nicht einmal das Jahr ihrer Geburt.

Die drei Brüder Le Nain schufen ungefähr zweitausend Werke, von denen uns nur 75 bekannt sind. Warum wissen wir praktisch nichts über sie?

Es gibt zwei Hauptgründe für die Schwierigkeit, die Gemälde der Brüder voneinander zu unterscheiden. Erstens waren sie so eng miteinander verbunden, dass keiner den Wunsch verspürte, sich von den beiden anderen abzuheben, und alle drei ihre Bilder nur mit »Lenain« signierten. Zweitens hat sich in jener Zeit, obwohl sie zu Lebzeiten anerkannte Künstler waren, niemand dafür interessiert, von wem dieser oder jener Le Nain stammte, weil damals mehr das Werk als der Maler im Vordergrund stand. Danach gerieten sie in Vergessenheit. Im Zeitalter des triumphierenden Akademismus interessierte man sich nicht besonders für ihre realistische Darstellung des bäuerlichen Lebens. Erst Mitte des 19. Jahrhunderts, vor allem dank des Schriftstellers Jules Champfleury, eines großen Bewunderers der Brüder Le Nain, wurde die Genialität dieser drei Maler wiederentdeckt. Ihre Gemälde tauchten wieder auf und Händler wie Kunstkritiker verspürten den Wunsch, sie zu unterscheiden. Natürlich war viel Zeit vergangen und es wurde immer komplizierter, zuverlässige Fakten über ihr Leben zu finden …

Kein einziges Gemälde kann man eher dem einen als dem anderen Bruder zuschreiben. Es ist sogar einleuchtend, dass einige Bilder von mehreren Händen gemalt wurden.

Erst vor wenigen Jahren hat man begonnen, ihre Malweise zu unterscheiden und ihnen eine gewisse künstlerische Individualität zuzuschreiben. Es gibt zahlreiche unterschiedliche Hypothesen. Am anerkanntesten ist die Unterscheidung von Paul Jamot *(Les Le Nain,* Paris 1929): Mathieu, der Jüngste, soll die Gruppenszenen gemalt haben, Louis die ländlichen Szenen und Antoine soll für die Miniaturen verantwortlich gewesen sein. Aber Vorsicht ist geboten, das Eis ist dünn und keine der Hypothesen – so verlockend sie auch klingen mögen – kann auf das Gesamtwerk angewandt werden.

Das hier abgebildete Gemälde – ein Rätsel für die Experten – veranschaulicht das Geheimnis um die Brüder hervorragend. Man vermutet, dass es sich bei den drei Figuren im Vordergrund um die drei Brüder handelt. Das Gemälde erhielt den Titel *Drei Landvermesser,* weil im Vordergrund geometrische Instrumente abgebildet waren, bevor es im Jahr 1968 restauriert wurde und ein viertes Gesicht zum Vorschein kam: ein junger Mann im Profil am Kopf des Tisches. Wer ist dieser junge Mann? Warum hat er an diesem familiären Beisammensein teilgenommen? Dieses Gruppenporträt, das vielleicht nur das Fragment eines größeren Werkes ist, birgt möglicherweise einen der Schlüssel zum Geheimnis um die Brüder Le Nain.

ANTOINE (ZWISCHEN 1597 UND 1607–1648) UND/ODER LOUIS (ZWISCHEN 1597 UND 1607–1648) UND/ODER MATHIEU (UM 1607–1677) LE NAIN,
Drei Männer und ein Junge, um 1647/48,
Öl auf Leinwand, 54,1 x 64,5 cm, National Gallery, London

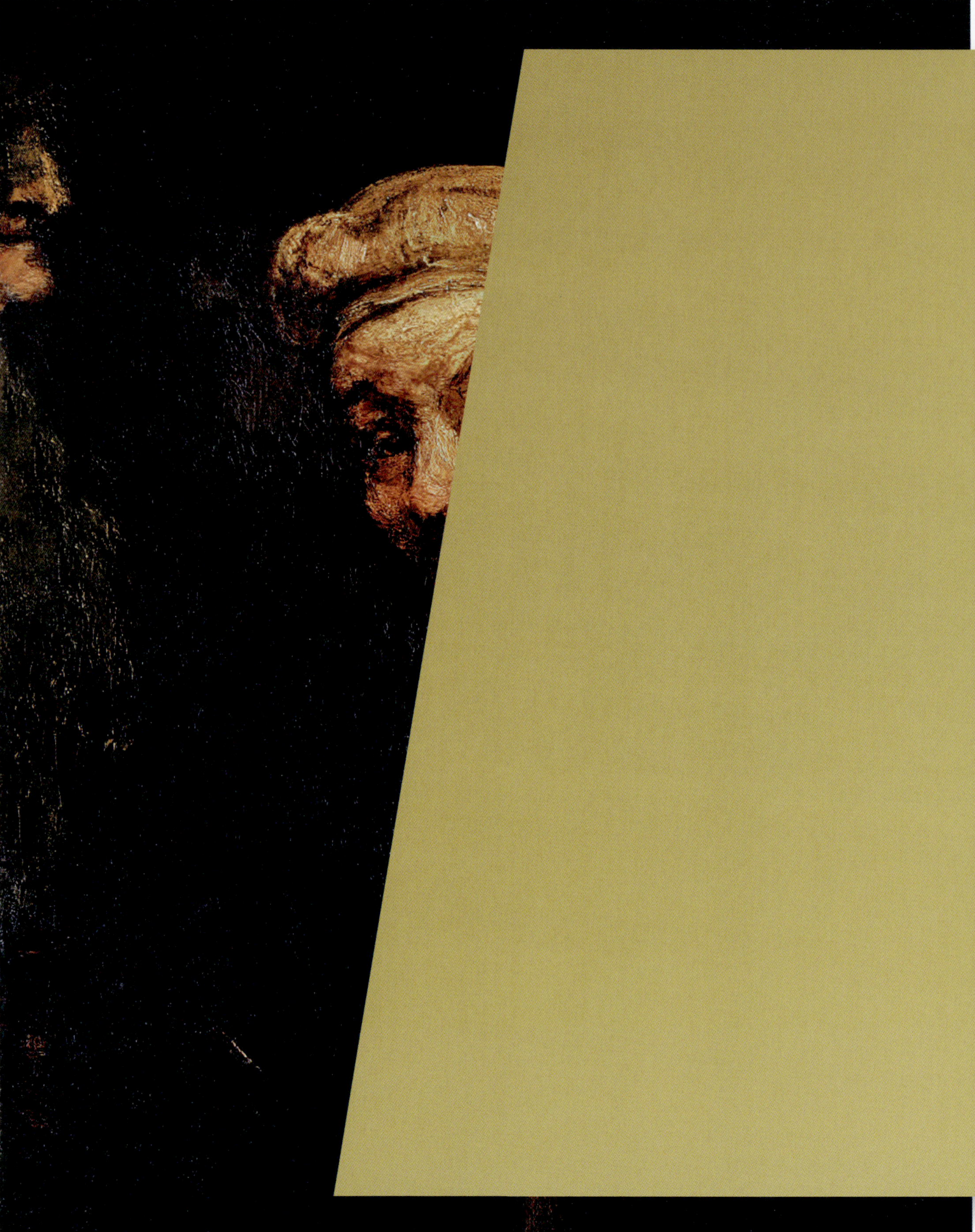

DAS VERBORGENE ANTLITZ REMBRANDTS

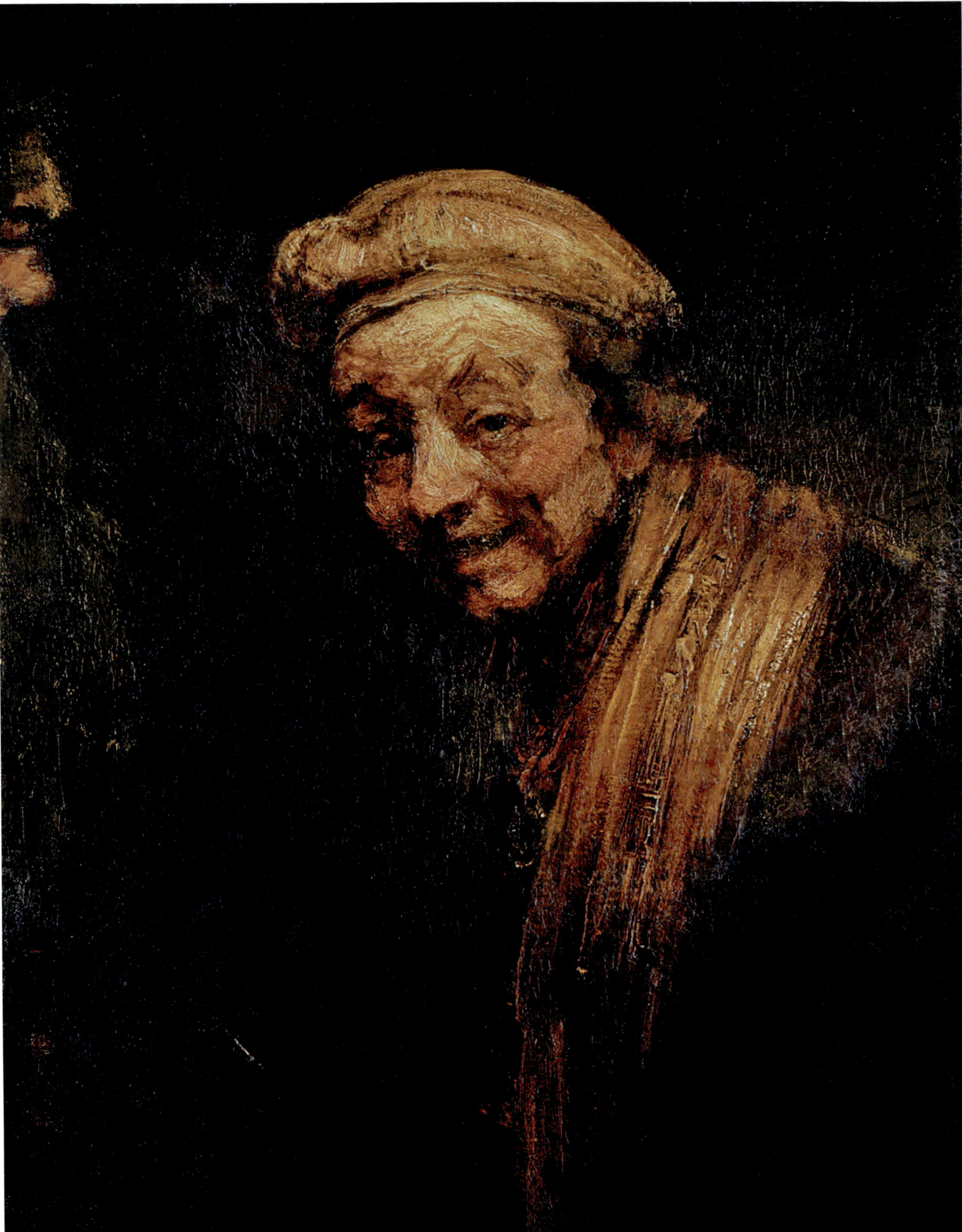

Ungefähr einhundert. Das ist die Zahl der Selbstporträts, die Rembrandt in Form von Gemälden, Zeichnungen und Radierungen im Laufe seines Lebens geschaffen hat. Es gibt nur wenige Künstler, die sich derart leidenschaftlich dem Selbstporträt verschrieben haben, und zu seiner Zeit war er fraglos der Einzige. Was mag sich hinter dieser Besessenheit, sich selbst dazustellen, verbergen?

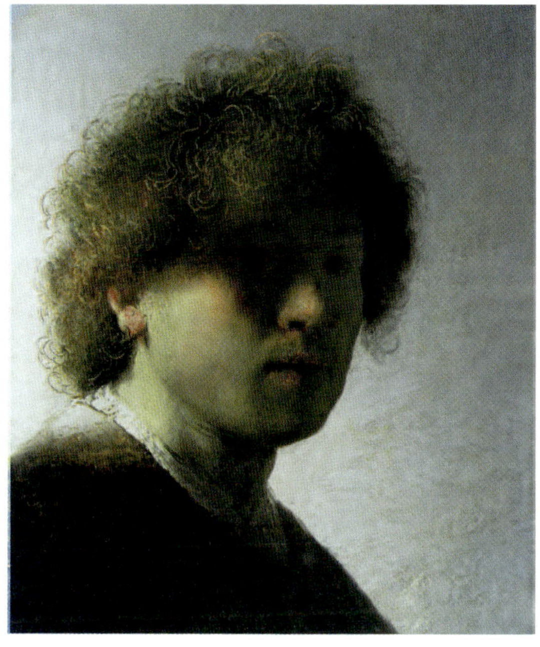

Oben:
REMBRANDT HARMENSZOON VAN RIJN, GENANNT REMBRANDT (1606–1669), ***Selbstporträt,*** um 1628, Öl auf Leinwand, 22,6 x 18,7 cm, Rijksmuseum, Amsterdam

Gegenüber:
REMBRANDT HARMENSZOON VAN RIJN, GENANNT REMBRANDT, ***Selbstporträt als Zeuxis,*** um 1668, Öl auf Leinwand, 82,5 x 65 cm, Wallraf-Richartz-Museum & Fondation Corboud, Köln

Als unbestrittener Meister der Malerei des niederländischen Goldenen Zeitalters ist Rembrandt für seine virtuosen Hell-Dunkel-Kontraste, seine biblischen und mythologischen Szenen, aber auch für eine bemerkenswerte Anzahl von Selbstporträts bekannt. Es gibt jedoch kein Gesamtverzeichnis dieser ›Tronies‹ (niederländisch für Gesichtsausdrücke oder Gesichterstudien), die auf mehr als dreißig Sammlungen auf der ganzen Welt verstreut sind. Lassen wir unserer Fantasie freien Lauf: Würden wir in einem imaginären Museum sämtliche ›Selbstbildnisse von Rembrandt‹ betrachten, vom ersten aus dem Jahr 1625 bis zu den letzten, im Jahr vor seinem Tod gemalten Selbstporträts, die ihn als alten Mann zeigen … Was können wir daraus schließen?

Leider nicht viel, und genau das ist es, was an diesen Selbstporträts so rätselhaft ist. Wir wissen immer noch nicht, wie Rembrandt wirklich ausgesehen hat und was für ein Leben er geführt hat. Er zeigt nicht, wer er war oder wo er lebte. Er malt sich ausschließlich im Kostüm oder Malerkittel, ohne irgendeinen Hinweis auf sein Privatleben.

Da Rembrandt sein familiäres Umfeld nicht zu erkennen geben will, kann man zu der Ansicht gelangen, er präsentiere hier sein Können und erforsche die technischen Möglichkeiten seiner Kunst. Das Beiwerk spielt eine hervorragende Nebenrolle: Die Rüstungsteile, die Goldketten oder üppigen orientalischen Stoffe dienen lediglich als Vorwand, seine sorgfältige Malweise und sein Talent kund-zutun.

Die unnachahmliche Serie von Selbstporträts kann jedoch nicht auf eine einfache Übung reduziert werden. Mal ernsthaft, melancholisch, mal lustig oder süffisant, Rembrandt stellt sich in allen Gemütsverfassungen dar und verleiht diesen Porträts mithilfe der caravaggioartigen Lichteffekte eine besonders faszinierende Ausstrahlung. Diese Arbeiten zeichnen sich in der Tat durch eine introspektive Dimension aus. In seinen letzten Lebensjahren malt er sein Alter ohne Kompromisse: ein von Falten zerfurchtes Gesicht mit sich auflösenden Zügen, ergrauende Haare und ein immer müder wirkender Blick … Vor allem eines dieser späteren Werke, sein *Selbstbildnis als Zeuxis,* gibt Rätsel auf. Rembrandt zeigt sich dort alt und mit tiefen Falten in Gestalt des griechischen Künstlers, der sich der Legende nach buchstäblich totgelacht haben soll, als er eine Frau mit merkwürdigem Aussehen porträtierte. Die Kunsthistoriker sind sich alles andere als einig über die Bedeutung dieses Selbstbildnisses, das nur eines der vielen Gesichter Rembrandts zeigt.

Das Mädchen mit dem Perlenohrring

AUF DEN SPUREN DER ›MONA LISA DES NORDENS‹

Leben und Werk Jan Vermeers sind in geheimnisvolle Schleier gehüllt und auch *Das Mädchen mit dem Perlenohrring* spannt die Kritiker so sehr auf die Folter, dass man ihr den Beinamen ›Mona Lisa des Nordens‹ gegeben hat. Wer hat Modell gesessen? Was bedeuten ihr Gesichtsausdruck und die Perle, die uns aus dem Zentrum des Gemäldes entgegenstrahlt?

Auf 32 von allen Gemälden, die uns von Vermeer bekannt sind – die Zahl ist nicht ganz gesichert, meist werden 36 oder 37 genannt –, werden Frauen oder Mädchen in Szene gesetzt. Ganz allgemein weiß man sehr wenig über die Modelle dieses Malers, der im 19. Jahrhundert die ›Sphinx von Delft‹ genannt wurde, weil so wenig über sein Leben bekannt war. Dass vor allem die Identität des *Mädchens mit dem Perlenohrring* diskutiert wird, liegt an ihrer bunt zusammengewürfelten Kleidung, die dem Betrachter widersprüchliche Hinweise gibt.

Konzentriert man sich auf die Perle, könnte man annehmen, es handele sich um eine Delfter Bürgerin, die für das von ihr in Auftrag gegebene Porträt posiert. Nur wird diese Theorie in keiner Weise bestätigt durch den gelb-blauen Turban – in den Niederlanden im 17. Jahrhundert selten getragen – und das wenig schmeichelnde, grobe braune Kleid, das eher Dienstboten vorbehalten war. Aber wer hätte wohl das Porträt einer Dienerin in bürgerlicher Aufmachung in Auftrag gegeben? Tatsächlich nimmt man an, Vermeer habe eine ›Tronie‹ (niederländisch für Gesicht) angefertigt, eine dieser porträtähnlichen, damals modernen Charakterstudien, die eine innere Haltung, einen bestimmten Ausdruck zeigen wollten, ohne der Identität der abgebildeten Person irgendeine Bedeutung beizumessen. Der Meister übt sich hier in der Darstellung eines exotischen Typs: eine ›Tronie‹ nach osmanischem Stil, daher auch die überraschende Kopfbedeckung. Wir wissen, dass der Maler vermutlich nicht über die Mittel verfügte, sich ein Modell leisten zu können. Er muss demzufolge jemanden aus seiner Umgebung gebeten haben zu posieren: ein Familienmitglied, eine Nachbarin, eine Freundin oder eine Dienerin? Wir wissen es nicht.

Die amerikanische Schriftstellerin Tracy Chevalier hat sich von der geheimnisvollen Aura dieses Gemäldes zu einem Roman inspirieren lassen. In ihrer Geschichte ist das Modell ein Dienstmädchen der Familie Vermeer.

Abgesehen von der Identität der jungen Frau, ist es die Bedeutung des Gemäldes, die beim Betrachter Fragen aufwirft: Warum hat Vermeer das Modell diese Pose einnehmen lassen? Im Profil, den Kopf nach links gewandt, sieht sie den Betrachter mit halb geöffneten Lippen an. Will sie uns mit diesem zum Reden bereiten Mund etwas sagen? Diese unbedarfte, aber auch sinnliche Unbekannte kann Unbehagen hervorrufen. Sie hat den unschuldigen Ausdruck eines Kindes und den einer Frau, die einen letzten Blick auf ihren Geliebten wirft, den sie verlässt. Diese gesamte Spannung, diese Ambivalenz, findet sich konzentriert in der Perle wieder, die an ihrem Ohr schimmert. Unser Auge wandert ganz von selbst zu den lichten Bereichen – auf die Mundwinkel, die Falten im Turban –, um dann auf diesem Tropfen zu verharren, einem echten Fenster in diesem ansonsten geschlossenen Gemälde. Wir werden von dem Mädchen selbst eingeladen, in das Gemälde einzutreten und ihr Geheimnis zu teilen …

JAN VERMEER (1632–1675),
Das Mädchen mit dem Perlenohrring, um 1665,
Öl auf Leinwand, 44,5 × 39 cm, Mauritshuis, Koninklijk Kabinet van Schilderijen, Den Haag

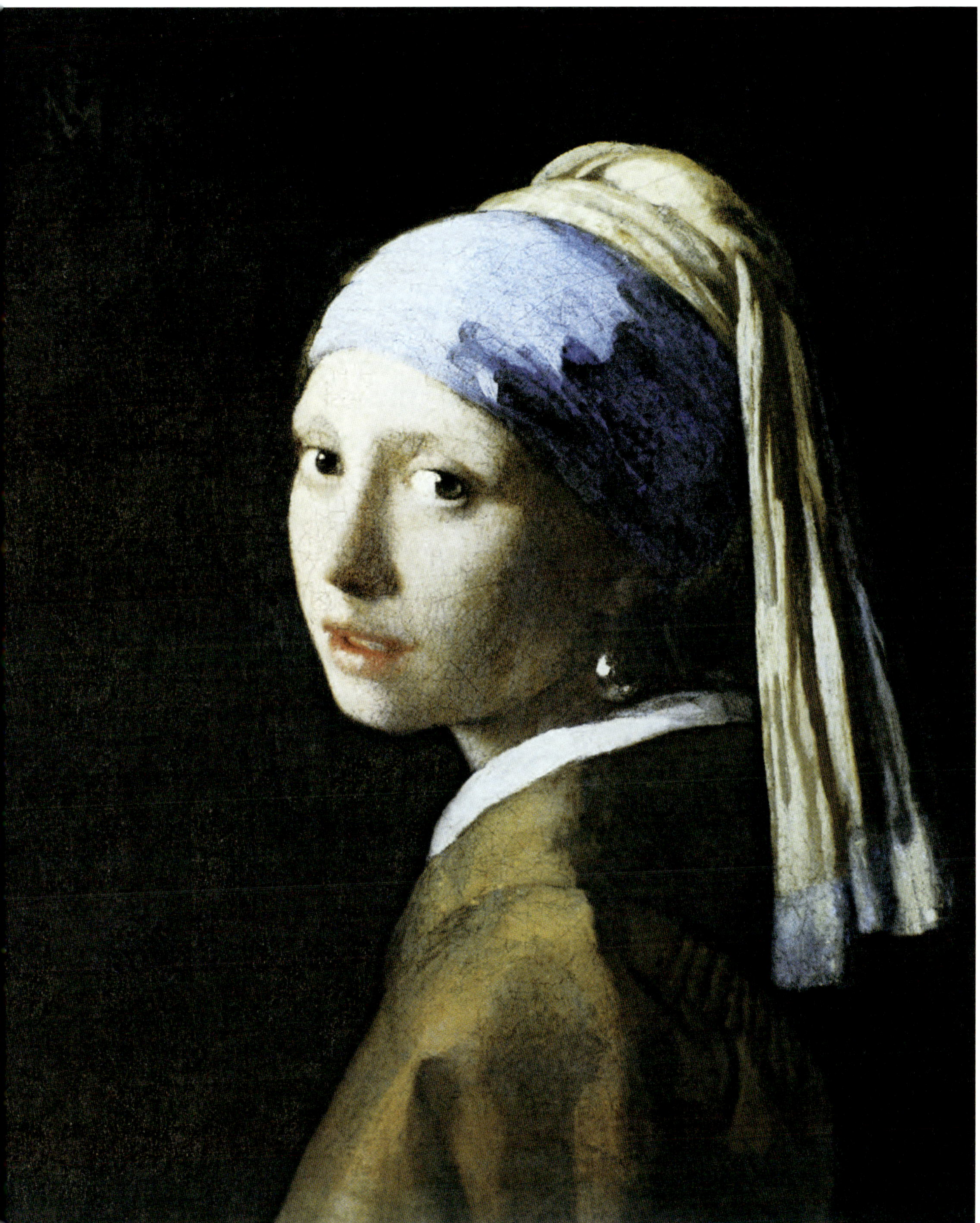

AUF DER SUCHE NACH DEM BERÜHMTESTEN STREET-ART-KÜNSTLER DER WELT

BANKSY

Banksy ist in wenigen Jahren zu einem internationalen Phänomen geworden, um dessen wenige Werke man sich bei Versteigerungen reißt. Trotzdem weiß man so gut wie nichts über diesen Künstler, nicht einmal, ob es sich um eine einzelne Person oder eine Gruppe von Künstlern handelt. Banksy liebt es, im Verborgenen zu bleiben und mit diesem Geheimnis zu spielen!

Es hat selten einen Künstler gegeben, der bereits zu Lebzeiten eine solche Flutwelle von Gerüchten und Mythen ausgelöst hat. Banksy verwendet, wie die große Mehrheit der Straßenkünstler, ein Pseudonym. Da sie die meiste Zeit über illegal arbeiten, wird ihre Kunst als Vandalismus angesehen. Seit dem Jahr 2000 jedoch hat sich die Lage verändert. Der Kunstmarkt hat die Goldesel der Street-Art an sich gerissen und verleiht diesem künstlerischen Zweig, den man bis dahin gern ignoriert hatte, ein außergewöhnliches Ansehen. Die Werke Banksys – Graffiti, Collagen, Installationen und Schablonengraffiti – ziehen die Menschen sofort in ihren Bann: Sie sind humorvoll und haben einen subversiven Touch, Eigenschaften, die erforderlich sind, um sehr viele Menschen zu erreichen. Man schätzt dieses respektlose Genie, das mit seinem Engagement sogar so weit geht, an einem paradiesischen Strand spielende Kinder auf… die israelische Sperrmauer zu malen.

Die von Banksy eingesetzte Internetfirma Pest Control ist als Einzige berechtigt, seine Werke zu authentifizieren oder zu verkaufen.

Im Gegensatz zu einigen seiner Kollegen erliegt Banksy jedoch nicht den Versuchungen des Ruhms: Er gibt seine Identität nicht preis, gibt keine Interviews, arbeitet weiterhin nachts und in aller Diskretion an öffentlichen Orten und lässt das Gewinnstreben der Galeristen ins Leere laufen. Selbst wenn er eine Versteigerung organisiert, bleibt er anonym. In Zeiten extremen Medienrummels scheint es undenkbar, einem derart bekannten Namen kein Gesicht geben zu können. Die irrwitzige Jagd »Wer ist Banksy?« wird eröffnet und die außergewöhnlichsten Hypothesen tauchen auf. Jeder weiß etwas über den mysteriösen Künstler zu berichten und die Presse veröffentlicht jede noch so unwichtige Information.

2010 kommt sein Film *Exit Through the Gift Shop* heraus. Banksy tritt dort unkenntlich und mit verstellter Stimme auf. Alle, die erwartet hatten, ein wenig mehr über den Künstler zu erfahren, wurden enttäuscht: Dieser Dokumentarfilm gibt nichts von Banksys Identität preis. Im Gegenteil! Er zeichnet den Weg des Franzosen Thierry Guetta nach, der nach Art eines Hochstaplers ein reicher und bekannter Künstler wird, indem er auf der Welle der Street-Art reitet. Wahrheit und Lüge zu unterscheiden ist nahezu unmöglich und das Mysterium wird nur noch un-durchsichtiger. Einige gehen sogar so weit zu versichern, Thierry Guetta sei niemand anderes als… Banksy selbst!

In der Zwischenzeit steigt der Wert des Künstlers weiter und die Sammler sind nur schwer zufriedenzustellen. Banksy weigert sich, in einer Galerie auszustellen. So werden mehr und mehr Stücke, die seine Werke tragen, aus Mauern herausgerissen, um dann für mehrere Hunderttausend Dollar weiterverkauft zu werden. Sollte die Anonymität ein Schlüssel zum Erfolg sein?

BANKSY (GEBURTSDATUM UNBEKANNT),
Selbstporträt, 2000, Privatsammlung
Dieses Bild wurde im Jahr 2007 für 198 000 Pfund (etwa 240 000 Euro) an einen amerikanischen Sammler verkauft.
Danach postete Banksy folgende Nachricht auf seiner Internetseite:
»I can't believe you morons buy this sh*t.« (»Ich kann nicht glauben, dass Ihr Schwachköpfe diese Sche**e kauft.«)

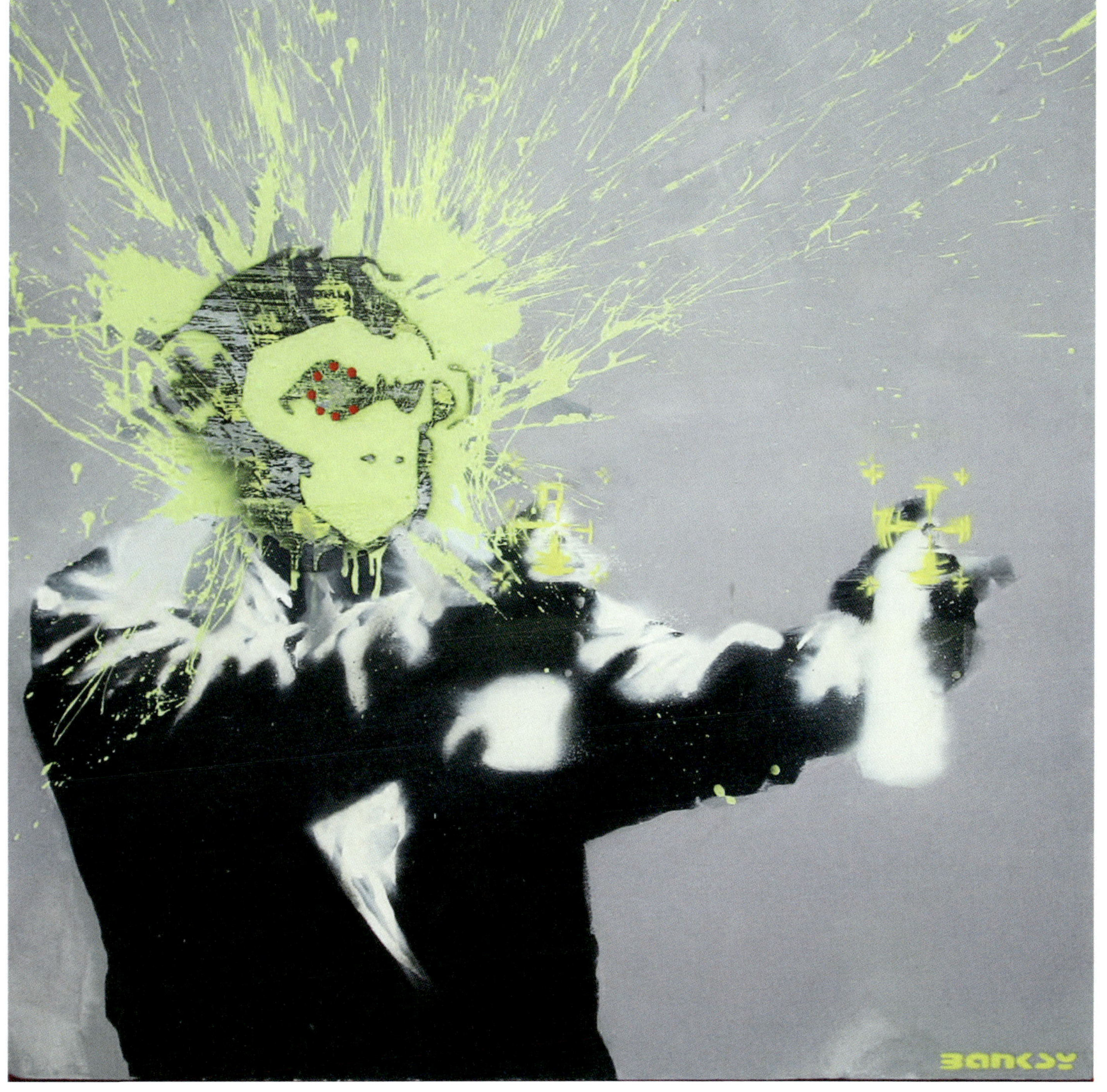

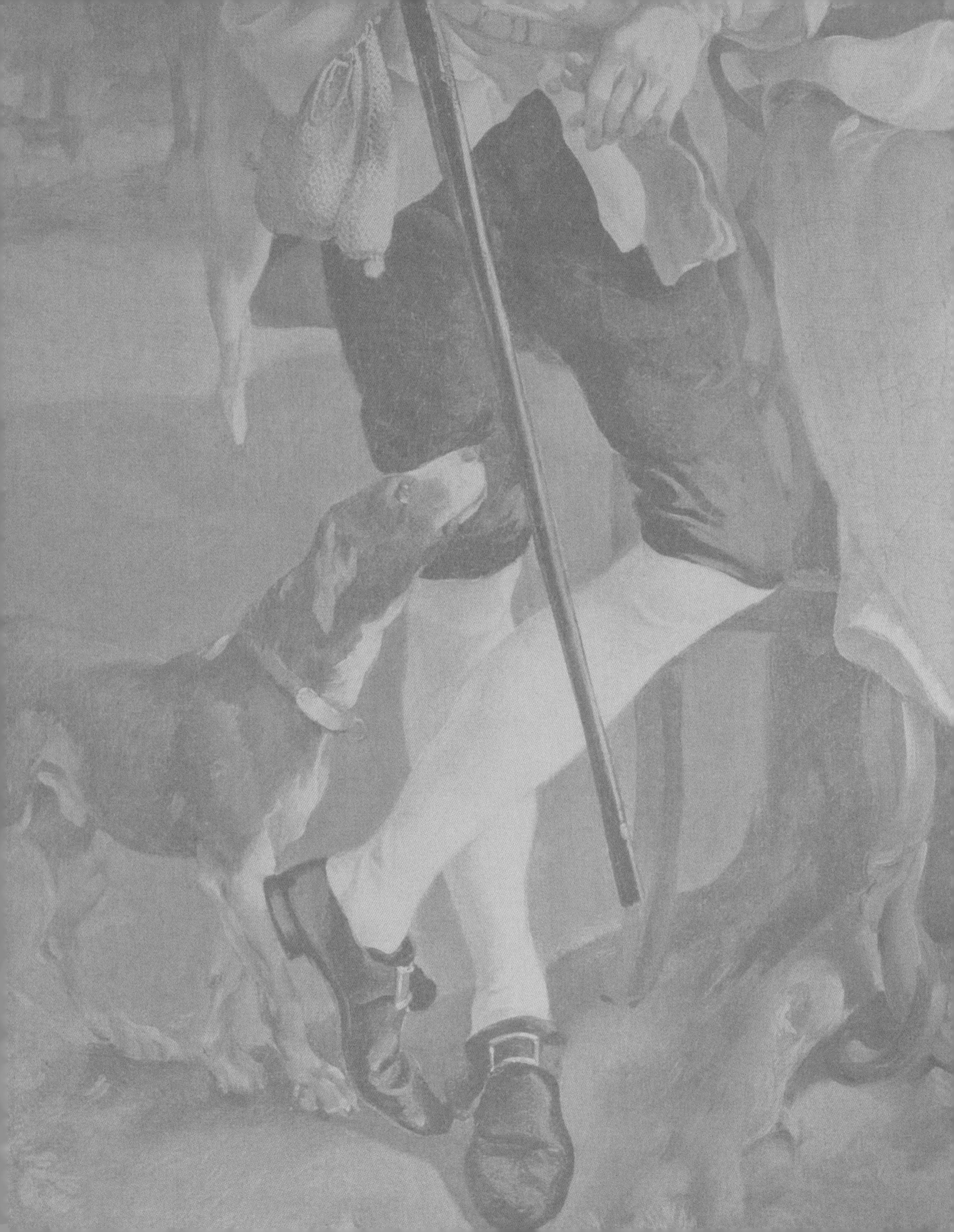

ERSCHAFFUNG

DAS ALTE ÄGYPTEN

DIE NAZCA-LINIEN

DIE GEBURT DER VENUS

DIE DECKE DER SIXTINISCHEN KAPELLE

LAS MENINAS

MR AND MRS ANDREWS

DIE KRÖNUNG NAPOLEONS

AUGUSTIN LESAGE

DER FALLENDE SOLDAT

Künstler scheinen durch ihre Fähigkeit, etwas erschaffen zu können, eine nahezu heilige Macht zu besitzen. Das zeigt sich auch an Mythen und Legenden aus allen Ländern, in denen Maler und Bildhauer über unglaubliche Kräfte verfügen. Zu den bekanntesten gehört sicherlich der griechische Mythos des Pygmalion. Dieser Bildhauer, der sich vor der Ehe ekelte, schuf eine Frauenstatue, die so schön und so perfekt war, dass sie lebendig zu sein schien. Pygmalion, gefangen in seiner eigenen Falle, verliebte sich in sie und verzweifelte an der Vorstellung, dass dieser Elfenbeinkörper unbelebt war. Bald darauf jedoch wurde die Statue Galatea lebendig … Andere Legenden führen den besonderen Status dieser Menschen an, die für ihre Schöpfungskraft geachtet werden. Alexander der Große soll sich gebückt haben, um den Pinsel des von ihm verehrten Apelles aufzuheben, und Franz I. fing den letzten Atemzug Leonardo da Vincis ein, den er sehr bewunderte … Die Vorstellung, ein Künstler habe eine besondere geheimnisvolle Macht, zieht sich durch sämtliche Epochen. Ende des 19. und Anfang des 20. Jahrhunderts zum Beispiel sind es die mediumistischen Künstler wie Fleury Joseph Crépin oder Augustin Lesage (siehe Seite 116), die dieses Phänomen am besten veranschaulichen, weil sie malen, was ihnen aus dem Jenseits diktiert wird.

Eher pragmatisch stellt man sich bisweilen Fragen zu den materiellen Hilfsmitteln, die für die Erschaffung bestimmter Werke erforderlich waren, insbesondere, wenn dies vor langer Zeit geschah. Der Bau der Pyramiden in Ägypten (siehe Seite 88) oder die minutiöse Ausführung der gigantischen Zeichnungen in der Wüste von Nazca (siehe Seite 92) versetzen uns in Erstaunen. Welche Werkzeuge und wie viele Hände waren nötig um solche Werke zu verwirklichen? Diese Frage muss man sich stellen, wenn die Menschen vor Tausenden von Jahren nicht über magische Kräfte verfügten, die wir heute nicht mehr besitzen.

Eine weitere Frage stellt sich in Bezug auf die Erschaffung der Werke: die Frage des Kontextes. Der Künstler ist häufig der Einzige, der weiß, unter welchen Bedingungen – für wen? welche Anweisungen mussten beachtet werden? wie? – sein Werk entstanden ist. Und je mehr Zeit seitdem vergangen ist, umso nebulöser werden sein Werk und seine Person. In einigen Fällen, zum Beispiel bei Jacques-Louis Davids *Krönung Napoleons* (siehe Seite 112), ist das Rätsel relativ einfach zu lösen. Sobald man weiß, dass der Maler den Anweisungen des Kaisers zu folgen hatte, bekommt das Gemälde einen Sinn und es gibt eine logische Erklärung für die Ungenauigkeiten. Häufig ist die Sache aber weniger offensichtlich. Glücklicherweise kommen moderne wissenschaftliche Methoden uns hin und wieder zu Hilfe. So erweist sich zum Beispiel die Radiografie als sehr nützlich, um Überarbeitungen sichtbar zu machen, die seltsame Geheimnisse enthüllen können. Man hat zum Beispiel mithilfe von Röntgenstrahlen entdeckt, dass Francisco de Goya sein berühmtes Gemälde *Die Alten* über ein anderes Bild gemalt hat, ein Zeichen dafür, dass der Künstler in jener Zeit nicht genug Material besaß! Bei Diego Velázquez jedoch, der einen ganzen Bereich seines Gemäldes *Las Meninas* (siehe Seite 104) schwarz übermalte, ist die Auflösung weniger offensichtlich … Wie dem auch sei, selbst wenn es um Künstler geht, über die wir viele Informationen haben – meistens handelt es sich um unsere Zeitgenossen – kann man einem Kunstwerk nie das allerletzte Geheimnis entlocken.

EINE MAGISCHE KUNST

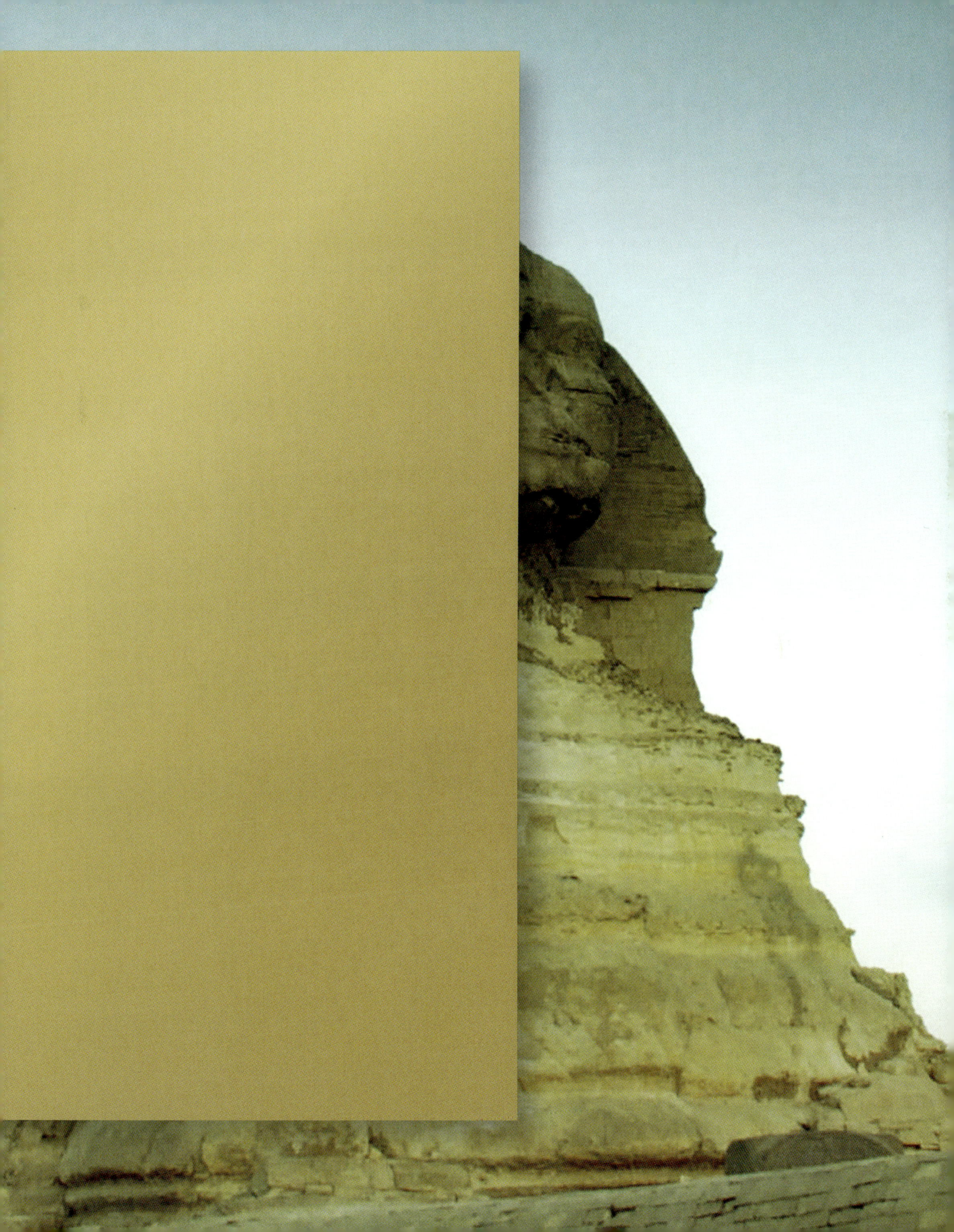

Tim, Indiana Jones ... die meisten fiktiven Forschungsreisenden haben mindestens einmal in ihrem Leben ihre Schritte nach Ägypten gelenkt, um die Geheimnisse der Zivilisation der Pharaonen zu verstehen. Bisweilen waren echte Abenteurer oder Forscher ihre Vorbilder: von Herodot über Jean-François Champollion bis hin zu Howard Carter, der das Grab Tutanchamuns entdeckte. Sie alle sind ein Beweis für die Faszination, die das alte Ägypten auf die westliche Welt ausgeübt hat. Dieses Land scheint Geheimnisse zu bergen, die über unseren Horizont hinausgehen.

Mythen, die sich um das alte Ägypten ranken, sind nicht neu: Bereits seine Bewohner glaubten, dass ihre mumifizierten Toten mit der Welt der Lebenden in Kontakt standen und dass die Magie ein Wissen wie jedes andere war. Die Griechen, die Begründer vieler westlicher Traditionen, hielten die meisten anderen Völker für ignorante Barbaren. Die Ägypter waren das einzige Volk, das sie so sehr bewunderten, dass sie sich sogar auf deren Autorität beriefen: Hellenistische Gelehrte reisten mit Vorliebe an den Nil, um ihre Argumente mit einem Wissen zu stützen, das sie bei den ägyptischen Weisen erworben hatten. Man verehrte dieses Land sogar so sehr für die Macht seiner Magie, dass lange Zeit die Legende im Umlauf war, Jesus habe dort gelernt, seine Wunder zu vollbringen! Die Kunst und die Bauwerke Ägyptens waren nicht nur schön, sondern von einer religiösen Essenz getränkt, die ihnen Wirkungskraft verleihen sollte.

Zweifellos rührt daher diese Faszination, die das alte Ägypten schon immer ausgestrahlt hat, und die auch heute noch zur Mythenbildung führt. So hält man die Pyramiden von Cheops, Chephren und Mykerinos sowie die Sphinx für zu außergewöhnlich, um unter der Herrschaft der Pharaonen errichtet worden zu sein. Es ist erwiesen, dass die 4. Dynastie, in der sie gebaut wurden, ungefähr von 2650 bis 2450 v. Chr. herrschte! Gelehrte der versunkenen Insel Atlantis, Außerirdische oder Götter werden verdächtigt, bei ihrem Bau geholfen zu haben. Aber die Intervention höherer Wesen war nicht erforderlich, um diese Monumente zu vollenden! Archäologen haben Spuren von Rampen aus Ziegelsteinen zum Transport der Steine gefunden. Nur eine wohlhabende, gut organisierte Zivilisation, an deren Spitze ein respektierter Herrscher stand, war in der Lage, ausreichend Männer zu rekrutieren und zu disziplinieren, um die Pyramiden bauen zu können. Denn anders als man gemeinhin glaubt waren es keine Sklaven, sondern Menschen aus dem ägyptischen Volk, die sich abwechselten, um die Pyramiden für ihren Pharao zu errichten. So wurde die überdimensional große Sphinx – sie ist 73 Meter lang und 20 Meter hoch – für Cheops gebaut. Sie ist die älteste Darstellung dieses Zwitterwesens, das als Symbol königlicher Macht gilt. Ein weiteres Gerücht lautet, nicht Napoleons Truppen hätten die Nase der Sphinx zerstört, sondern ein schwärmerischer Sufist habe den ›Vater des Schreckens‹, wie er von den Arabern genannt wird, verstümmelt. Ägypten, ein Land der Legenden, hat im Laufe seiner Geschichte viele Mythen und Erzählungen hervorgebracht. Wenn die meisten von ihnen auch von der Fachwelt kritisiert werden, scheint dieses Land immer noch Fiktion und Realität, Magie und Weisheit zu vermischen ...

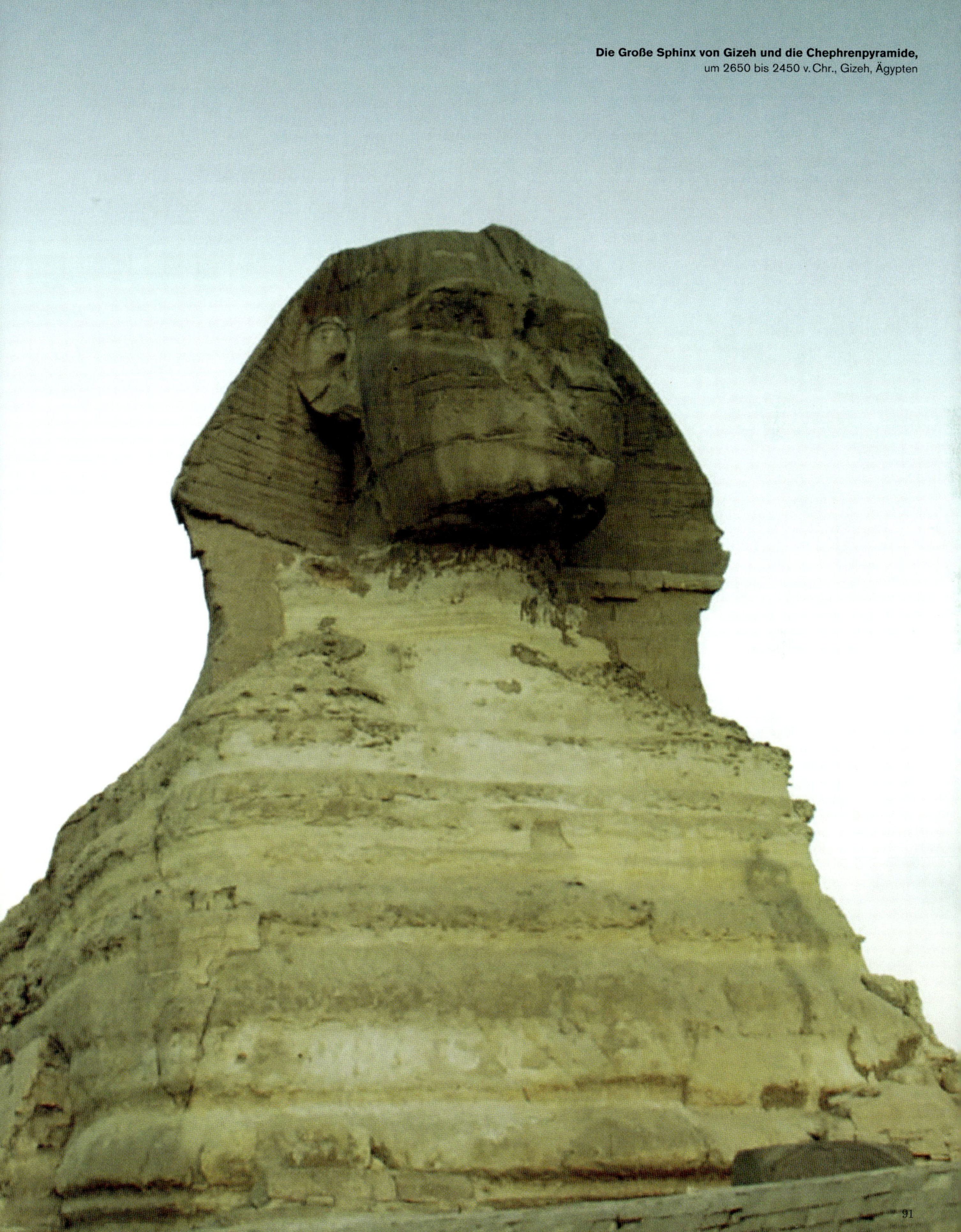

Die Große Sphinx von Gizeh und die Chephrenpyramide,
um 2650 bis 2450 v. Chr., Gizeh, Ägypten

Die Nazca-Linien

DECHIFFRIERUNG DER GEOGLYPHEN IN DER WÜSTE VON PERU

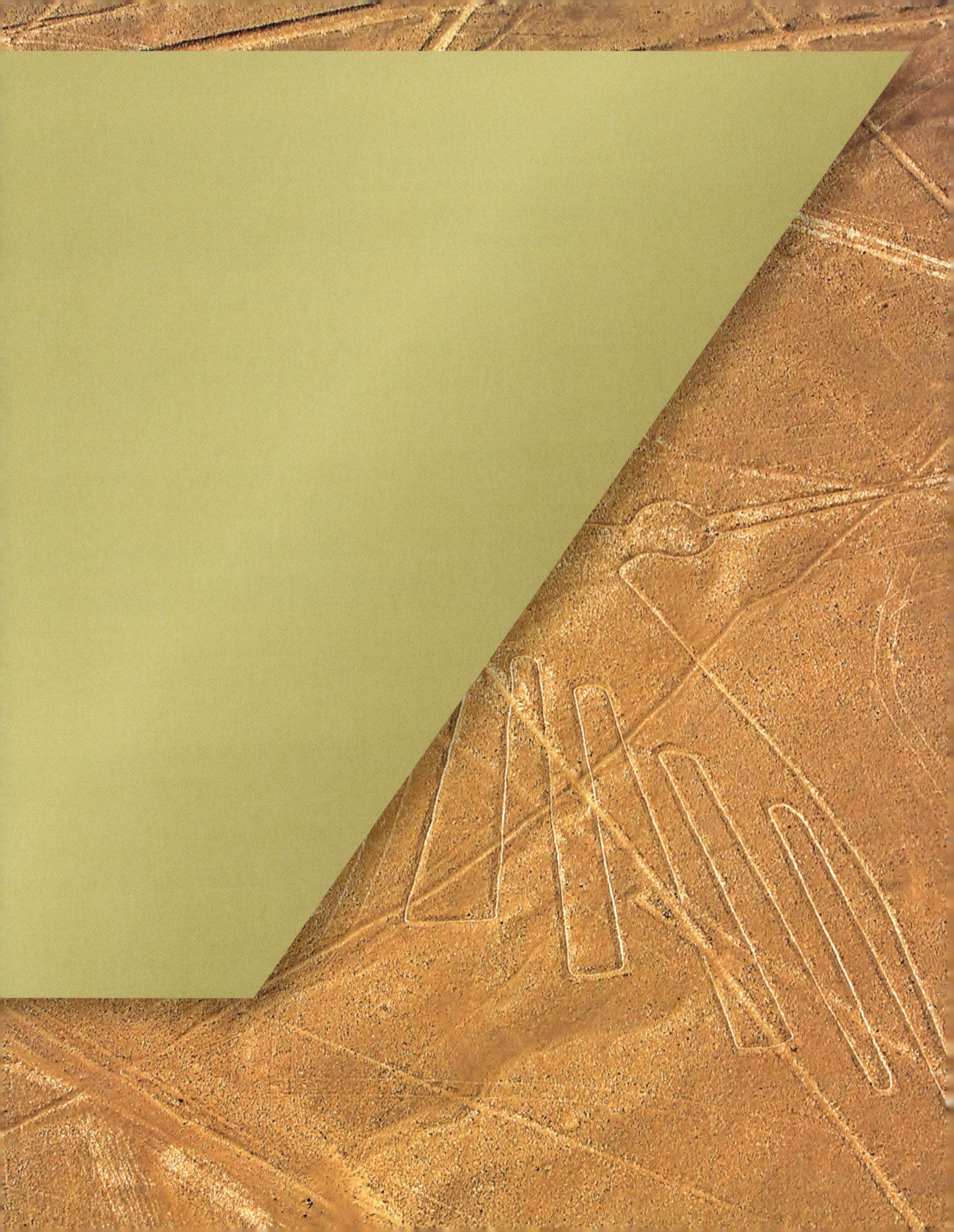

Unglaubliche, in den Boden gescharrte Zeichnungen, die nur aus der Luft zu erkennen sind: Tiere, Pflanzen und geometrische Formen auf einer mehr als 350 Quadratkilometer großen Fläche … Entdeckt wurden sie erst in den 1920er-Jahren, als die ersten kommerziellen Fluglinien in Peru in Betrieb genommen wurden. Seitdem haben Wissenschaftler und Amateurforscher zahlreiche Theorien aufgestellt, um diese riesigen und mehrere Jahrtausende alten Geoglyphen zu erklären.

Wer sind die Nazca, wie ist ihre Kultur untergangen und vor allem, warum und mit welchen Hilfsmitteln haben sie diese überdimensionalen Werke geschaffen? Anhand von Ausgrabungen, die erst kürzlich von Archäologen durchgeführt wurden, ist es möglich geworden, diese Zivilisation, die in einer der trockensten Regionen der Welt überleben konnte, ein wenig besser zu verstehen. Um 200 v.Chr. lassen sich die Nazca an den Ufern der aus den Anden kommenden Wasserläufe im Südwesten Perus nieder. Sie treten die Nachfolge der Paracas an, die als Erste von der Ebene aus sichtbare, anthropomorphe Figuren an den Hängen der Flusstäler schufen.

Die Nazca-Linien weisen, anders als jene Figuren, zahlreiche unerklärliche Merkmale auf. Die aus durchgehenden Linien geformten Tier- und Pflanzenbilder, aber auch die geometrischen Figuren scheinen nur aus der Luft in ihrer ganzen Größe zu erkennen zu sein. Einige haben daraus geschlossen, die Nazca hätten über Heißluftballons verfügt, mit denen sie die Formen überfliegen konnten, um sie dann besser zeichnen zu können. Andere sind der Ansicht, eine höhere Zivilisation, genauer gesagt eine außerirdische, habe bei der Entstehung mitgewirkt und bei den Linien handele es sich um Landebahnen oder Wegweiser für deren Raumschiffe …

Die Spezialisten haben ernsthaftere Überlegungen angestellt und ziehen astronomische Kalender und dank der kürzlich entdeckten Altarplattformen entlang der Linien rituelle Stätten in Betracht. Der immer wiederkehrenden Trockenheit und einem wechselhaften Klima ausgesetzt, wollte dieses Volk mit Menschenopfern und anderen Zeremonien das Wohlwollen der Götter der Berge und der Bergquellen gewinnen. Die Linien sollen als Prozessionswege gedient haben, die die Menschen von unterschiedlichen Standpunkten aus sehen konnten.

Das Zeichnen der Linien ist im Endeffekt nicht besonders schwierig. Ein Modell wird auf eine Vorlage aus Quadraten gezeichnet, diese Quadrate werden dann in größerem Maßstab auf den Boden übertragen und das Modell wird kopiert, indem die Schicht dunkler Steine, die das Gelände bedeckt, abgetragen wird, um den darunterliegenden Sand freizulegen. Wir werden zwar niemals mit Gewissheit etwas über die echten Motive und die von den Nazca verwendeten Hilfsmittel sagen können, aber wir können versuchen, über die Jahrhunderte hinweg ernst zu nehmende Hypothesen aufzustellen.

Nazca-Linien, »Kondor«, um 200 v.Chr.–500 n.Chr.,
136 m lang, Weltkulturerbe der UNESCO, Peru

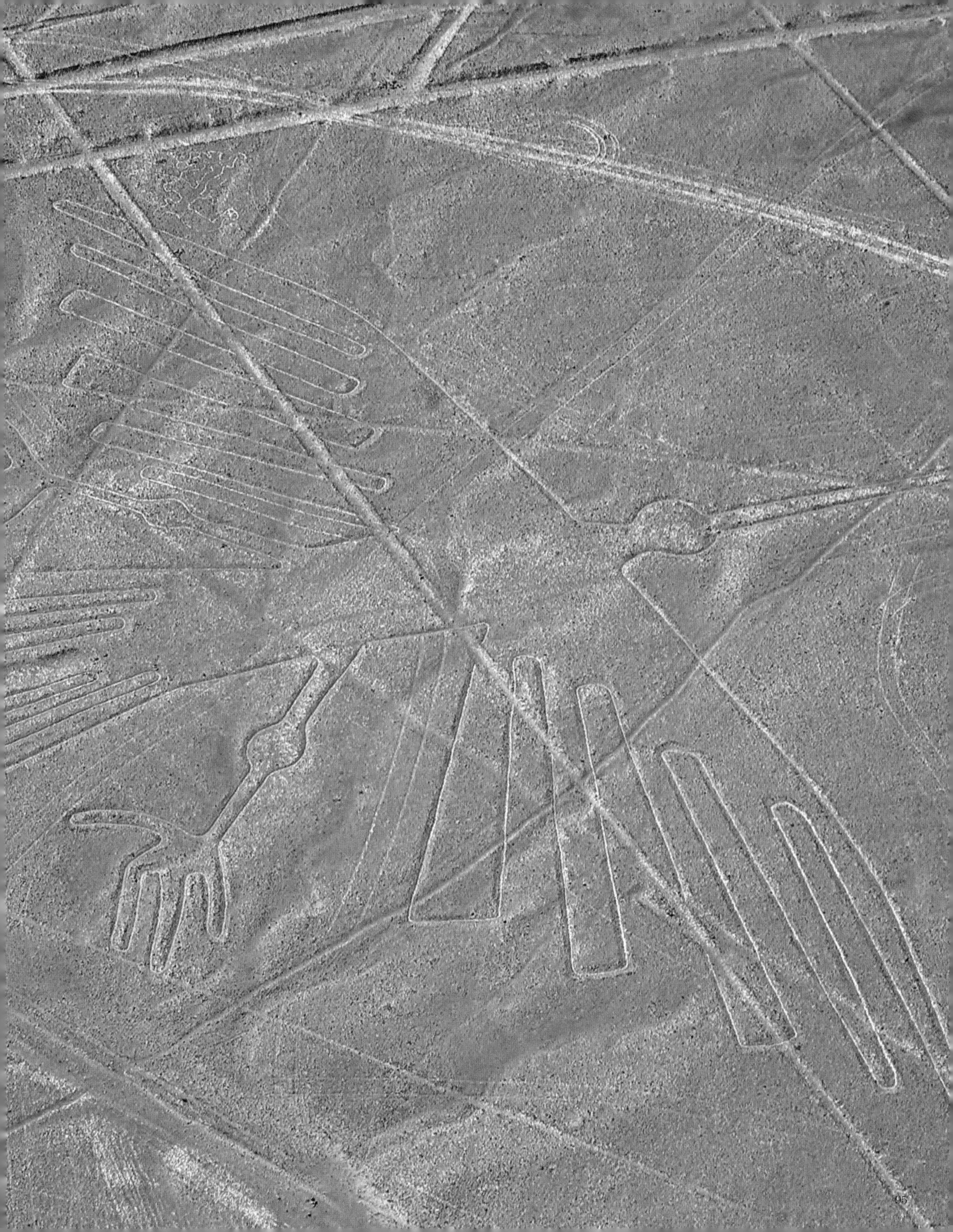

WAS SICH HINTER DER SCHÖNHEIT VERBIRGT

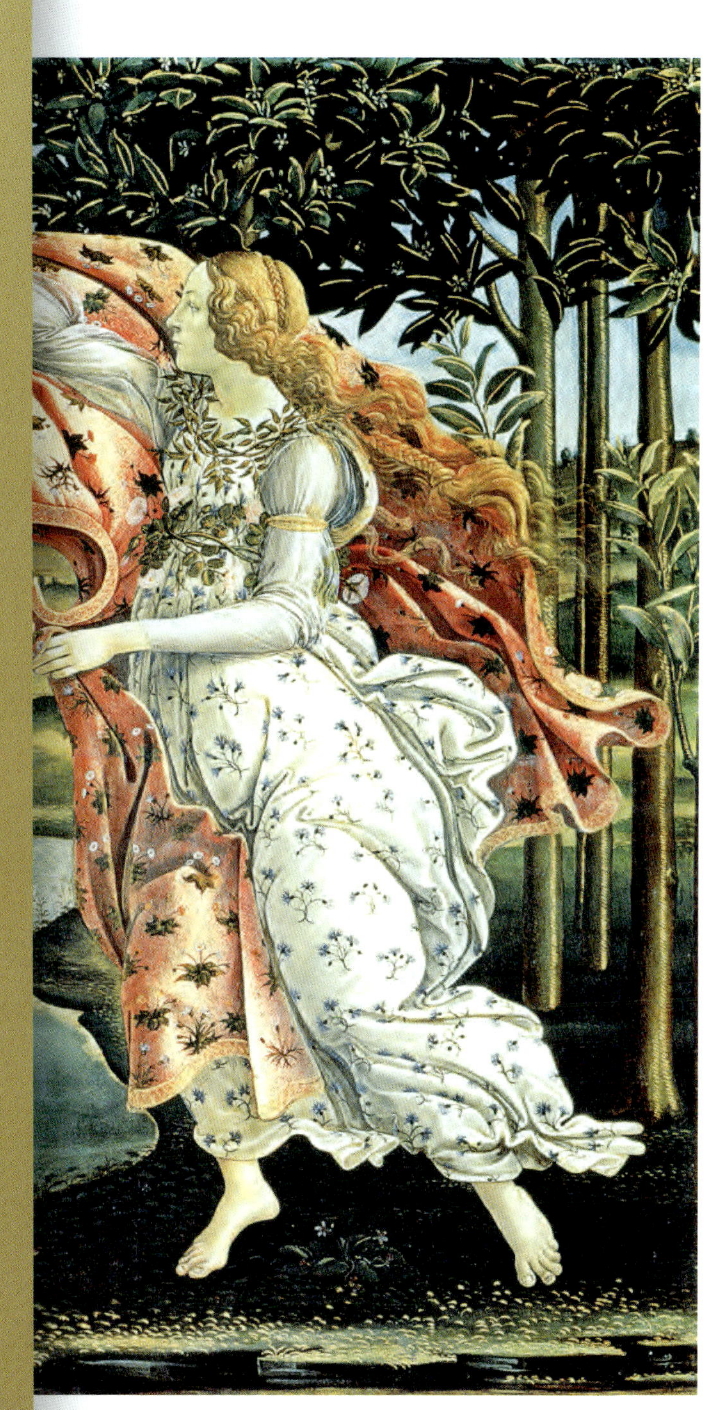

Sandro Botticelli ist in den 1480er-Jahren auf der Höhe seines Ruhms angelangt. Er genießt den Schutz der in Florenz herrschenden Medici und malt eines seiner bekanntesten Werke: eine faszinierende Venus, die anmutig zwischen Blüten aus dem Meer geboren wird. Dieses Gemälde verbirgt hinter seiner glatten, wirkungsvollen Fassade eine verwirrende Mischung aus Stilen und Codes.

Im Florenz der Renaissance ist fast die gesamte künstlerische Produktion religiösen Themen gewidmet. Botticelli malt, obwohl er sehr fromm ist, vier große heidnische Szenen, darunter *Die Geburt der Venus.* Diese unchristliche Allegorie wurde, ebenso wie *Der Frühling,* zweifellos von Lorenzo di Pierfrancesco de' Medici in Auftrag gegeben.

Botticelli nimmt dort den Mythos der Aphrodite Anadyomene (wörtlich: die Schaumgeborene) wieder auf, in dem erzählt wird, wie die Göttin der Liebe und der Schönheit aus den Fluten geboren wurde. Er stellt sie vollständig nackt dar, wie sie von dem Gott des Windes, Zephyr, und dessen Frau Chloris (Flora) auf einer großen Muschel an den Strand getrieben wird. Zu ihrer Linken wartet eine der Horen auf sie, um sie mit einem roten Tuch zu bedecken.

Wir sind heute so sehr gewohnt, dieses Gemälde zu bewundern, das wir dazu neigen, es als rein ästhetisches Werk zu betrachten. Will man es aber in seiner Tiefe verstehen, muss man sich Botticelli im Jahr 1485 vorstellen. Seine Kunst wird stark von den Medici beeinflusst, die in jener Zeit auch in der Kunst ›diktieren‹, was modern ist. In diesem Umfeld wird der Maler von dem Philosophen und Mystiker Marsilio Ficino beeinflusst, der ihm eine symbolische Auslegung der Mythen vorschlägt, um die perfekte Kontinuität zwischen klassischer Kultur und Christentum zu zeigen. Der florentinische Künstler stellt daraufhin die Venus in Anlehnung an die Künstler der Antike nackt dar.

Seine Version unterscheidet sich jedoch vom griechisch-römischen Modell in mehreren Punkten: Botticelli hat die in der Antike geltenden ästhetischen Regeln außer Acht gelassen. Ebenso wie er auf eine perspektivische Darstellung verzichtet hat, die allerdings erst in der italienischen Renaissance aufkam … Was hat er dann getan? Er hat den griechischen Mythos dem Geschmack seiner Gönner, der Medici, angepasst und das Bild wie für eine mittelalterliche Tapisserie gemalt – daher die geringe Tiefenwirkung – oder für die Goldschmiedekunst, die einen klaren, präzisen Entwurf erforderlich macht. Die Sinnlichkeit, die Unruhe und die Bewegung in diesem Gemälde sind wiederum typisch für die Renaissance. Wir erleben hier einen verwirrenden künstlerischen Synkretismus.

1494 übernimmt Savonarola in Florenz die Macht und kann seine theokratischen Ansichten durchsetzen. Botticelli kehrt zu seinen christlichen Szenen zurück und wird gezwungen, einige seiner Werke zu verbrennen. Auf wundersame Weise entgeht seine antik-gotisch-renaissancehafte *Geburt der Venus* der Zensur … War vielleicht auch Savonarola von dieser Stilmischung begeistert?

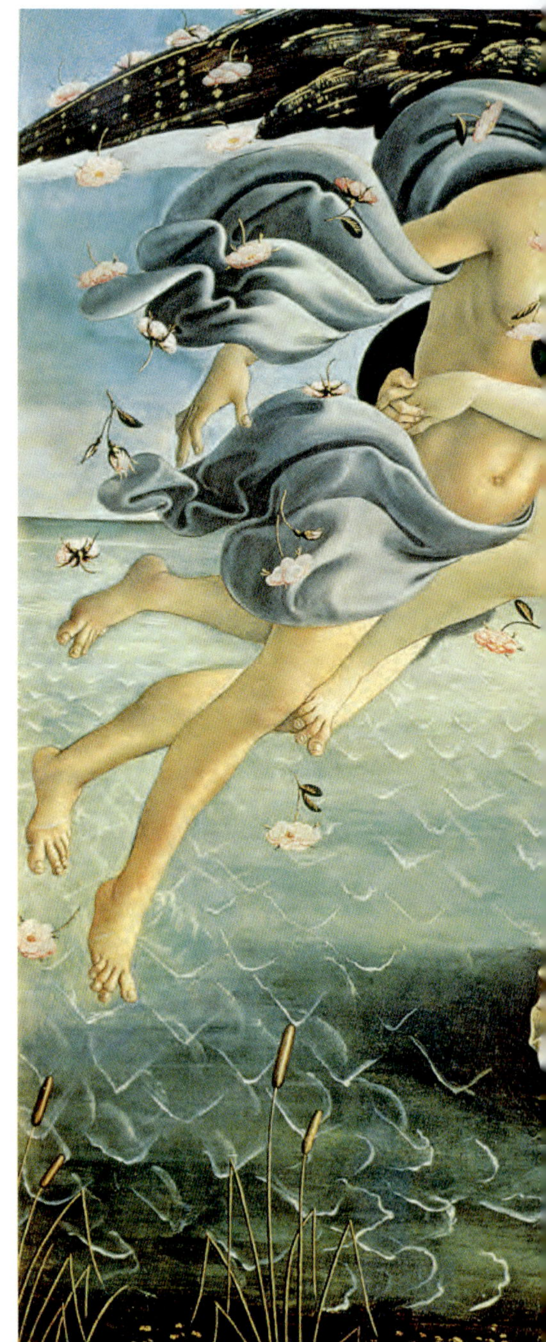

SANDRO BOTTICELLI (1445–1510),
Die Geburt der Venus, um 1485,
Tempera auf Leinwand, 184,5 × 285,5 cm, Galleria degli Uffizi, Florenz

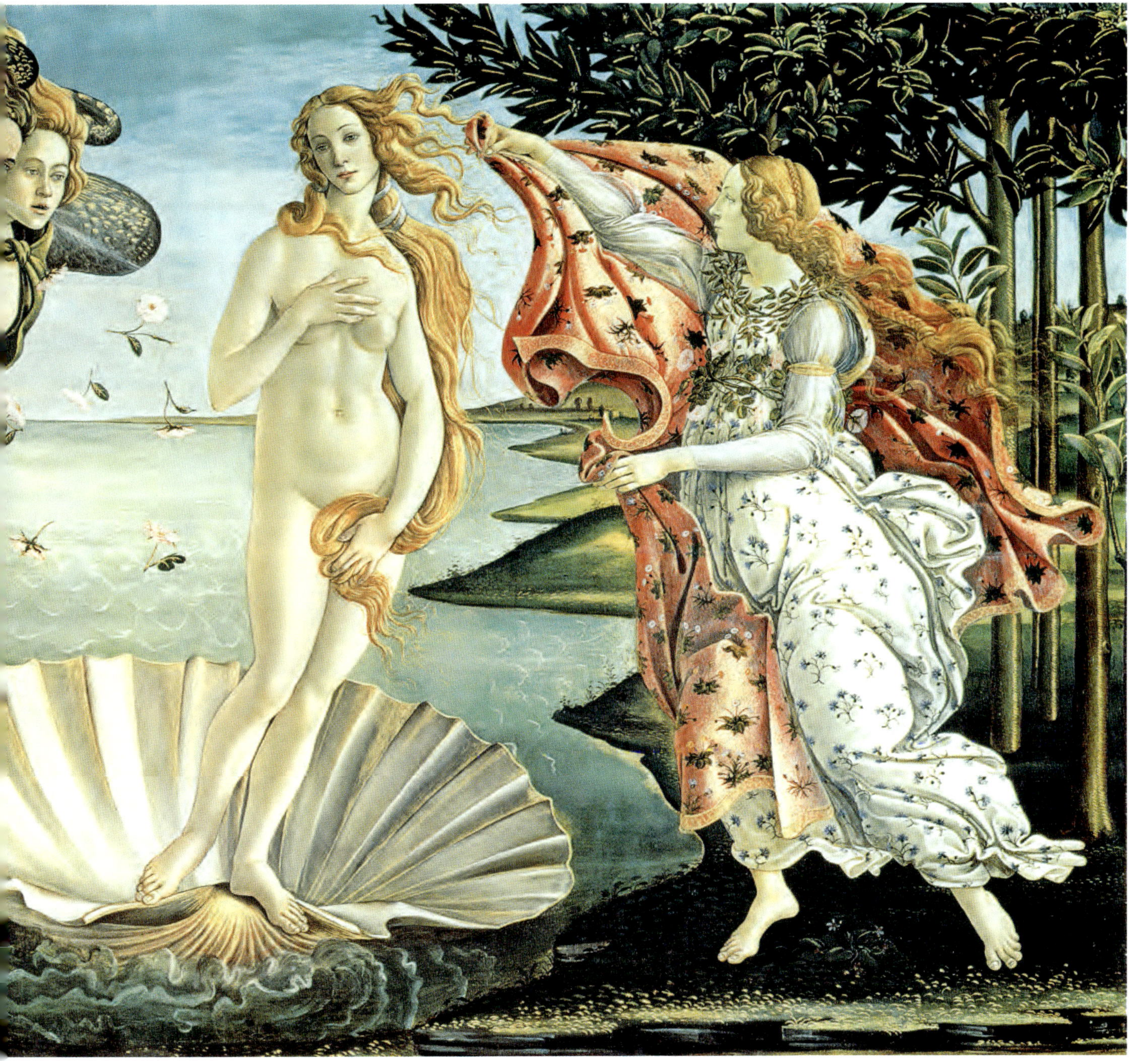

IRGENDWO ZWISCHEN MYTHOS UND REALITÄT

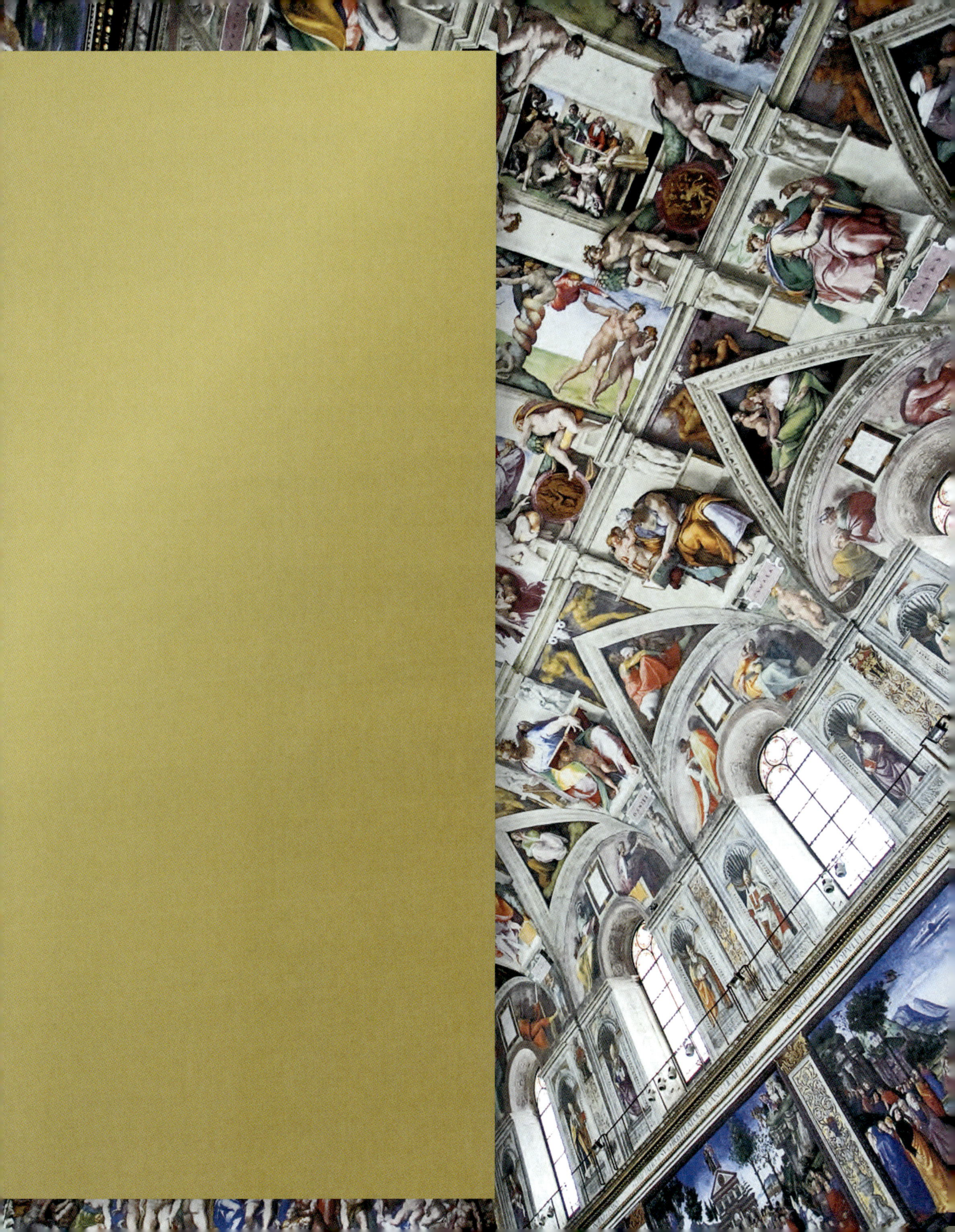

Michelangelo ist in erster Linie Bildhauer. Papst Julius II. beauftragt ihn dennoch mit der Ausmalung der Sixtinischen Kapelle und folgt damit dem Rat Bramantes, eines Gegners des Künstlers, der diesen erniedrigen und dessen Unfähigkeit beweisen will. Michelangelo jedoch, angespornt, nimmt diese unglaubliche Herausforderung an. Trotz zahlreicher Zwischenfälle gelingt es ihm, die Decke innerhalb von vier Jahren zu vollenden. Das ist kaum vorstellbar, vor allem, wenn man weiß, dass die letzte Restaurierung neun Jahre dauerte! Seit seiner Fertigstellung hat dieses Wunderwerk zahlreiche Legenden um die Person des Bildhauers hervorgebracht.

Nach der Unterzeichnung des Vertrags im Mai 1508 beginnt Michelangelo mit der Arbeit. Viele sind der Ansicht, der Künstler sei unfähig, das Projekt zu einem gelungenen Ende zu bringen. Es trifft zu, dass er sich mit vielen Schwierigkeiten auseinandersetzen musste. Die Gewölbeform erfordert großes zeichnerisches Können und die Beherrschung von Verkürzungen, Michelangelo aber ist kein professioneller Maler und es fehlt ihm an Erfahrung auf diesem Gebiet! Zudem ist die Freskotechnik sehr kompliziert: Man muss auf dem frischen Putz arbeiten, was eine strikte Einteilung der Zeit und eine sorgfältige Vorbereitung erforderlich macht. Michelangelos mangelnde Praxis verzögert die Fertigstellung zum Leidwesen Julius' II., der ihn unaufhörlich antreibt. Der Künstler, unzufrieden mit seinen ersten Ergebnissen, zerstört mehrere Wochen Arbeit mit Hammer und Meißel. Dann, einige Monate später, kommt es zu einer Katastrophe, die ihn vollends entmutigt: Schimmelpilze und Salzkristalle zerstören die Oberfläche der bereits fertiggestellten Fresken. Michelangelo beschwert sich beim Papst, er habe ihn gewarnt, dies sei nicht seine eigentliche Profession, und will alles aufgeben. Der Heilige Vater beauftragt einen Architekten, der das Problem löst, und fordert den rebellischen Künstler auf, zu seinem Werk zurückzukehren. Im 16. Jahrhundert schreibt der Biograf Giorgio Vasari, der Maler habe sich gegen seine Gehilfen gewandt und beschlossen, alles allein zu vollenden. Heute weiß man, dass das nicht zutrifft. Ihm stand während der gesamten Durchführung des Projekts eine Gruppe von Helfern zur Verfügung. Auch die Geschichte, er habe die Decke auf einem Gerüst liegend gemalt und die Farbe sei in seine Augen getropft, ist ein Gerücht. Der Künstler selbst entwirft das Gerüst, auf dem er stehend, aber mit in den Nacken geneigtem Kopf und erhobenem Arm malen kann, die Farbe tropft auf seinen Kopf. Diese Position und der Druck setzen Michelangelo zu, der in seinen Briefen bitter über Gesundheitsprobleme klagt. Aber schließlich gelingt es ihm, die Decke zu vollenden und er hinterlässt ein unglaubliches Werk, das bis heute nichts von seiner Faszination verloren hat und Legenden heraufbeschwört, die für den Künstler äußerst schmeichelhaft sind.

Im Juni 1509 schreibt er an seinen Vater: »Ich bin unzufrieden, bei ziemlich schlechter Gesundheit und stehe vor dieser außerordentlich großen Aufgabe, ohne jegliche Unterstützung […]«

MICHELANGELO BUONARROTI, GENANNT MICHELANGELO (1475–1564),
Decke und Lünetten der Sixtinischen Kapelle, 1508–1512, Fresko, 1300 x 3600 cm, Vatikanische Museen, Vatikan

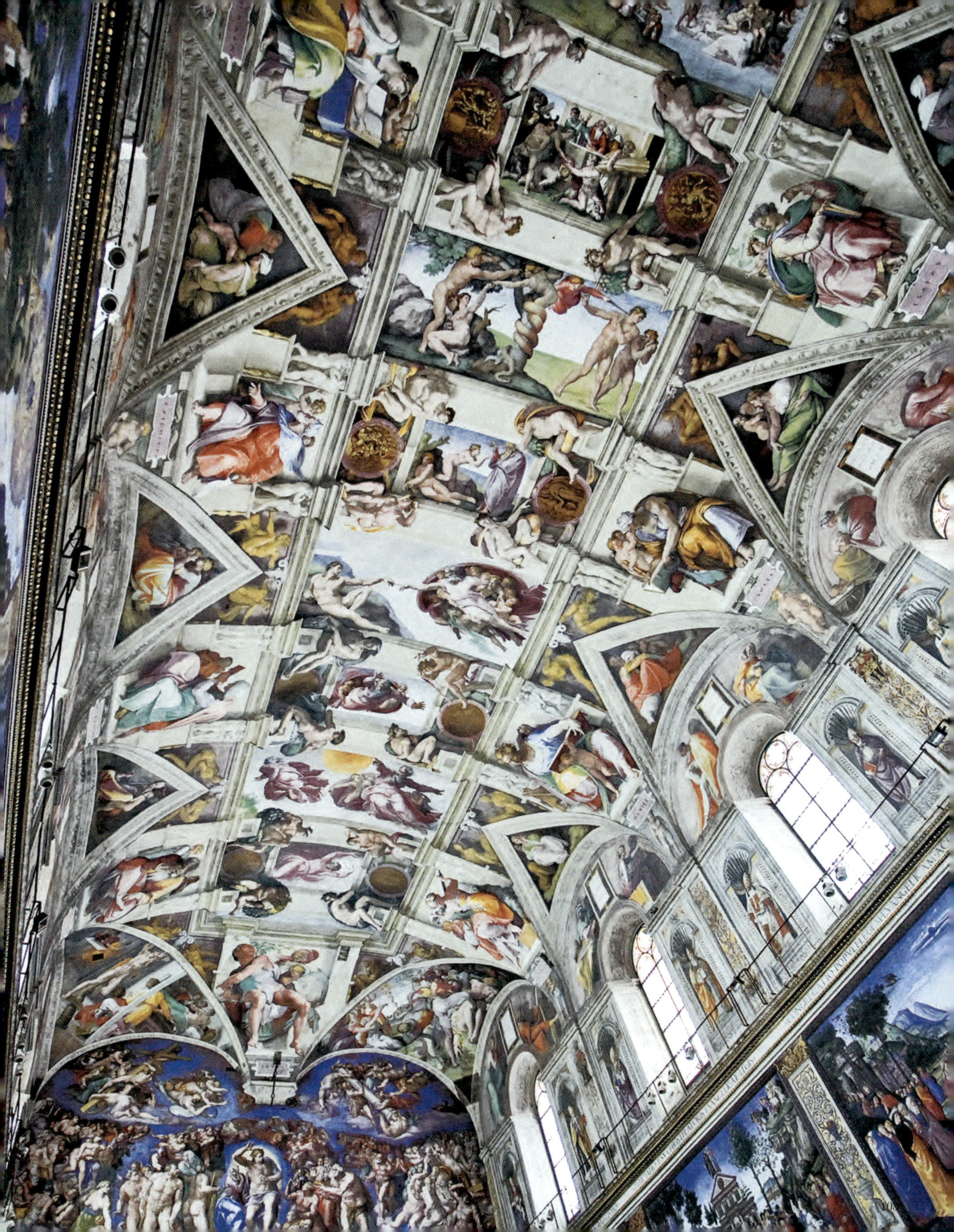

DER VER-SCHWUNDENE GOLDRING

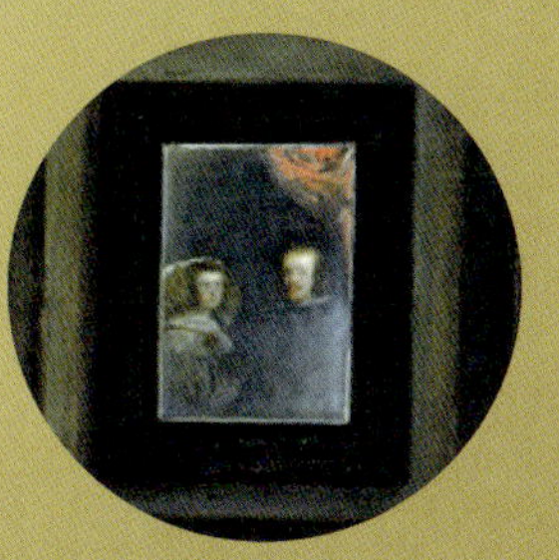

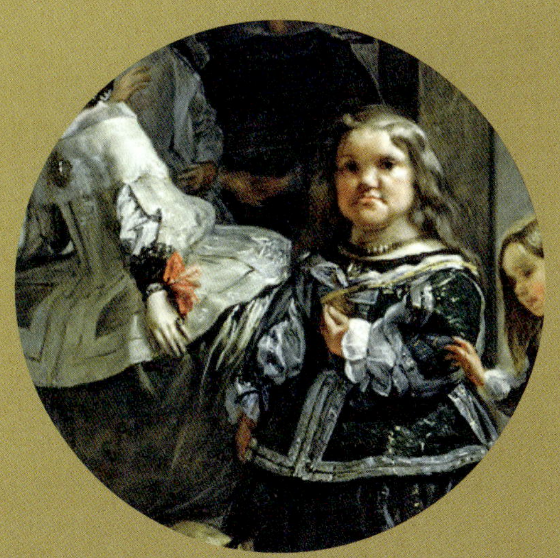

Dieses Gemälde ist von unglaublicher Originalität. Die ungewöhnliche Art und Weise, die königliche Familie in Szene zu setzen sowie die starke Überarbeitung durch die Hand des Künstlers erzählen uns mehr als nur eine einzige Geschichte. Die abgebildeten Personen und das Leben von Diego Velázquez sind bekannt, trotzdem bleibt dieses bewunderte, aber oft missverstandene Gemälde ein Rätsel.

Im Atelier von Velázquez, des offiziellen spanischen Hofmalers, erscheint die fünfjährige Infantin in Begleitung ihrer Vertrauten (darunter auch die im Spanischen ›meninas‹ genannten Zofen). Das Gemälde erzählt auf den ersten Blick eine plausible Geschichte: Während das Königspaar dem Maler Modell steht, kommt seine Tochter zu Besuch. Das ist jedoch nur zu verstehen, wenn man das Spiegelbild des Königs und der Königin von Spanien in dem Gemälde auch bemerkt. Eine höchst originelle Idee, die sicher nicht ohne deren Zustimmung umgesetzt werden konnte.
Dieses Motiv ermöglicht es dem Maler, die königliche Familie außerhalb eines offiziellen Rahmens darzustellen. Die Szene ist jedoch erfunden und entspricht keiner realen Episode im Leben der Königsfamilie, da gekrönte Häupter sich nie die Zeit genommen haben, Modell zu stehen: Ihre Porträts entstanden auf der Basis schnell hingeworfener, vorbereitender Skizzen. Und genau darum geht es: Was wollte der Maler wirklich zeigen?
In den 1990er-Jahren haben Röntgenbilder Übermalungen enthüllt, die der Szene eine neue Bedeutung verleihen. Es ist nicht möglich, das ganze Ausmaß dieser Überarbeitungen auszumachen, aber man kann davon ausgehen, dass der linke Teil – der mit dem Selbstbildnis – vollständig neu gemalt wurde. Warum? Die Theorie von Manuela Mena Marqués, damals Konservatorin des Prado, liefert eine interessante Antwort. Die Infantin Margarita war zur Zeit der Anfertigung des Gemäldes die Thronfolgerin. Dieses überdimensional große Gemälde könnte also dazu gedient haben, ihren Status offiziell kundzutun. Der Hund wäre ein Symbol für die Treue und der übermalte Goldring, den die Zwergin hielt, ein Sinnbild für den Gehorsam. 1657 wird jedoch Felipe Prospero geboren und folglich zum Erben der Krone. 1659 überarbeitet Velázquez sein Gemälde. Es ist jetzt kein offizielles Werk mehr, das die Erbin der spanischen Krone zeigt, sondern eine private Familienszene, die zukünftig im Sommerbüro des Königs hängen wird. Er übermalt den Goldring und fügt das Kreuz des Santiago-Ordens hinzu, den der König ihm in der Zwischenzeit verliehen hatte. Einige sind der Ansicht, er habe zu diesem Zeitpunkt auch sein Selbstporträt gemalt, das in der offiziellen Version nicht vorhanden gewesen wäre.
Durch das Spiel mit dem Spiegelbild wollte Velázquez zweifellos dem König schmeicheln und ihm zu verstehen geben, dass er überall präsent ist und alles unter seinen Augen und nach seinem Willen geschieht. Nur das Königspaar und der Betrachter können alle Personen auf dem Gemälde sehen. Diese Inszenierung zeichnet sich jedoch trotz allem durch eine schwer zu erklärende Komplexität und Originalität aus, es sei denn, man sieht in ihr lediglich eine Laune des Malers.

DIEGO VELÁZQUEZ (1599–1660),
Die königliche Familie, genannt ***Las Meninas,*** um 1656,
Öl auf Leinwand, 318 × 276 cm, Museo Nacional del Prado, Madrid

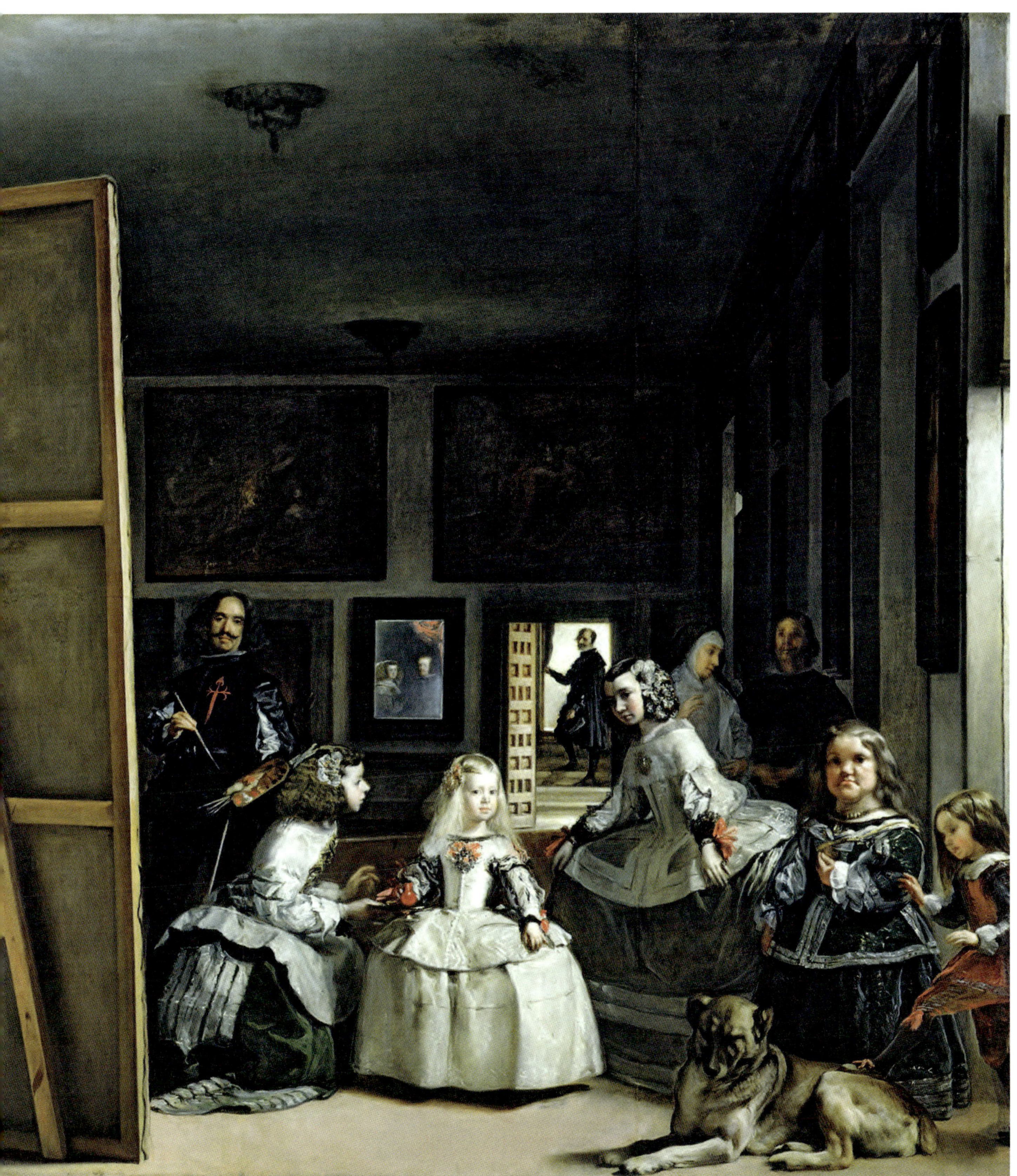

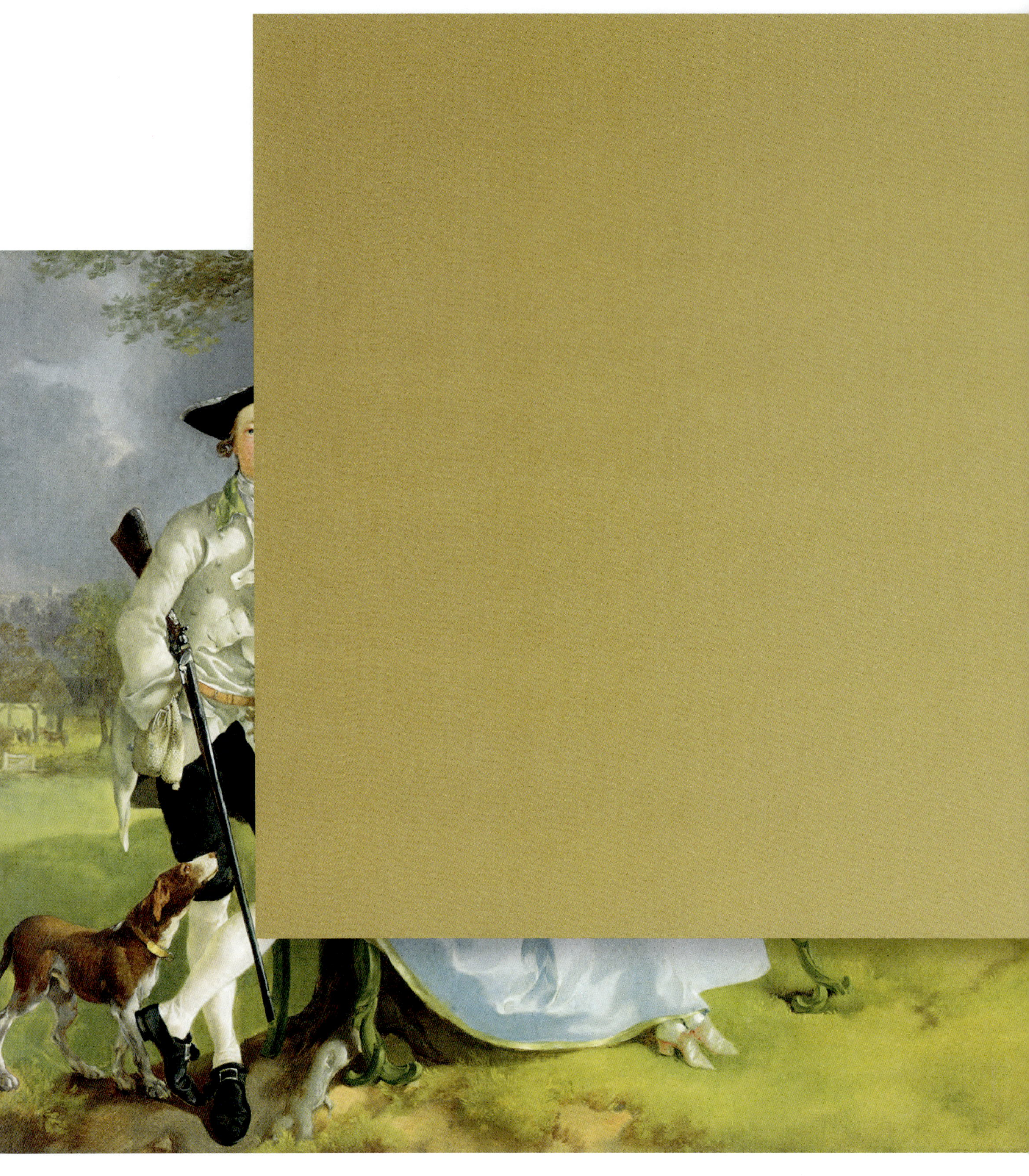

Mr and Mrs Andrews

DER VERDÄCHTIGE FLECK

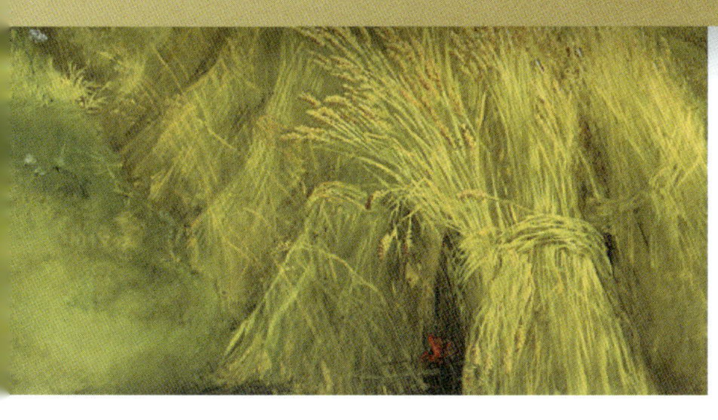

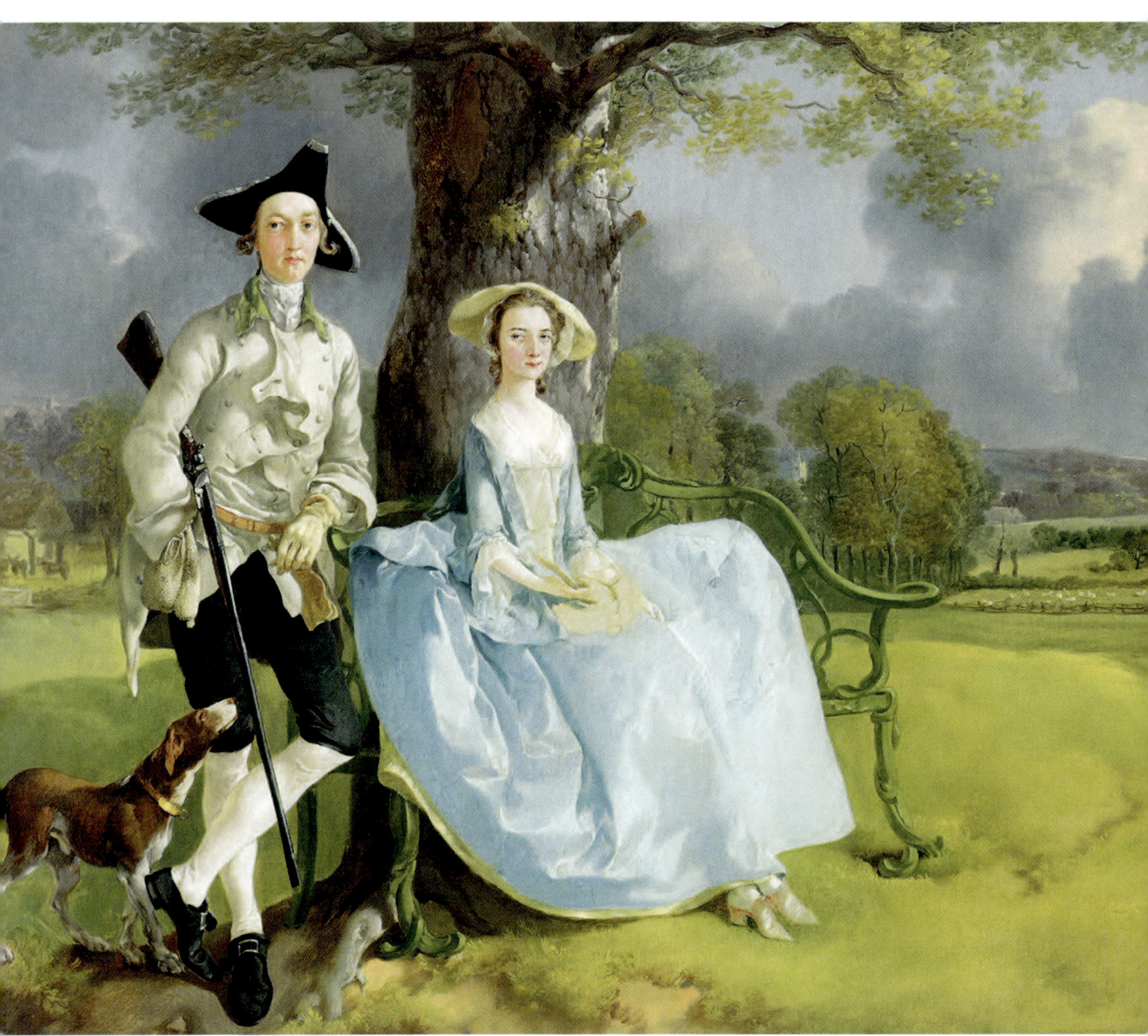

THOMAS GAINSBOROUGH (1727–1788),
Mr and Mrs Andrews, um 1750,
Öl auf Leinwand, 69,8 × 119,4 cm, National Gallery, London

***Mr and Mrs Andrews* wurde viel diskutiert, weil die Landschaft auf diesem Gemälde ungewöhnlich viel Platz einnimmt. Ein schockierendes Detail zieht uns jedoch viel mehr in seinen Bann: der helle Fleck auf dem Kleid der Frau. Wie kann es sein, dass der Maler und die Auftraggeber sich mit einem unvollendeten Gemälde zufriedengegeben haben?**

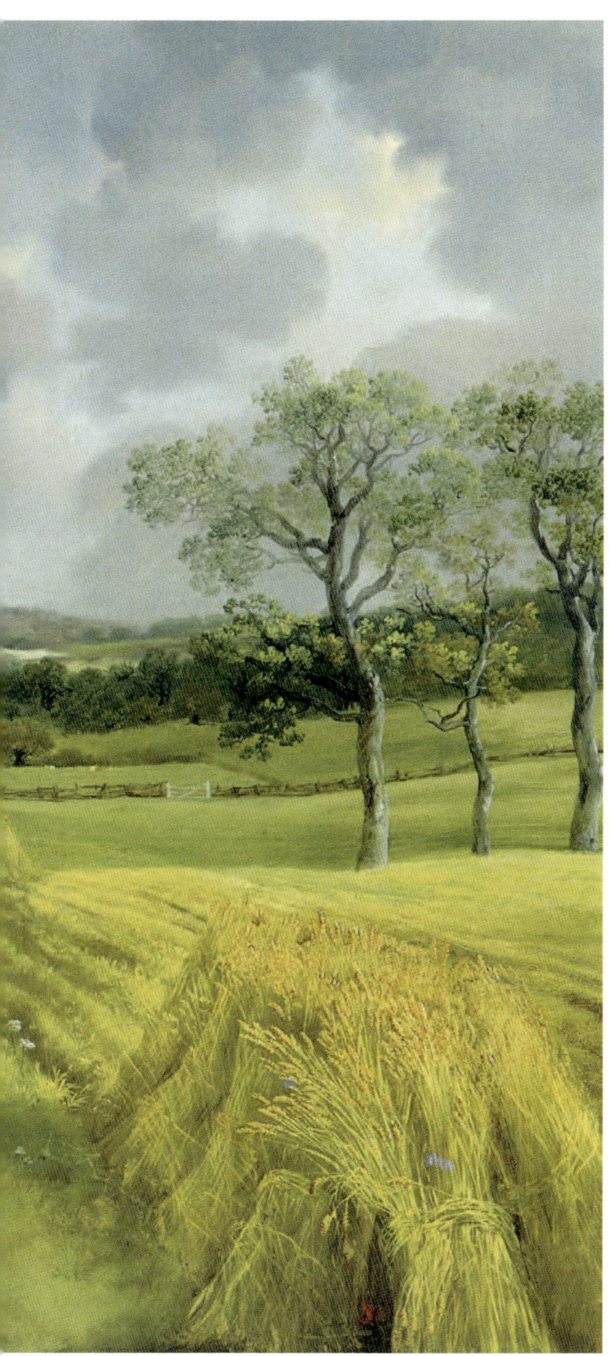

Dieses wohldurchdachte Gemälde zeigt uns den Erfolg des Ehepaares Andrews, das, obwohl in die linke Bildhälfte verbannt, mit seiner distinguierten Erscheinung dennoch im Vordergrund steht. Ihre Verbindung, aber auch der wirtschaftliche Erfolg ihres Anwesens werden in rosigstem Licht dargestellt. Landschaften in Verbindung mit Porträts sind in der Regel eher dekorativ, hier aber werden die kleinsten Details des blühenden und von Mr Andrews erfolgreich verwalteten Anwesens aufgezeigt. Warum also ist auf einem so sorgfältig gemalten, detaillierten und durchdachten Gemälde ein unvollendeter Fleck zu finden? Trotz dieses Flecks wurde das Bild den Andrews übergeben und blieb sogar bis 1960 in Familienbesitz!

Die am weitesten verbreitete Theorie lautet, die Frau habe einen von ihrem Ehemann erlegten Fasan auf ihrem Schoß gehalten. Das erklärt allerdings nicht, warum der Maler Vorbehalte gehabt haben sollte, das Gemälde zu vollenden. Dazu hieß es, der Fasan hätte als sexuelles Symbol verstanden werden können. Auf anderen Gemälden ist jedoch auch erlegtes Federvieh zu sehen, ohne dass daran Anstoß genommen wurde. Diese Theorie kann jedoch ein Hinweis sein: Der Fleck befindet sich auf dem Schoß über dem Geschlecht der Frau. Einige waren der Ansicht, der Maler habe aus Angst vor der weiblichen Sexualität das Gemälde nicht vollenden können und Mrs Andrews damit in gewisser Weise ›kastriert‹. Andere hingegen behaupten, dem Künstler sei es, erregt durch die Tatsache, Frauen zu malen, nur unter Schwierigkeiten gelungen, deren Körper zu vollenden. Frances, die bei ihrer Hochzeit 16 Jahre alt war, dürfte nicht älter als 18 Jahre alt gewesen sein, als dieses Doppelporträt entstand. Hat dieses junge Mädchen bei Thomas Gainsborough für Verwirrung gesorgt? Die Rokokobank scheint sie zu umranken, ein ›Arm‹ wird von ihrem Kleid verdeckt. Die junge Frau umschließt mit ihrer Hand einen nicht eindeutigen länglichen Gegenstand … Sexuelle Anspielungen sind vorhanden, aber sind sie nicht das Ergebnis puren Zufalls? Oder einer zu forcierten Interpretation?

Eine andere Theorie – die allerdings auch nicht wirklich überzeugen kann – besagt, dass das Gemälde so belassen wurde, um später das kommende Kind in das Bild einfügen zu können. Man fragt sich auf jeden Fall, welche Entschuldigung Gainsborough vorgebracht haben mag, um seine Auftraggeber dazu zu bewegen, ein unvollständiges Bild zu akzeptieren!

Die Krönung Napoleons

MAN ARRANGIERT SICH MIT DER REALITÄT

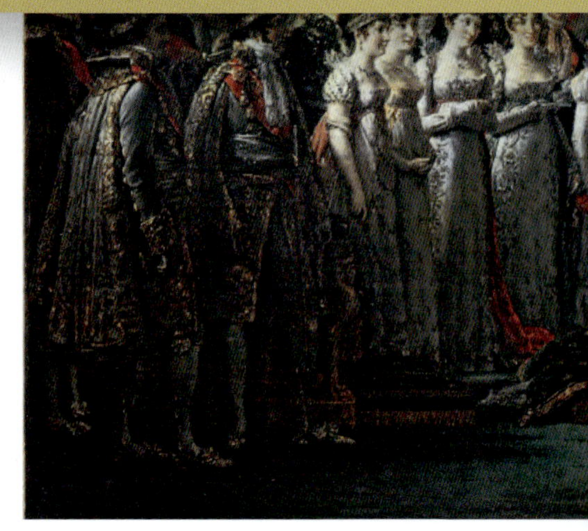

Am 2. Dezember 1804 wird Napoleon Bonaparte in der Kathedrale Notre-Dame de Paris zum Kaiser gekrönt. Er tut damals etwas Unglaubliches: Er kommt dem Papst zuvor und ergreift die Krone, um sie sich selbst auf den Kopf zu setzen. Im kollektiven Gedächtnis ist dieses Ereignis untrennbar mit dem berühmten Gemälde Jacques-Louis Davids verbunden. Aber weit davon entfernt, die Szene wirklichkeitsgetreu wiederzugeben, sind in diesem Gemälde historische ›Fehler‹ versteckt, die mehr mit Propaganda als mit Kunst zu tun haben.

Im Jahr 1804 wird David vom Kaiser zum offiziellen Hofmaler ernannt und erhält den Auftrag, vier Schlüsselmomente der Krönungszeremonie zu verewigen. Der Künstler – dessen Grundsatz lautete: »Vom ersten Pinselstrich an genau und wirklichkeitsgetreu malen« – schwankt zwischen Realismus und Idealismus.

Seine Gemälde kann den geschichtsbegeisterten Betrachter nur verwundern. Zunächst einmal entspricht das Werk nicht dem Titel, den der Maler ihm gegeben hat: Wir befinden uns mitten in der Zeremonie, nach der Hauptszene. Napoleon hat sich bereits selbst zum Kaiser erklärt und macht sich bereit, seine Ehefrau Joséphine zu krönen. Die vorbereitenden Skizzen Davids zeigen, dass dieser vorhatte, Napoleon abzubilden, als er sich selbst die Krone aufsetzt. Aber er änderte die Szene, vielleicht auf Anordnung des Kaisers.

Weiterhin bemerkenswert sind die Jahreszahlen auf dem Gemälde (»1806–1807«), die nicht dem echten Zeitraum der Anfertigung des Werkes (1805–1808) entsprechen. Sie beziehen sich eigentlich auf zwei andere einschneidende Ereignisse: 1806 ist das Jahr, in dem David das ursprüngliche Gemälde umfassend überarbeitet hat. Er betrachtete es als ein völlig neues Werk und datierte es deshalb vor. Das angegebene Datum der Fertigstellung wiederum bezieht sich auf den 28. November 1807, den Tag, als Joséphine in das Atelier des Malers kam und das fast fertiggestellte Bild offiziell billigte.

Vor allem aber zeigt dieses hervorragende Gruppenporträt mit dokumentarischem Wert nicht die Realität: Von den 146 Personen, die wir erkennen können, lässt sich nur die Hälfte identifizieren. Man kann auch feststellen, dass viele Abwesende sich auf wundersame Weise auf Davids Gemälde wiedergefunden haben! In der Loge sitzt die Mutter des Kaisers, die in Wirklichkeit nicht an der von ihr missbilligten Zeremonie teilgenommen hat. Und Kardinal Caprara, rechts von Papst Pius VII., war an diesem Tag krank. David nimmt sich die Freiheit, sich selbst in der Loge über der Mutter des Königs abzubilden und geht sogar so weit, um sich herum seine Ehefrau, seine beiden Töchter, aber auch seinen Assistenten, einen Freund und seinen Lehrmeister, zu versammeln! Zudem wird Joséphine für diesen Anlass verjüngt und Notre-Dame kleiner dargestellt, um den Personen mehr Bedeutung zu verleihen.

David, als Augenzeuge der Zeremonie, war zwischen zwei Darstellungsweisen hin- und hergerissen: die Realität abzubilden, aber auch die Legitimität der kaiserlichen Macht darzustellen, wie es ihm von Napoleon I. aufgetragen worden war. Das Ergebnis ist ein Propagandawerk im Dienste des Kaiserreichs.

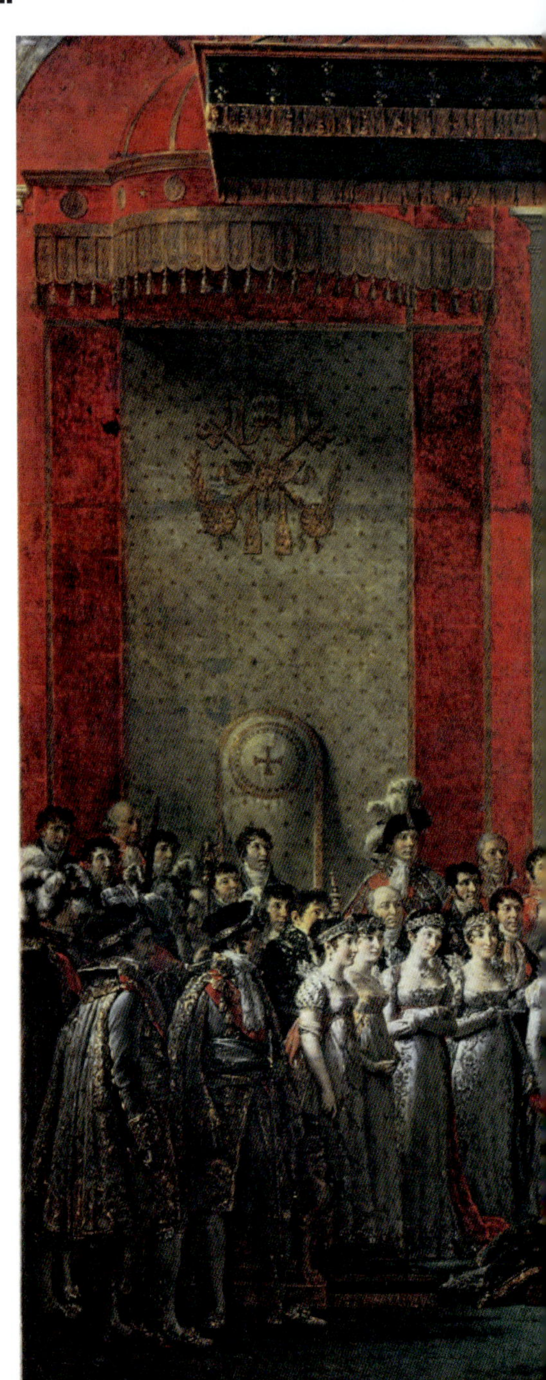

JACQUES-LOUIS DAVID (1748–1825),
***Die Krönung Napoleons I. und der Kaiserin Joséphine in der Kathedrale Notre-Dame de Paris, am 2. Dezember 1804*, genannt *Die Krönung Napoleons*,**
1805–1808, Öl auf Leinwand, 621 × 979 cm, Musée du Louvre, Paris

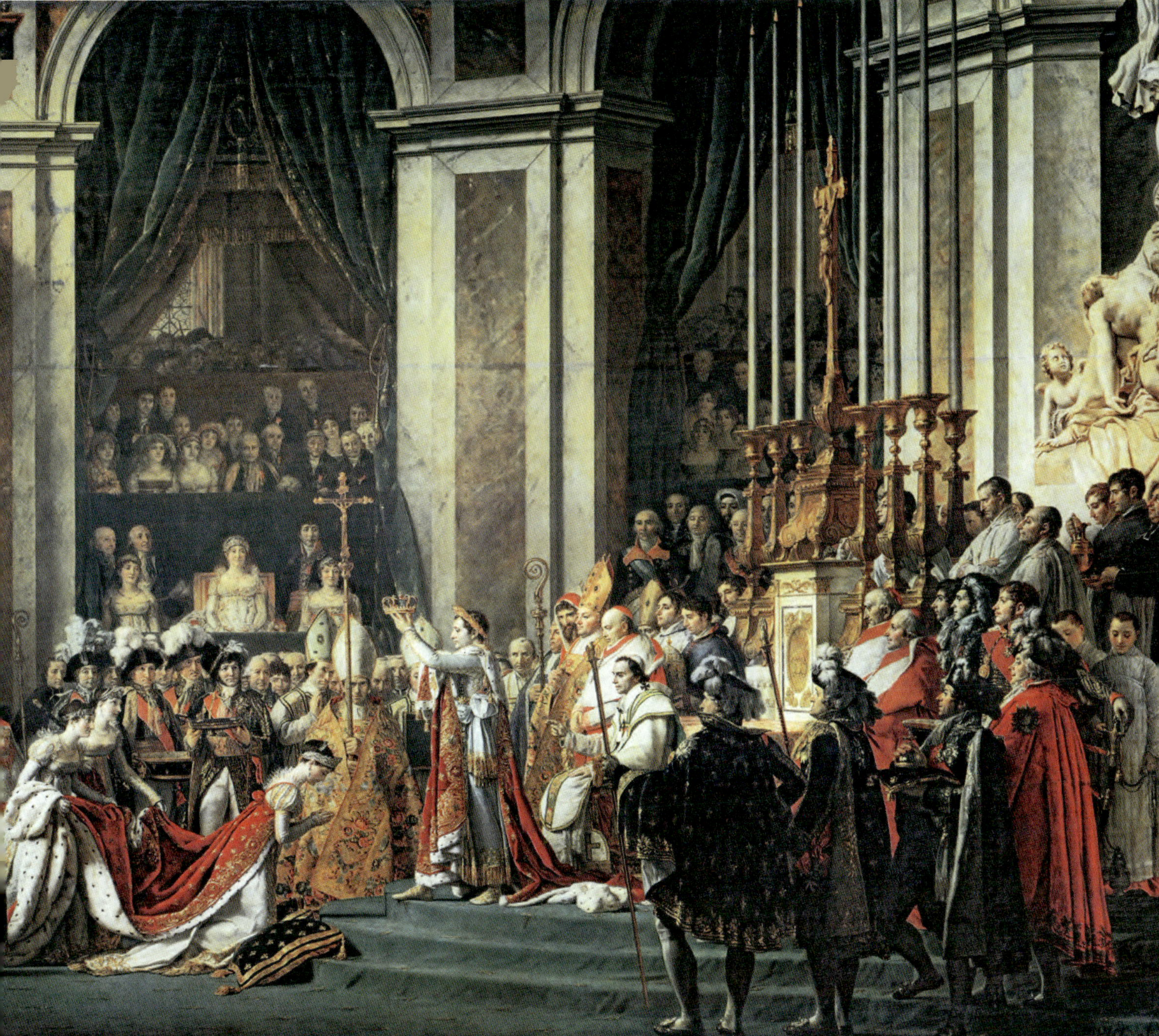

Augustin Lesage

»GEIST, BIST DU DA?«

Wir schreiben das Jahr 1910, als ein Bergmann von heute auf morgen beschließt, sich der Malerei zu widmen, weil eine Stimme ihn angeblich dazu aufgefordert hat. Unvorstellbar? Trotzdem ist es die seltsame Geschichte des Augustin Lesage, der berühmt wurde und seitdem als einer der Meister der Art brut angesehen wird.

Die mediumistische Kunst, die in der mystischen Grundstimmung des 19. Jahrhunderts ihren Ursprung hat, umfasst Werke, deren Urheber während des Schaffensprozesses von Stimmen aus dem Jenseits geleitet werden. Häufig waren diese Medien bereits künstlerisch tätig, bevor sie Stimmen hörten. Seltener kam es zu einer derart unglaublichen Verwandlung wie bei Lesage, der als unbekannter Bergmann mit Verspätung zu einem anerkannten Künstler wurde. Das Ereignis, das sein Leben von Grund auf verändern wird, findet im Jahr 1911 oder 1912 statt: »Ich war in der Mine, in einem abgelegenen Stollen, und arbeitete allein in einem kleinen Schacht von fünfzig Zentimetern ... Plötzlich hörte ich Stimmen, die zu mir sprachen. [...] Ich hatte Angst, meine Haare standen zu Berge ... Ich hörte: ›Fürchte dich nicht, wir sind bei dir, irgendwann wirst du ein Maler sein ...‹« Trotz seiner Furcht gerät Lesage, den Rat seiner Freunde befolgend, in den Bann der spiritistischen Lehre und nimmt an okkultistischen Sitzungen teil. Während einer dieser Versammlungen sind die Stimmen erneut zu hören: »Zunächst werden wir dir schriftlich die Namen der Pinsel und Farben nennen, die du bei Monsieur Poriche in Lillers kaufen sollst ...« Lesage gehorcht und bestellt außerdem eine Leinwand. Aufgrund eines Missverständnisses schickt man ihm ein gigantisches Quadrat von drei mal drei Metern. Als er es zerschneiden will, gebieten die Geister ihm Einhalt: »Zerschneide die Leinwand nicht, sie wird fertig werden.« Lesage beginnt, Motive in eine Ecke zu malen und verbringt dann mehr als ein Jahr lang jeden Abend und jeden Sonntag mit dem automatischen ›Ausfüllen‹ der Leinwand, wobei er willig die Anweisungen der Stimmen befolgt. Er malt nach diesem ersten Bild weiter, was die Verstorbenen ihm aus dem Jenseits diktieren und signiert mehrere Werke mit deren Namen. Lesage schafft aus winzigen geometrischen Formen unglaublich detaillierte architektonische Kompositionen. Seine Werke folgen meistens einem symmetrischen Plan, obwohl er während des Malens nie einen Schritt von der Leinwand zurücktritt!

»Bevor ich angefangen habe zu malen, hatte ich nie eine Vorstellung davon, wie das Bild später aussehen würde. Ich habe nie eine Vision des gesamten Gemäldes vor Augen gehabt.«
Augustin Lesage

Augustin Lesage verschafft sich Zutritt zu mediumistischen Kreisen und wird zu einer Berühmtheit. 1923 hört er endgültig auf, als Bergmann zu arbeiten. Er malt sehr viel, reist nach Ägypten, nimmt an Seminaren teil, stellt aus ...

Dieser Mann, der nicht für die Malerei vorherbestimmt war, stirbt im Jahr 1954 und hinterlässt etwa achthundert Gemälde. Lesages Werk fasziniert vor allem durch seine Originalität und seinen Ausdrucksreichtum. Sogar die größten Skeptiker müssen zugeben, dass sein Schicksal von Kräften gelenkt wurde, die über die bloße Willenskraft hinausgehen. Niemand bezweifelt, dass Lesage im Inneren der Grube eine Stimme gehört hat. Aber war es vielleicht nicht einfach nur seine eigene, die ihm befahl, seine Ketten zu sprengen?

AUGUSTIN LESAGE (1876–1954),
Komposition, 1925, 212 x 144 cm,
Musée de Béthune, Depot de l'Institut Métapsychique International

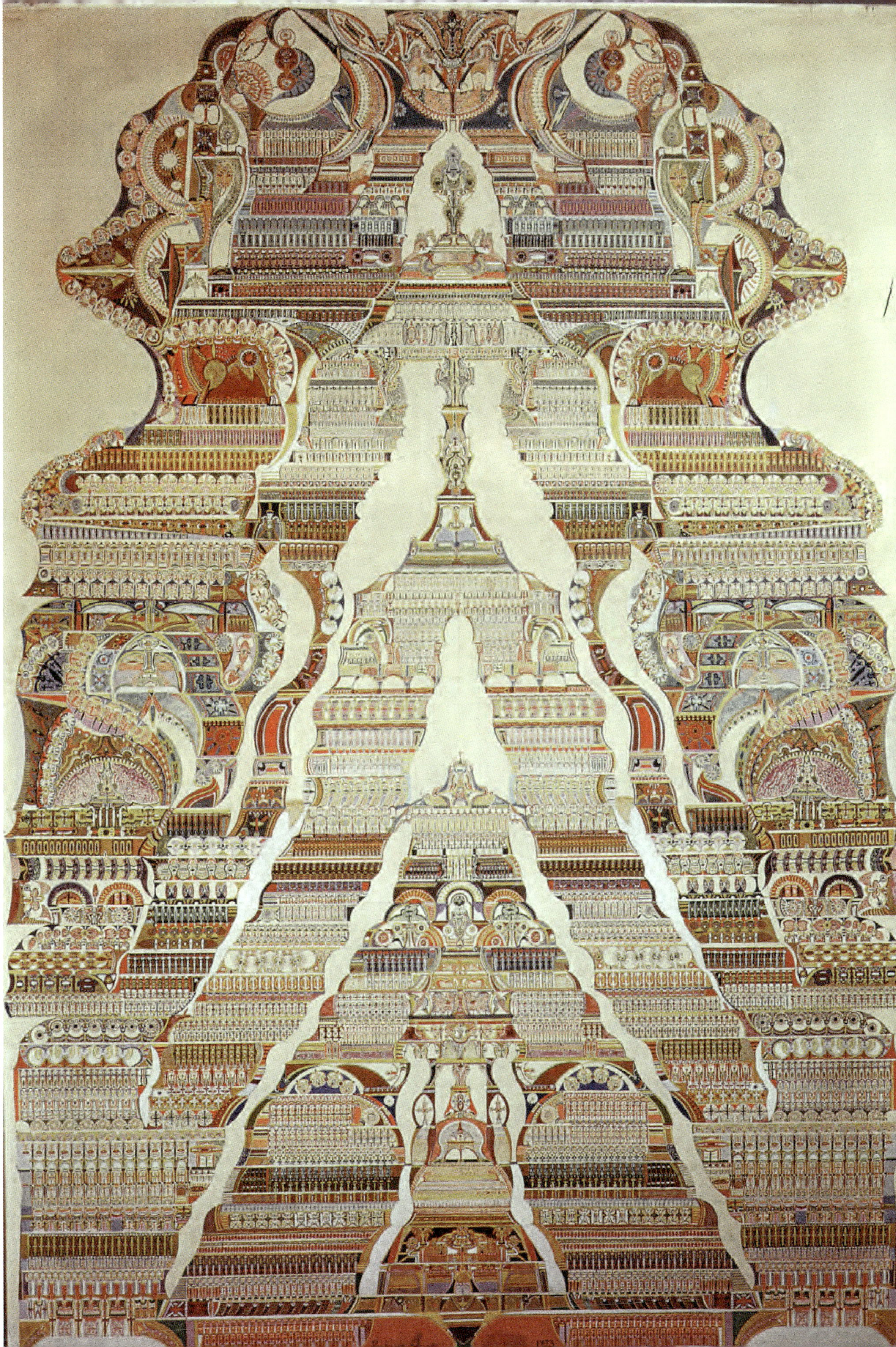

EINE WAHRE LÜGE

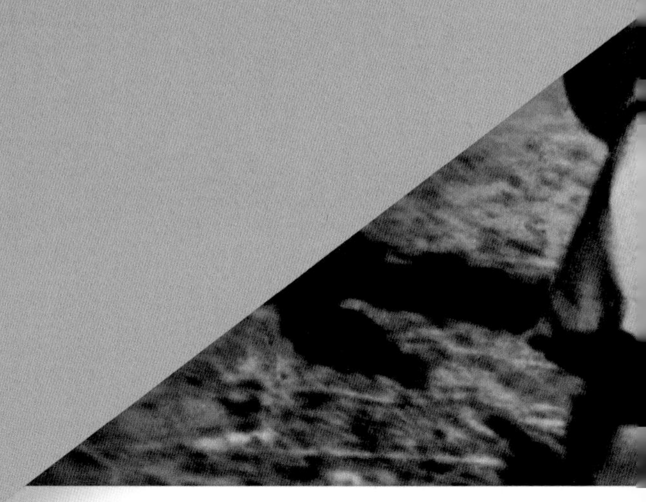

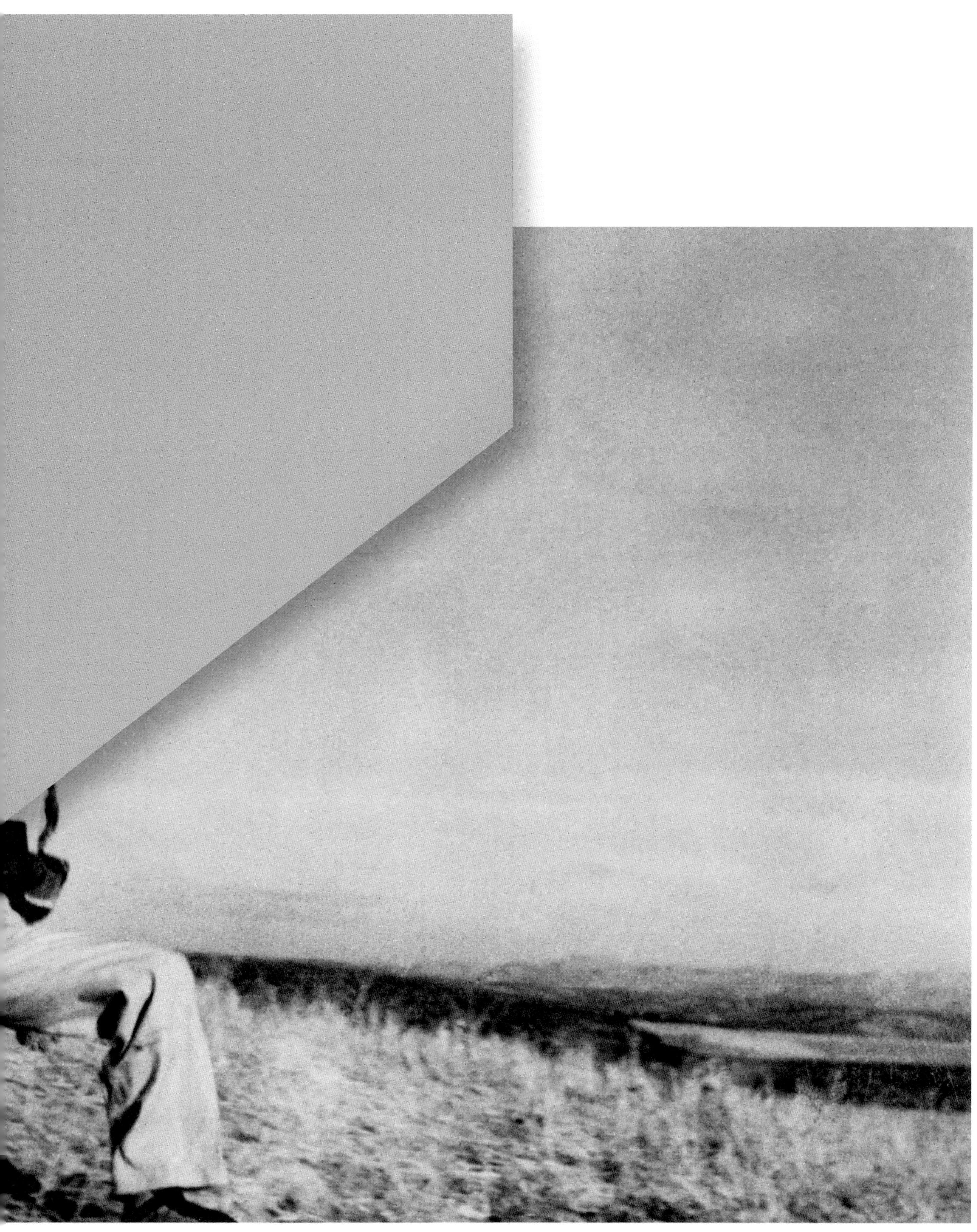

1936 veröffentlicht Robert Capa ein ›schockierendes‹ Foto von der Front, das zu einer Ikone des Spanischen Bürgerkriegs werden wird: ein von einer Kugel tödlich getroffener republikanischer Milizsoldat. In den 1970er-Jahren kommt es zu einer heftigen Auseinandersetzung: Die Echtheit des Fotos wird infrage gestellt. Man hält die Situation für zu unwahrscheinlich, um echt zu sein.

Capa ist kaum zwanzig Jahre alt, als er sich mit seiner Leica über der Schulter auf den Weg macht, um über den Spanischen Bürgerkrieg zu berichten. Im September 1936 schießt er unweit von Cordoba eine Momentaufnahme, die auf der ganzen Welt berühmt werden wird. Sie wird zum ersten Mal am 23. September 1936 zusammen mit anderen, am selben Tag aufgenommenen Fotos in einer Sonderausgabe der französischen Zeitschrift *Vu* veröffentlicht. Schon bald darauf wird Capas Foto zu einem Symbol für den Krieg in Spanien.

1975 dann stellt der Journalist Phillip Knightley erstmals die Vermutung an, es handele sich um ein »gestelltes Foto«. Milizsoldaten hätten für diese Fotoserie posiert. Fachleute weisen auf die fehlende Einschussstelle oder die »unmögliche« Körperhaltung des fallenden Mannes hin. Roberts Bruder, Cornell Capa, wird zu dessen leidenschaftlichem Verteidiger: Es handele sich bei diesem Foto ganz offensichtlich um einen Schnappschuss, weil es leicht verschwommen sei! Von diesem Zeitpunkt an werden zwei Gruppen eine heftige Debatte führen. Einige behaupten sogar, das Foto sei nicht von Capa, sondern von dessen damaliger Begleiterin, Gerda Taro. 1996 wird bekannt, der Mann auf dem Foto sei Federico Borrell Garcia, ein republikanischer Soldat. Aber *La Sombra del iceberg (Der Schatten des Eisbergs),* ein Dokumentarfilm aus dem Jahr 2007, widerlegt diese Hypothese mit einem Artikel aus der anarchistischen Zeitung *Ruta Confederal* vom Oktober 1937. Dort wird über den echten Tod Federicos berichtet, der nicht unter diesen Umständen stattgefunden hat. Wir wissen also immer noch nicht, um wen es sich auf dem Foto handelt.

Erst vor wenigen Jahren wurde in New York eine Serie von Fotos gezeigt, die an genau diesem Tag von Gerda Taro und Robert Capa aufgenommen wurde. Ganz offensichtlich war damals kein Feind in der Nähe: Einige Milizsoldaten sitzen herum und ruhen sich aus. Richard Whelan, der Kustos des Capa-Archivs, meint, die Soldaten seien, selbst wenn sie am Anfang nur posiert hätten, von den Kugeln überrascht worden, als die Aufnahmen in vollem Gange waren. Er erklärt, dass »die Wahrheit nie ganz schwarz oder weiß ist. Das hier ist ebenso wenig das Foto eines Mannes, der vorspielt, von einer Kugel getroffen worden zu sein, wie ein Foto, das geschossen wurde, als die Schlacht in vollem Gange war. […] Wir werden zweifellos nie erfahren, was auf diesem Hügel wirklich geschehen ist.«

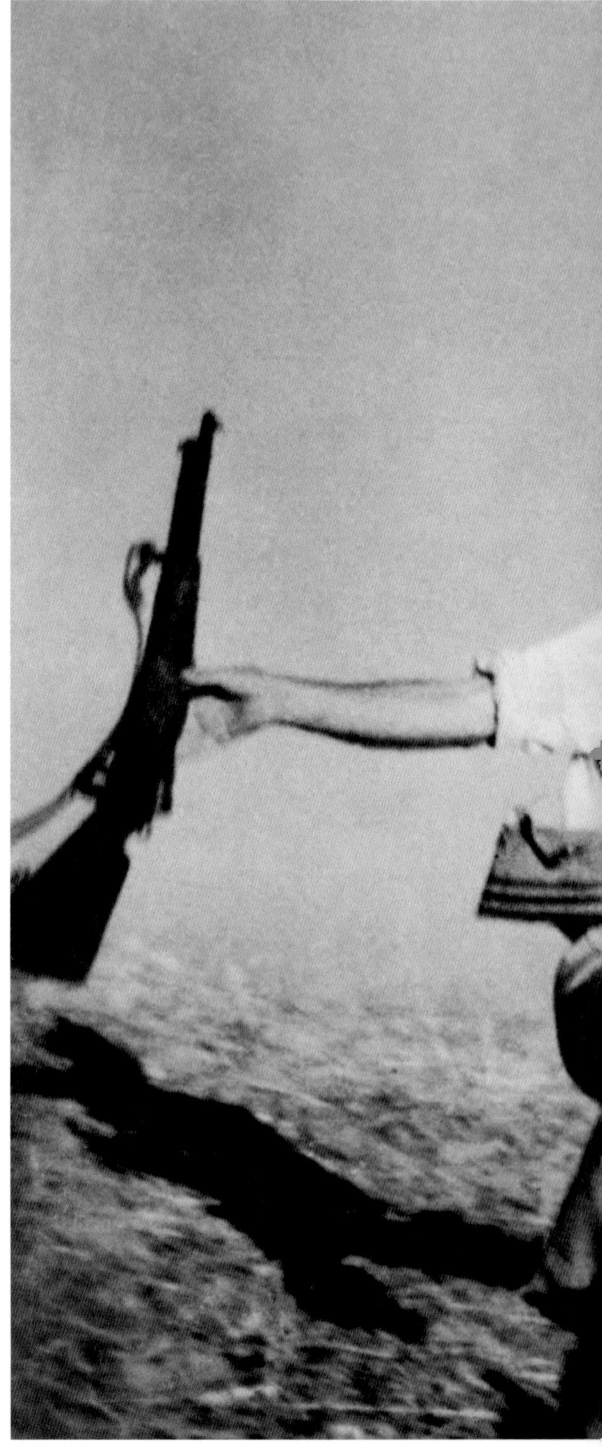

ROBERT CAPA (1913–1954),
Der fallende Soldat (Loyalistischer Milizsoldat im Moment seines Todes, 5. September 1936, Cerro Muriano [Front von Cordoba]), Fotografie

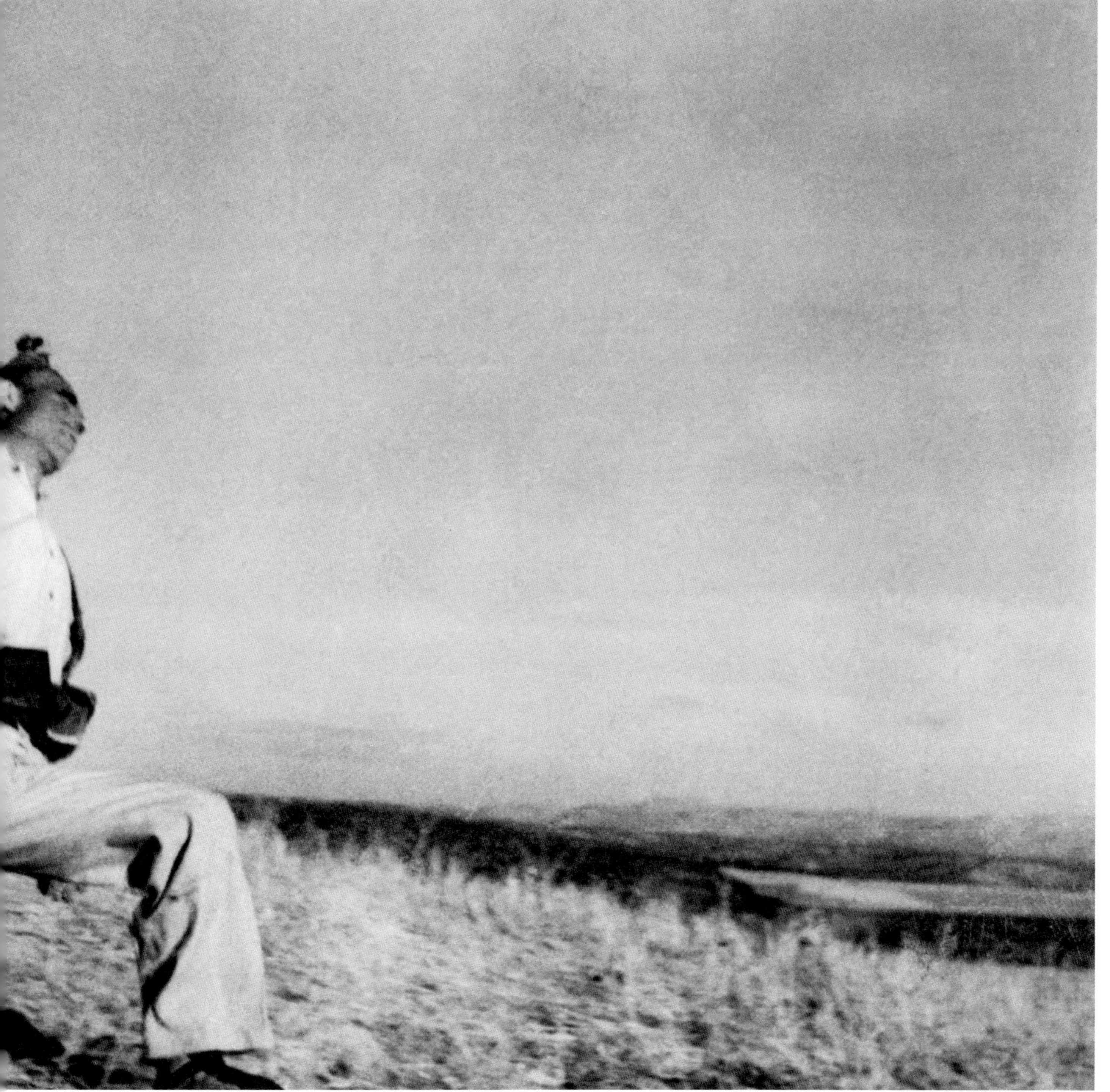

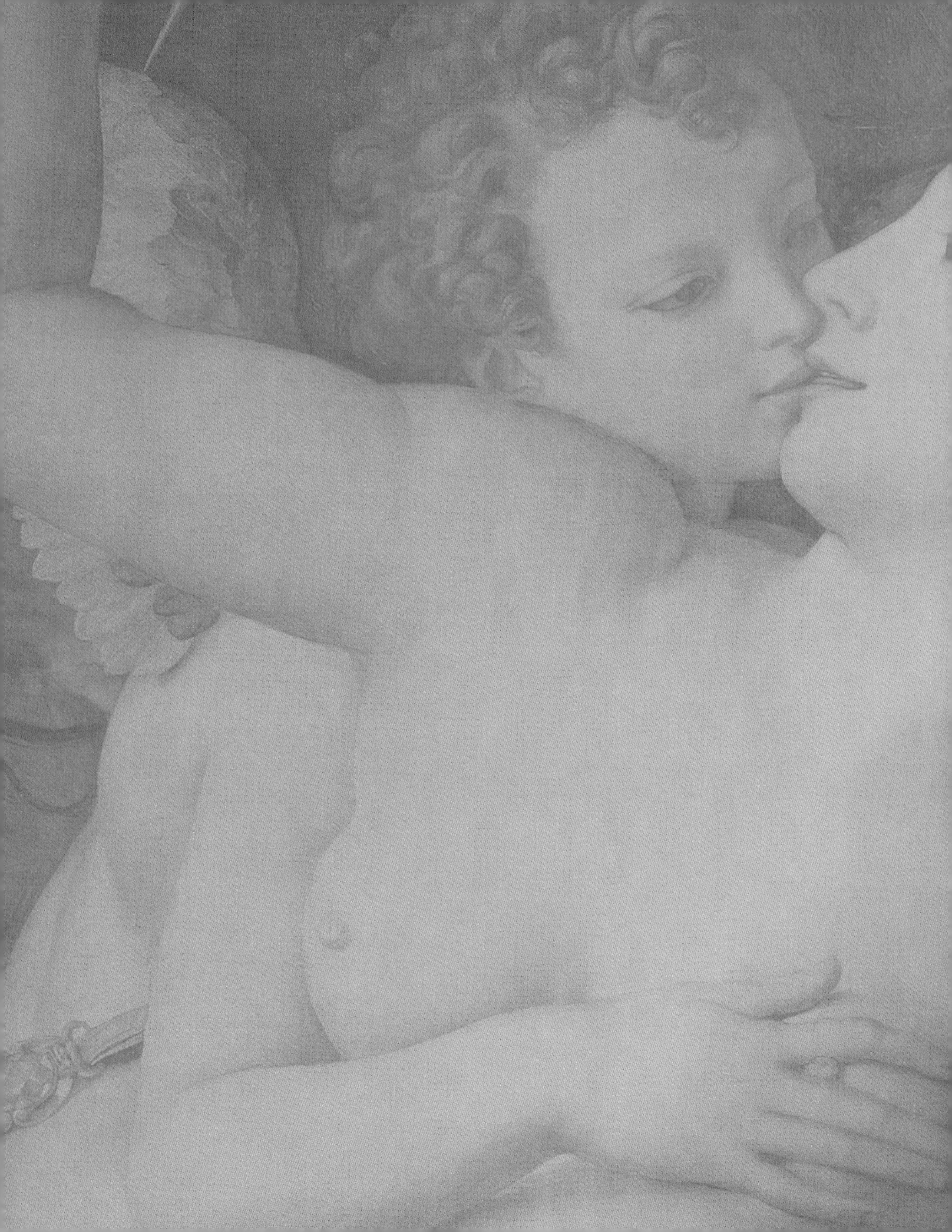

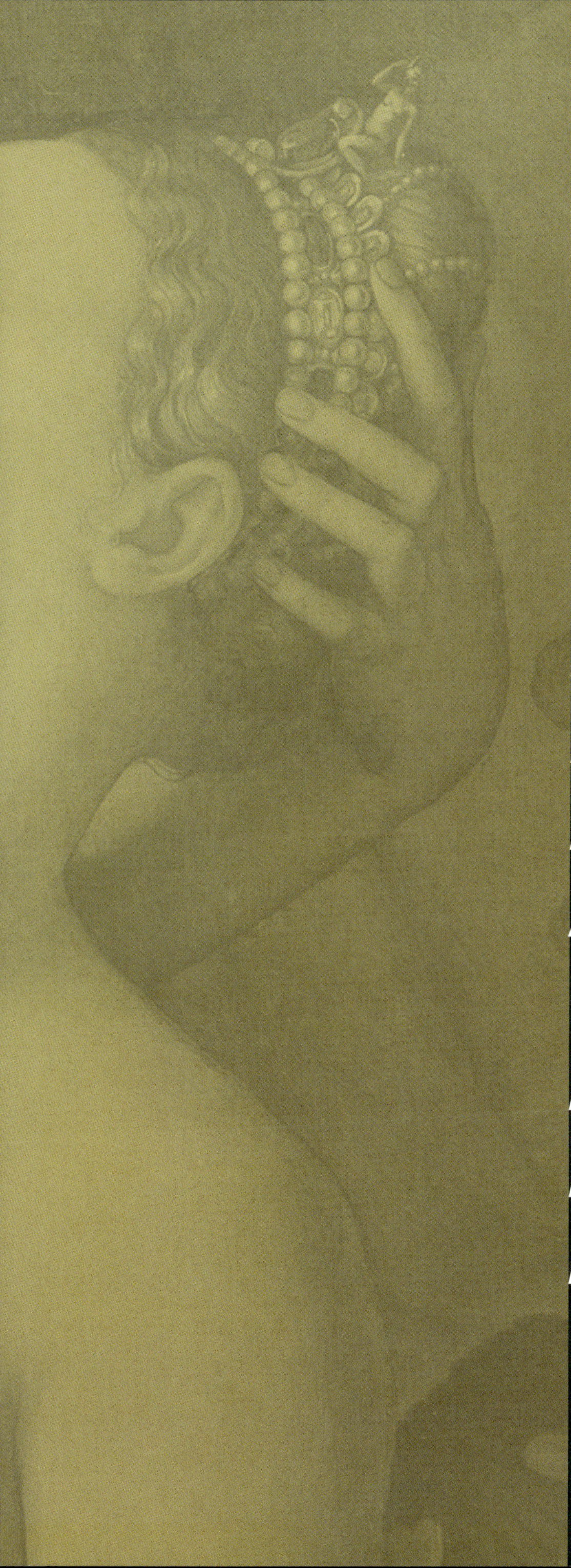

BEDEUTUNG

BRUNNENSZENE IN DER HÖHLE VON LASCAUX

DIE ARNOLFINI-HOCHZEIT

DIE TAPISSERIE DER *DAME MIT DEM EINHORN*

DER GARTEN DER LÜSTE

DAS GEWITTER

MELENCOLIA I

ALLEGORIE DER LIEBE

VULKAN ÜBERRASCHT VENUS UND MARS

DIE HIRTEN VON ARKADIEN

DIE LIEBKOSUNGEN

DER TRAUM

Da Kunstwerke eine Epoche mit ihren Überzeugungen und Kenntnissen widerspiegeln, werden die meisten Arbeiten von ihren Zeitgenossen sofort verstanden. Eher selten sind die Werke, die mit Absicht geheimnisvoll sind: Ein Bild wird im Allgemeinen entworfen, um zu erzählen, zu erklären, oder präzise und verständliche Informationen zu vermitteln. Auch wenn die Kunst heute immer populärer wird und für alle zugänglich sein will, so blieb sie doch in der westlichen Welt lange einer Elite vorbehalten, die es sich als Einzige leisten konnte, als Voraussetzung für das Verstehen der Bezugspunkte in Kunstwerken, Luxusgegenstände zu kaufen und in den Genuss von Kultur zu kommen. Im Mittelalter waren die Werke trotz alledem für das Volk bestimmt. Von der Kirche in Auftrag gegebene religiöse Darstellungen ermöglichten den analphabetischen Bevölkerungsschichten, die christlichen Botschaften mithilfe von Bildern zu verstehen, die deutlich und für alle zugänglich waren. Der Anblick von Höllendarstellungen zum Beispiel sollte den Betrachter erschauern lassen und ihn durch die Darstellung zahlreicher schrecklicher Qualen davon abhalten zu sündigen. Es war nicht erforderlich, alle Bezugspunkte in Hieronymus Boschs infernalem Getümmel (siehe Seite 140) zu verstehen, um Angst vor dem Teufel und seinen boshaften Kumpanen zu verspüren. Unnötig auch, die Bibel in allen Einzelheiten zu kennen, um von den mütterlichen, schönen und würdevollen Madonnen getröstet zu werden oder Mitleid für die Leiden des gekreuzigten Christus zu empfinden.

Kompliziertere Werke wie Albrecht Dürers *Melencolia I* (siehe Seite 150) oder Bronzinos *Allegorie der Liebe* (siehe Seite 154) waren und sind für ein spezialisiertes Publikum bestimmt. Bisweilen geht das Wissen einer Gesellschaft verloren und was damals entzifferbar war, ist es heute nicht mehr, wie zum Beispiel die Zeichnungen in der Höhle von Lascaux (siehe Seite 128). Es kommt auch vor, dass die Hinweise, die eine Identifizierung der Personen, der dargestellten Geschichte oder der Botschaft ermöglichen würden, uns undurchsichtig erscheinen und ausführliches Wissen über die jeweilige Zeit erfordern. Das trifft umso mehr zu, als diese Symbole in der westlichen Malerei nicht einheitlich sind und verschiedene, bisweilen sogar widersprüchliche Bedeutungen haben. So kann der Hund zum Beispiel Trägheit (siehe *Melencolia I,* Seite 150), Treue (siehe *Die Arnolfini-Hochzeit,* Seite 132) oder den sozialen Status (siehe *Mr and Mrs Andrews,* Seite 108) symbolisieren.

Gewisse Elemente eines Gemäldes können eine rein ästhetische oder realistische Funktion haben, und der Wunsch, alles zu erklären und zu entziffern, darf nicht zu einer Überinterpretation führen. Aber woher weiß man, wo diese anfängt?

Brunnenszene in der Höhle von Lascaux

DIE MAKABRE JAGD DES VOGELMANNES

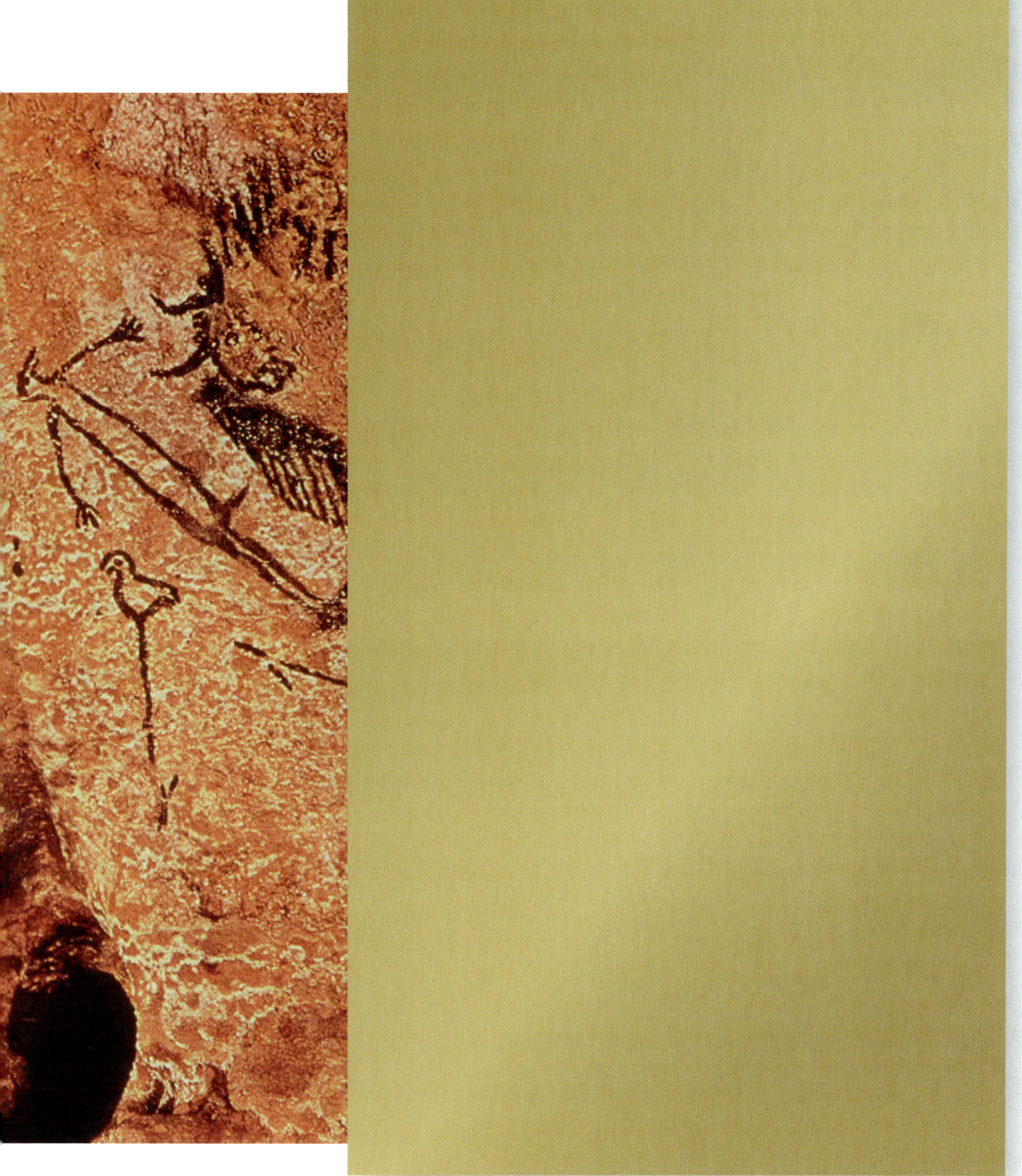

Die Urgeschichte hat uns als entzifferbare Schrift lediglich die der Kunstwerke hinterlassen. Aufgrund jüngerer Untersuchungen neigt man zwar zu einer spirituellen Erklärung, die Höhlenmalereien werfen aber trotzdem zahlreiche weitere Fragen auf. So bleiben die Figuren der *Brunnenszene* weiterhin ein Mysterium, zumal sie ein Wesen, halb Mensch, halb Tier, exotische Tiere und … den Tod darstellen!

Die *Brunnenszene* von Lascaux ist eine der seltsamsten und außergewöhnlichsten Kompositionen der Urgeschichte. Sie zeigt drei Tiere und, eine absolute Seltenheit, ein menschliches Wesen.

Das Paläolithikum, in dem die Höhlenmalerei von Lascaux entstand, ist das Zeitalter des Homo sapiens, der weder die Viehzucht, noch die Landwirtschaft, noch die Bearbeitung von Metall kennt, sondern als Nomade auf der Suche nach Beute umherzieht. Man kann sich gut vorstellen, welche immens große Bedeutung Tiere, von denen sein Überleben abhing, für ihn hatten, was auch deren Omnipräsenz in den Bildern erklärt.

Die ungewöhnliche Komposition, die uns hier interessiert, unterscheidet sich von den anderen durch ihr erzählerisches Potenzial. Die Szene wird von einem Kampf auf Leben und Tod beherrscht, ausgetragen zwischen einem verwundeten Bison mit heraushängenden Gedärmen und einem Mann, der von dem Tier zu Boden geworfen wurde. Der Kampf ist in der Höhlenmalerei ein häufig wiederkehrendes Thema, bei dem in der Regel jedoch, einem schamanischen Ritual für eine erfolgreiche Jagd zufolge, der Mensch als Sieger über das Tier dargestellt ist. Das Rätsel der *Brunnenszene* liegt in ihrem tragischen Ausgang.

Diese bemerkenswerte Ausnahme wirft zahlreiche Fragen auf. Ungewöhnlich ist darüber hinaus die Darstellung des Mannes mit seinem rechteckig schematisierten Körper und seinem Vogelkopf. Das scharfkantige Viereck wie der aufgerichtete Phallus werden als Symbole der Macht und der Herrschaft des Menschen über die Natur gedeutet. Im Gegensatz dazu stehen die geschwungenen Linien in der Tierdarstellung. Warum also unterliegt dieses virile menschliche Wesen seiner Beute?

Die Idee des Todes wird durch die doppelte Präsenz des Vogels noch verstärkt. Der Mann trägt nicht nur den Kopf eines Vogels, auch neben ihm ist ein Vogel zu finden. Dieses Tier scheint in der prähistorischen Kunst den Übergang vom Leben zum Tod zu verkörpern.

Außerdem abgebildet ist ein Nashorn, das damals nachweislich in der Region gelebt hat. Es soll nachträglich hinzugefügt worden sein, weil es sich durch eine andere Maltechnik unterscheidet.

Das Mysterium der Steinzeitmenschen, wird niemals endgültig aufgedeckt werden können. Ihre Werke allerdings werden weiterhin unsere Gemüter bewegen und uns Hinweise auf den Alltag und den Glauben unserer Urahnen geben.

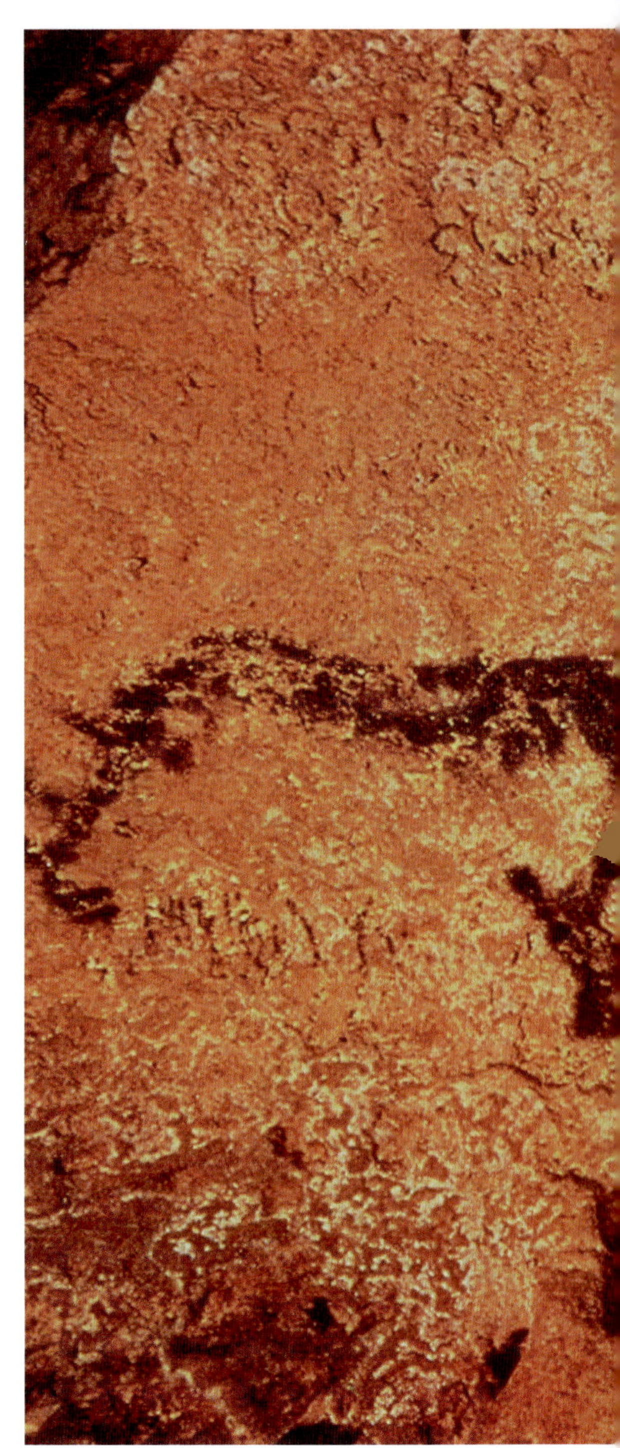

Brunnenszene, circa 15 000 v. Chr.,
schwarze Pigmente (Manganoxid), Länge des Bisons: 103 cm,
Höhle von Lascaux, Montignac

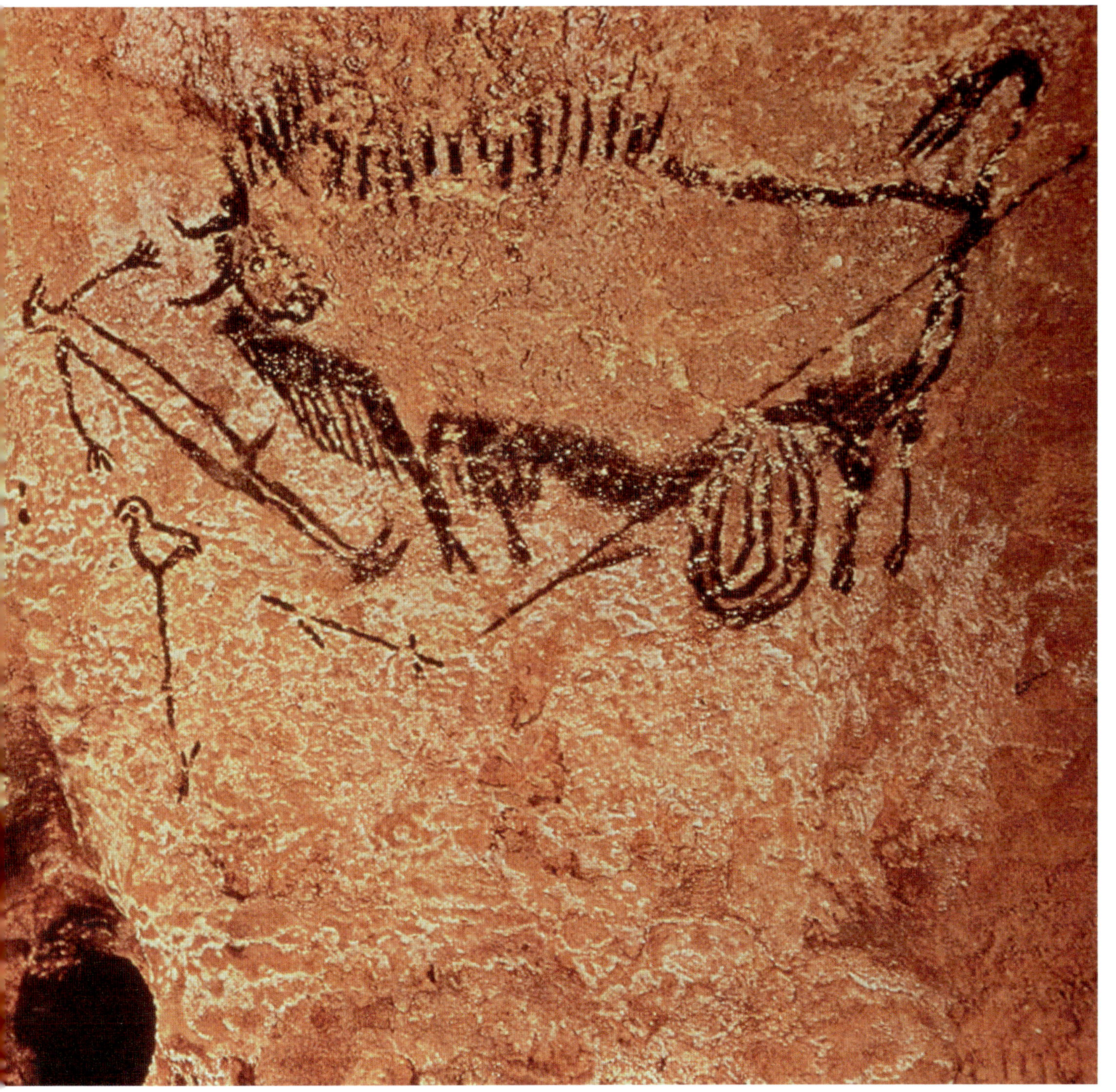

Die Arnolfini-Hochzeit

EINE SELTSAME ZEREMONIE

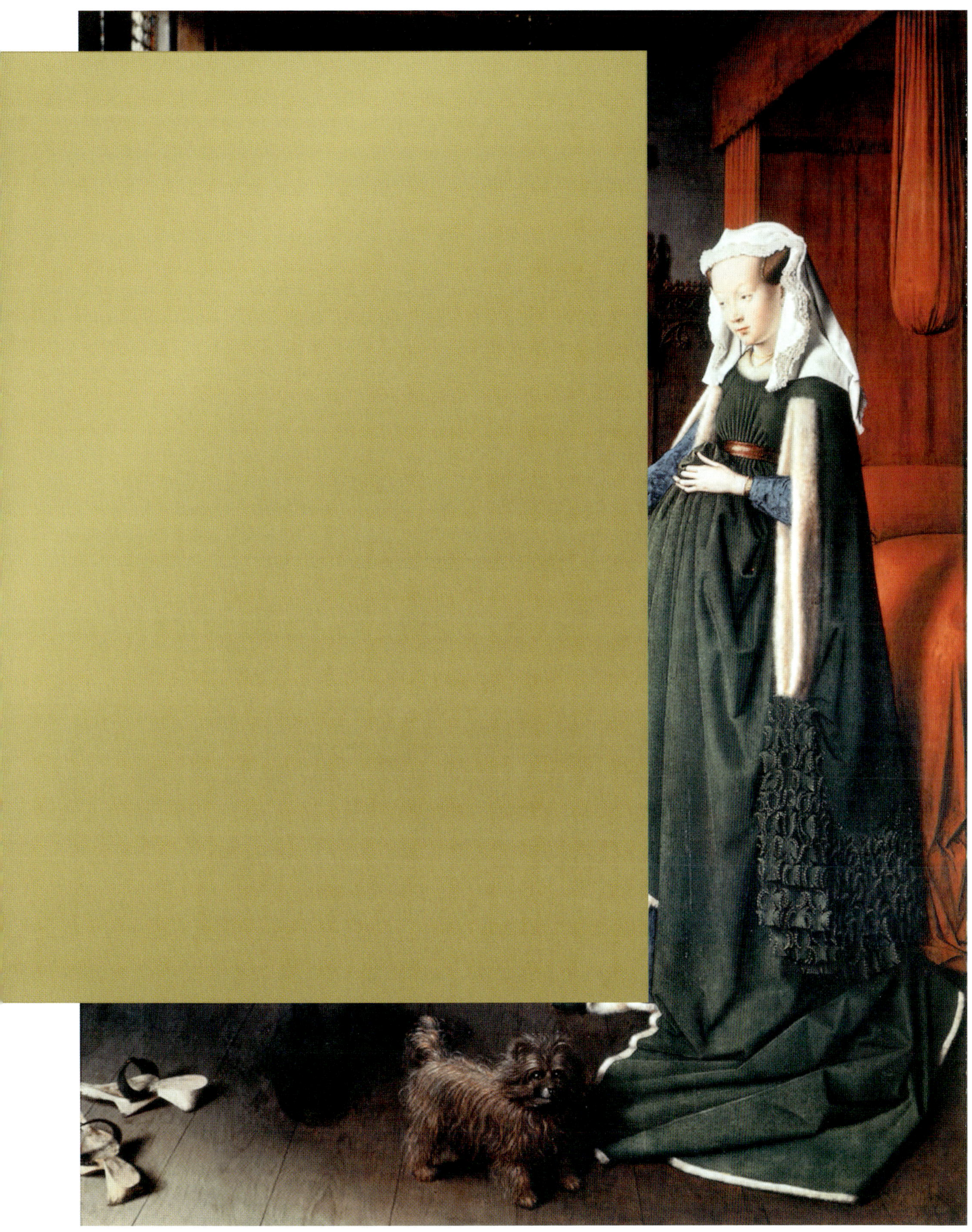

Die bekanntesten Gemälde sind nicht immer die, die auch am besten verstanden werden. Das gilt zum Beispiel für *Die Arnolfini-Hochzeit,* bei der sich die Fachleute nicht einmal über die grundlegendsten Informationen einigen können, genauer gesagt über die Bedeutung der Szene. Und sogar bei der Frage, wer die Dargestellten sind, herrscht Uneinigkeit.

Die am weitesten verbreitete Theorie kommt im Titel des Gemäldes klar zum Ausdruck: Es handele sich bei den Personen um Giovanni di Nicolao Arnolfini, einen reichen Kaufmann aus Brügge, und Giovanna Cenami, dessen Ehefrau. Die Szene stelle ihre Hochzeit dar, und verschiedene Hinweise würden diese Interpretation untermauern. Vor allem die Haltung der Hände, dann die Wahl des Zimmers mit dem roten Bett, dem Hund als Symbol für die Treue und einer einzigen brennenden Kerze als Sinnbild für die Eheschließung – in jener Zeit konnte die Ehe in privatem Rahmen geschlossen werden. Erforderlich war nur die Anwesenheit von Zeugen, die den Bund zwischen zwei Menschen bestätigten. Diese Zeugen sind im Spiegel zu erkennen, der die Silhouetten zweier Männer reflektiert, von denen einer der Maler selbst ist, wie der lateinische Text über dem Spiegel erkennen lässt: »Johannes de eyck fuit hic. 1434«, was so viel bedeutet wie »Jan van Eyck war hier. 1434«. Einige behaupten sogar, die Frau sei schwanger. Das ist zweifelsohne eine vorschnelle Schlussfolgerung, da das Kleid mit reichem Faltenwurf damals hoch modern war.
Diese Theorie zur *Arnolfini-Hochzeit* überzeugt jedoch nicht restlos, da sie zum Beispiel nicht das behandelte Sujet erklärt. In jener Epoche war es nicht üblich, eine solche Zeremonie darzustellen. Darüber hinaus ist rätselhaft, warum der vermeintliche Ehemann der Frau die linke Hand reicht. Man weiß, dass sich bei einer Eheschließung beide die rechte Hand reichen, also kann die Geste der Personen auf dem Gemälde kaum die Darstellung einer Hochzeit sein. Außerdem erhielt das Werk seinen Titel fast ein Jahrhundert nach seiner Fertigstellung während einer Inventur, auf deren Liste ein Gemälde beschrieben war, das »Arnoult Fin« darstellt. Nicht mehr und nicht weniger als die Umformung eines Namens könnte also die Ursache für den heutigen Titel sein.
Und wenn der Mann der Maler selbst mit seiner Frau Margarete wäre? Das würde dem Schriftzug, der van Eycks Anwesenheit bestätigt, einen neuen Sinn geben und würde durch die Statue der hl. Margareta im Hintergrund noch untermauert.
Dieser äußerst interessanten Theorie gelingt es allerdings nicht, die allgemein anerkannte, durch den Titel des Werkes gerechtfertigte Theorie zu verdrängen. Was bleibt, sind Vermutungen über den Sinn dieser merkwürdig anmutenden Szene, die letztendlich vielleicht überhaupt kein Paar darstellt …

JAN VAN EYCK (UM 1395–1441),
Die Arnolfini-Hochzeit, 1434,
Öl auf Eichenholz, 82,2 × 60 cm, National Gallery, London

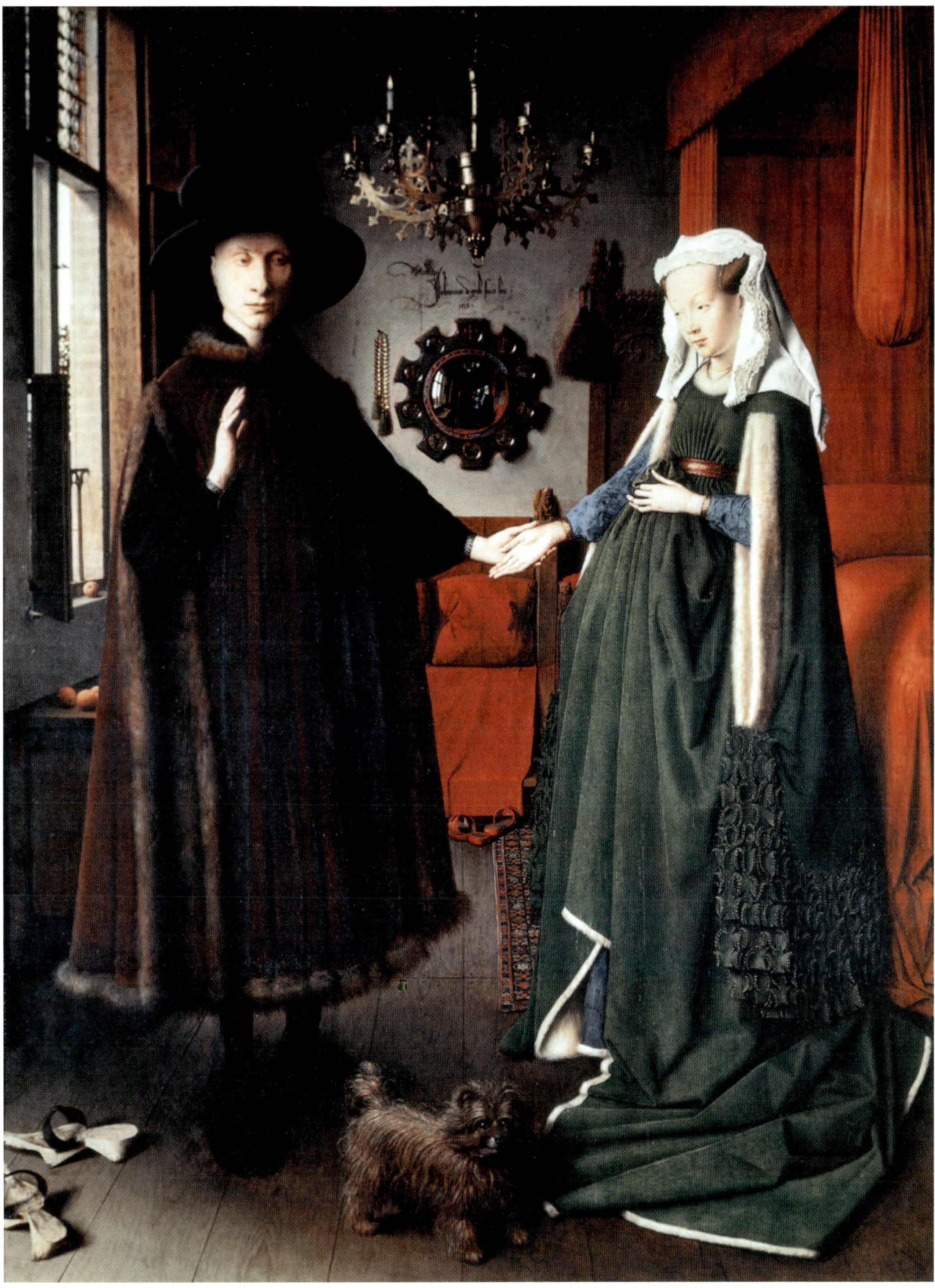

Die Tapisserie der *Dame mit dem Einhorn*

DAS GEHEIMNIS DER VERGESSENEN SCHÖNEN

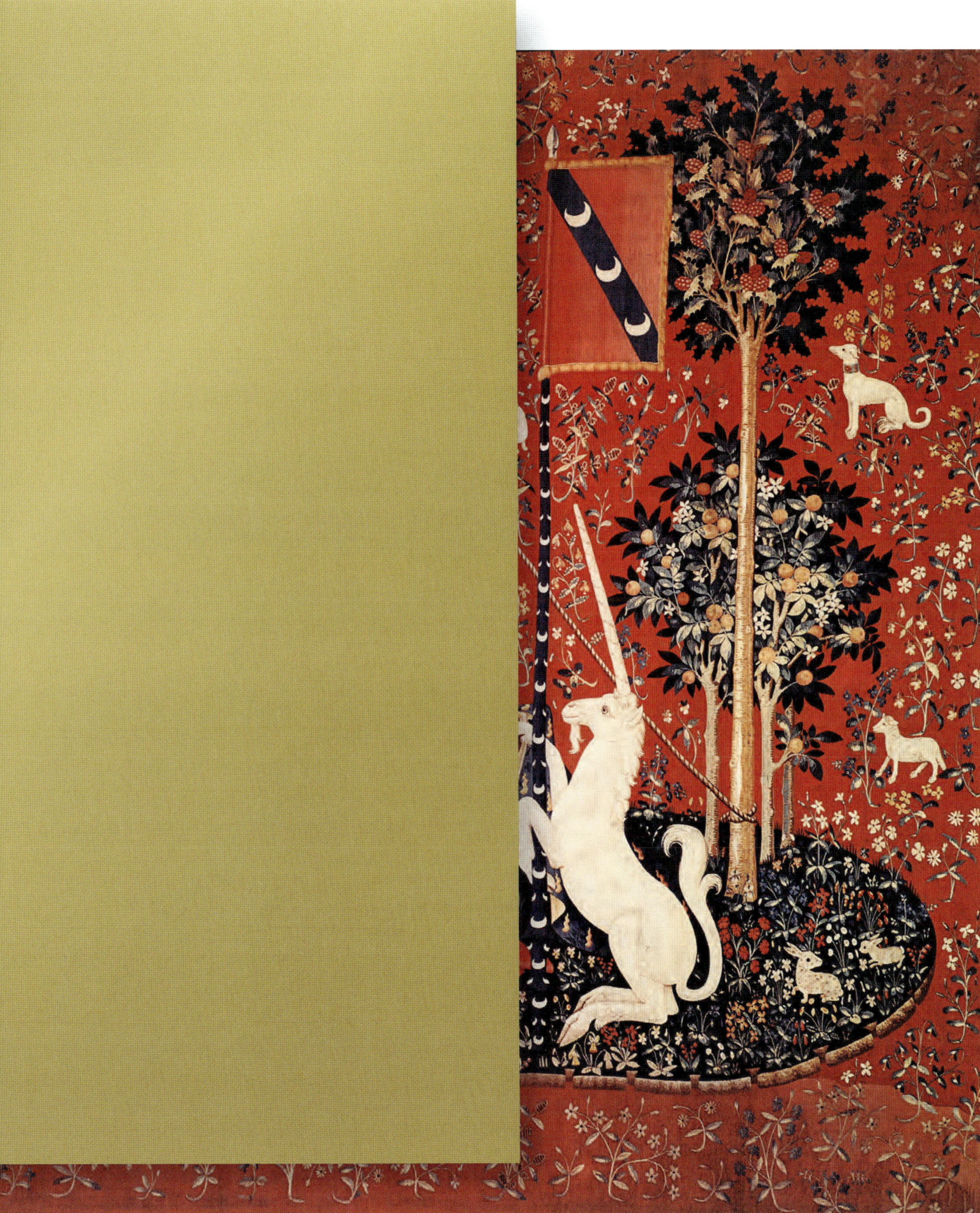

Die im 19. Jahrhundert wiederentdeckten Tapisserien der *Dame mit dem Einhorn* bleiben faszinierend und rätselhaft. Abgebildet ist eine schöne, prachtvoll gekleidete Dame, umgeben von Tieren, von denen einige aus der Fabelwelt stammen, andere wiederum sehr exotisch sind. Auch wenn sich die Fachleute über die wahrscheinlichste Bedeutung von fünf der Tapisserien einig sind, bleibt eine doch mehr als rätselhaft. Das Werk ist jedoch nur in seiner Gesamtheit von sechs Wandteppichen vollständig… es sei denn, es waren ursprünglich acht.

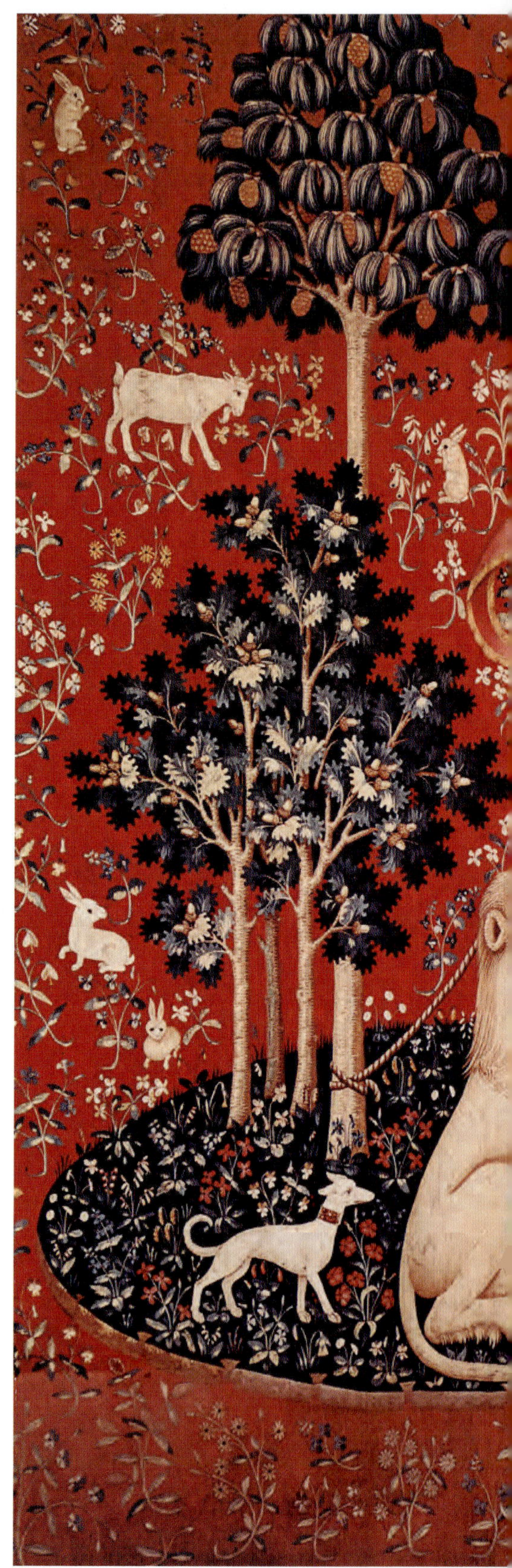

Im Jahr 1841 findet Prosper Merimée im Schloss von Boussac prachtvolle Tapisserien in ziemlich schlechtem Zustand vor. Er ist von ihrer Schönheit und Eigenartigkeit derart beeindruckt, dass er ihnen eine orientalische Aura zuschreibt, die er in einem Brief an Ludovic Vitet beschreibt: »Diese Tapisserien strahlen etwas so Einzigartiges aus, dass man vermuten kann […], dass sie für den Sohn des türkischen Sultans angefertigt wurden. Alle sechs zeigen eine sehr schöne Frau […] prächtig gekleidet und von durch und durch orientalischer Ausstrahlung.« Diese Hypothese scheint allerdings nur eine der zahlreichen Vermutungen zu sein, zu denen diese Tapisserien Anlass gaben.

Dank einer anderen Schriftstellerin wird *Die Dame mit dem Einhorn* berühmt werden: George Sand, nicht weniger beeindruckt, erwähnt sie in einem Artikel und in mehreren ihrer Romane. Diese feinsinnige Beobachterin schöpft aus ihren Erinnerungen, um die Wandteppiche so genau wie möglich zu beschreiben, spricht aber erstaunlicherweise von acht Tapisserien. Heute ist jede Spur von den beiden zusätzlichen Wandteppichen verloren gegangen. Ein Geheimnis mehr, dass die schöne Dame für sich zu behalten scheint. In prachtvolle Gewänder gekleidet widmet sie sich auf jedem der Wandbilder unterschiedlichen Tätigkeiten, die im Allgemeinen als Allegorien der fünf Sinne interpretiert werden. So hält die Dame auf dem ersten Wandteppich in der einen Hand eine Fahnenstange und berührt mit der anderen das Horn des Einhorns (Fühlen), auf dem zweiten nimmt sie ein Konfekt aus einer Schale (Schmecken), dann bindet sie einen Blumenkranz (Riechen), spielt Orgel (Hören) und lässt schließlich das Einhorn in einen Spiegel blicken (Sehen). Was aber bedeutet die sechste Tapisserie mit der Inschrift »À mon seul désir« (»Meinem einzigen Verlangen«), auf der die Schöne ein Geschmeide in eine Schmuckschatulle zu legen scheint? Einige sind der Ansicht, es handele sich um eine Anspielung auf den sechsten Sinn, den des Herzens. Mehrheitlich anerkannt ist die Idee, dass hier der Verzicht auf die materielle Welt zugunsten des spirituellen Lebens dargestellt ist. Ohne Informationen über den Auftraggeber und die Umstände der Erschaffung dieses Werkes scheint nichts die Handlungen dieser jungen Frau jemals besser erklären zu können…

ANONYM, ***Die Dame mit dem Einhorn,*** **Tapisserie »À mon seul désir«,**
um 1484–1500, 377 × 473 cm, Wolle und Seide,
Musée national du Moyen Âge, Paris

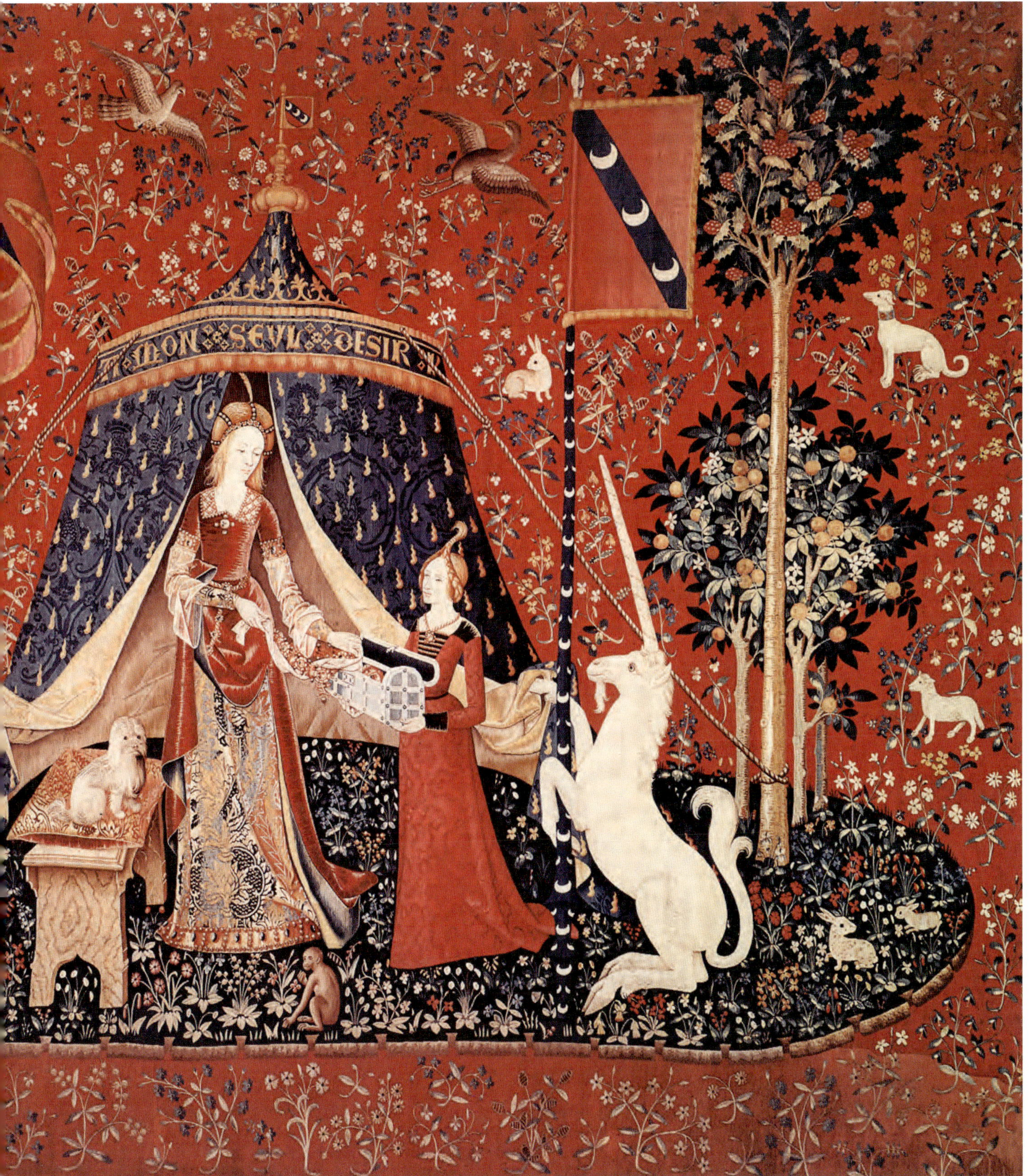

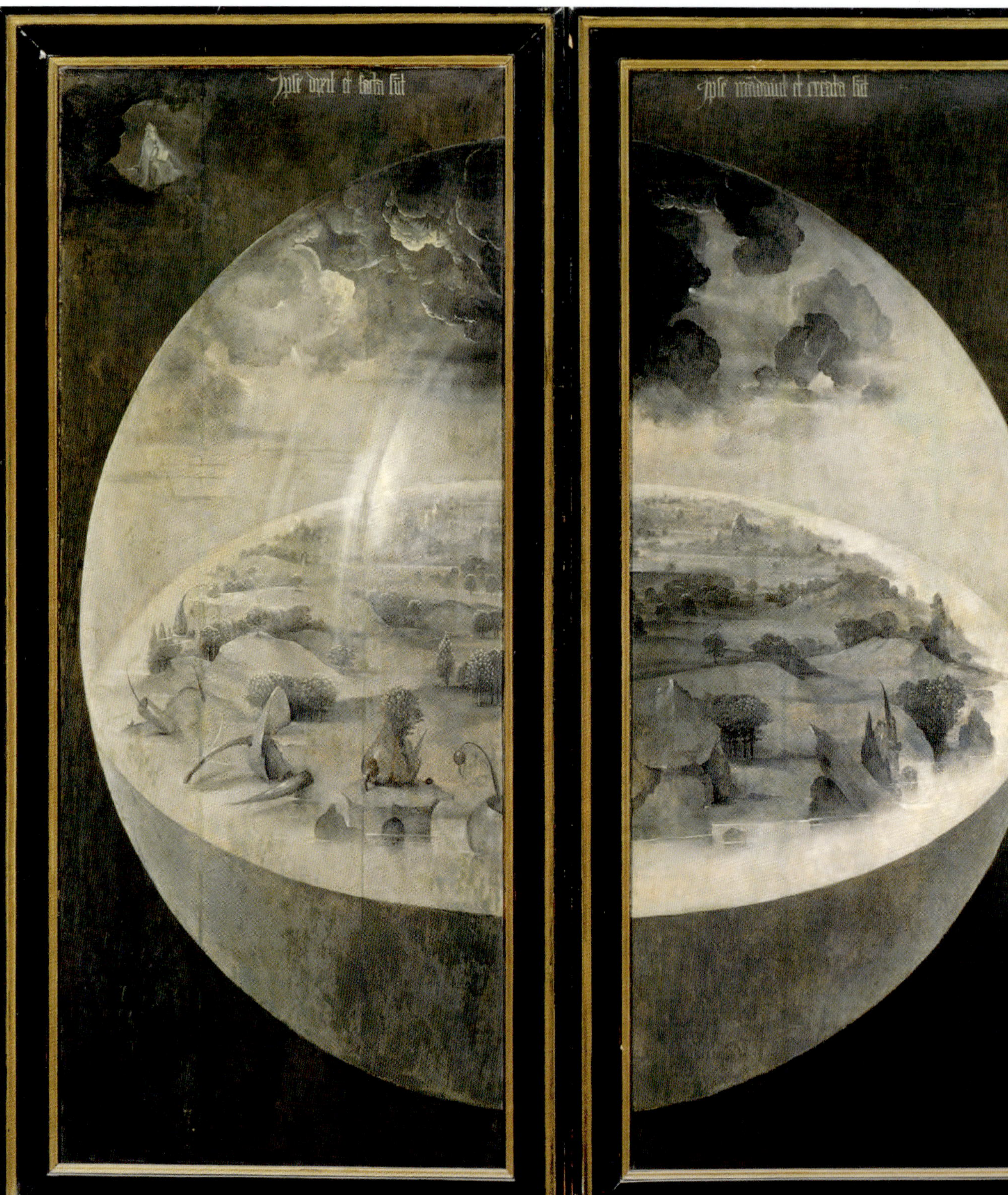

Der Garten der Lüste

VON DER LUST ZUM LASTER

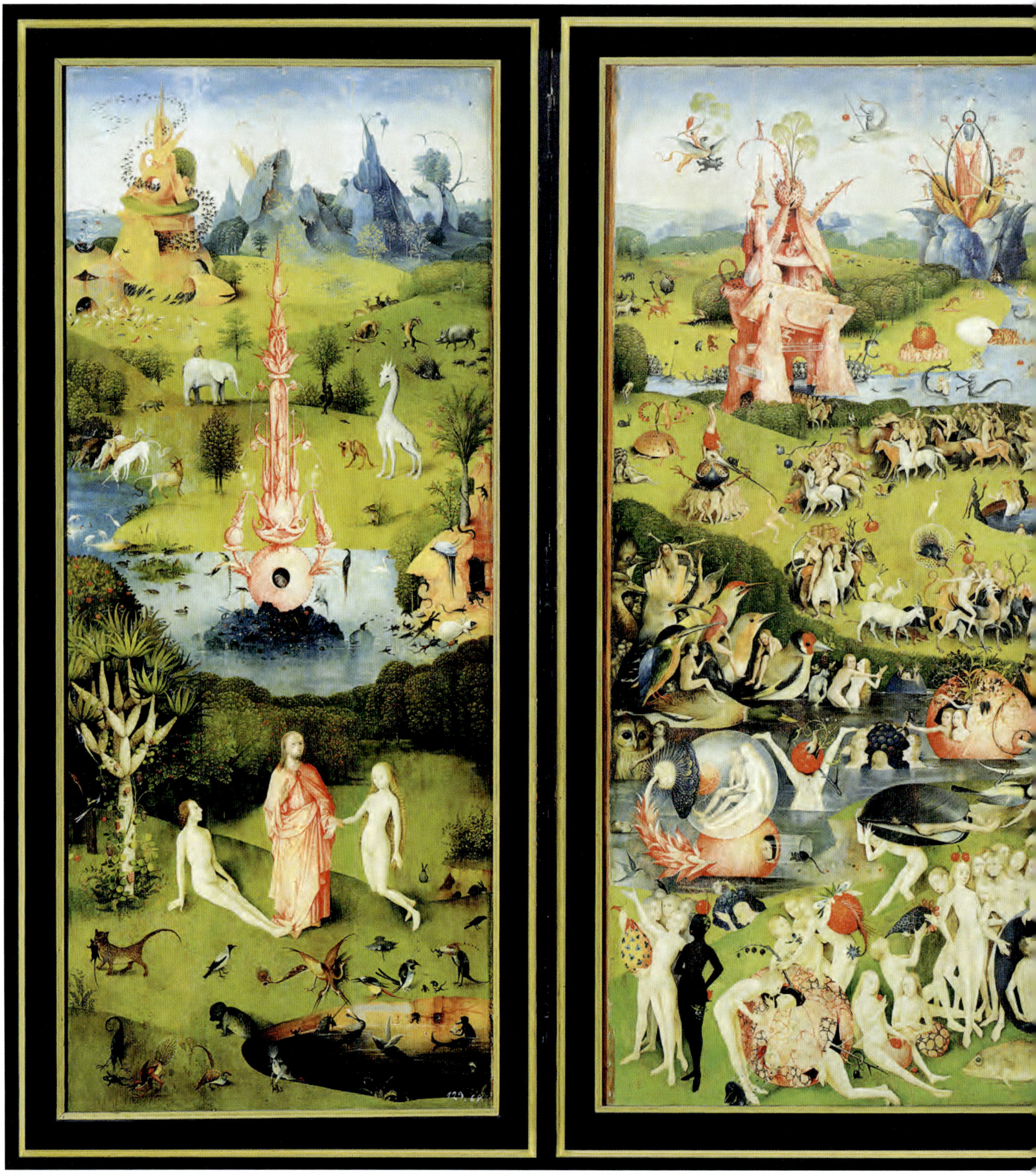

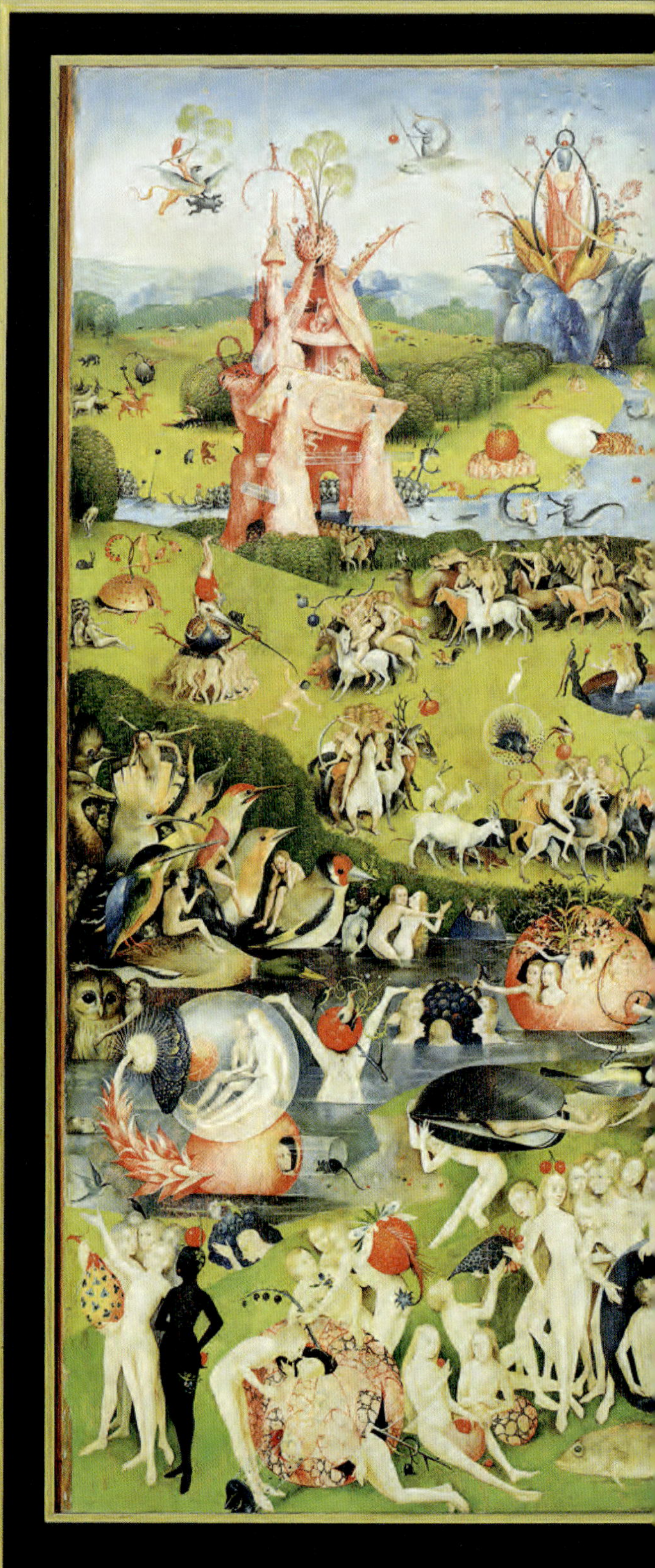

HIERONYMUS BOSCH (um 1450–1516),
Der Garten der Lüste, 1500–1505, Öl auf Holz, 220 × 389 cm,
Museo Nacional del Prado, Madrid

Seite 140: ***Der Garten der Lüste*** **(mit geschlossenen Seitenflügeln)**

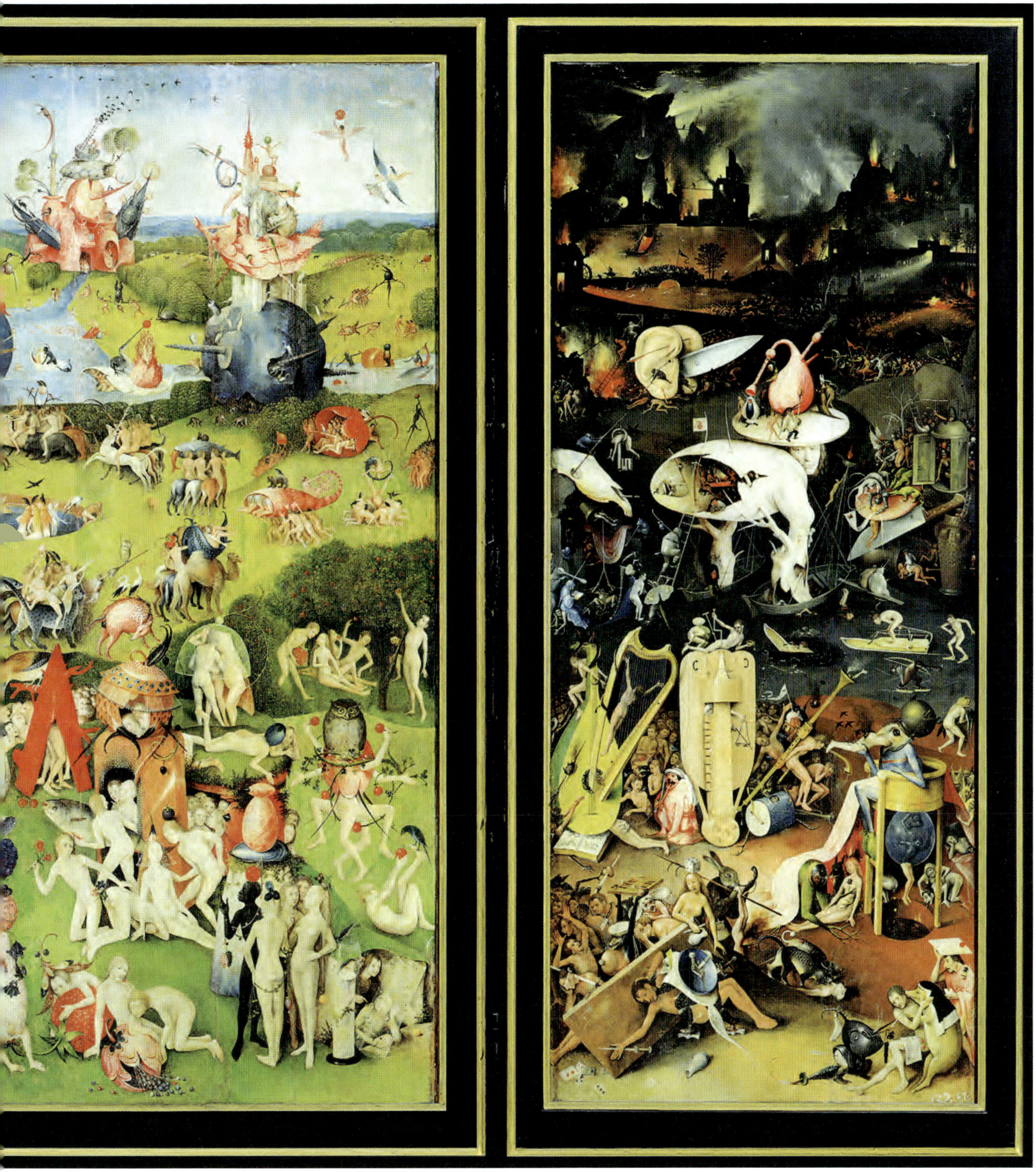

Wir wissen nicht viel über Hieronymus Bosch und sein Werk. Allein die Zuschreibung seiner Gemälde ist problematisch, weil sie unsigniert sind und häufig kopiert wurden. Sein bekanntestes Gemälde ist zweifellos *Der Garten der Lüste,* und man versteht auch, warum: Der Maler hat hier in einem atemberaubenden Triptychon Körper und mythische, monströse oder nie dagewesene Kreaturen auf uns unverständliche Weise in Szene gesetzt … Der Sinn des Ganzen? Mehrere Hypothesen sind im Umlauf, die uns allerdings alle nicht restlos überzeugen können.

Boschs Hauptinspirationsquelle ist die Bibel, und seine Gemälde verkünden immer eine gewisse Moral oder wollen belehren. Er ist, Ende des Mittelalters, wenig von der Renaissance beeinflusst und neigt eher zur Esoterik, zum Symbolismus, zur Alchimie oder Astrologie, auf die er häufig anspielt. Diese okkulten oder mysteriösen Lehren tragen ganz offensichtlich zur seltsamen und oft unverständlichen Aura seiner Werke bei.

Der Garten der Lüste macht da keine Ausnahme. Er ruft in exquisiter, aber seltsam anmutender Weise biblische Szenen wach. Die leere trostlose Landschaft auf den geschlossenen Außenflügeln scheint sich auf die Schöpfung zu beziehen, eine Interpretation, die durch die Präsenz Gottes und das Zitat aus der Schöpfungsgeschichte untermauert wird. Das geöffnete Triptychon ist von links nach rechts zu lesen: Der linke Innenflügel zeigt den Garten Eden, der rechte die Hölle.

Die Mitteltafel ist mit Vorsicht zu genießen. Sie kann als Weiterführung des Paradieses gedeutet werden, da die Personen, trotz der seltsamen Formen oder Figuren (behaarte Frauen und Fabeltiere), eine harmonische Ruhe ausstrahlen. Die Tiere sind friedfertig, die großzügige Natur bietet ihre Früchte dar und die Nacktheit scheint völlig natürlich zu sein. Die Szene enthält keinerlei Gewalt, im Gegenteil: Zahlreiche Paare geben sich der körperlichen Liebe hin, wie die beiden in der durchsichtigen Kugel oder die Paare in unwahrscheinlichen Stellungen auf der Kugel im Lebensbrunnen im Hintergrund der Szene.

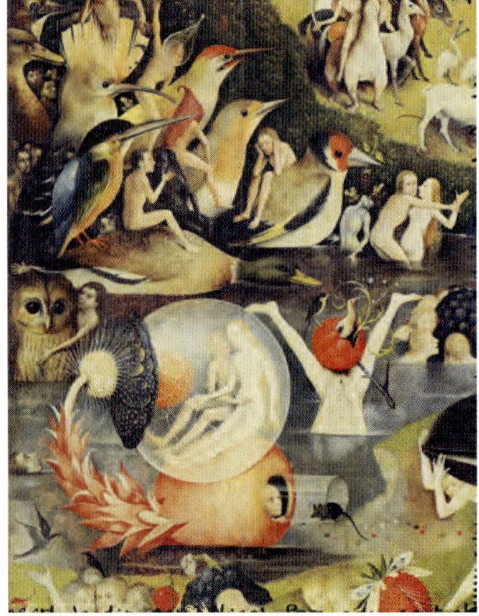

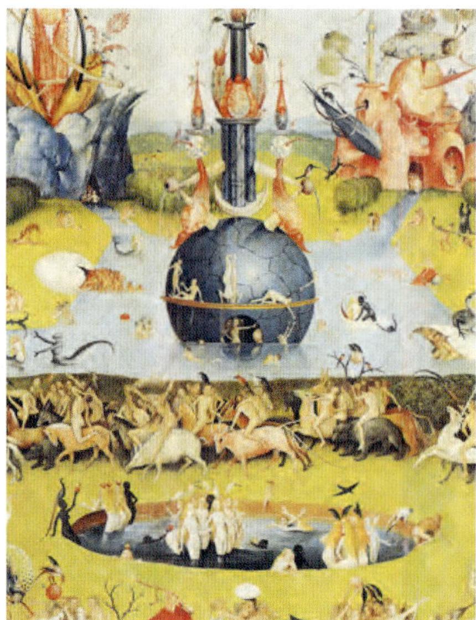

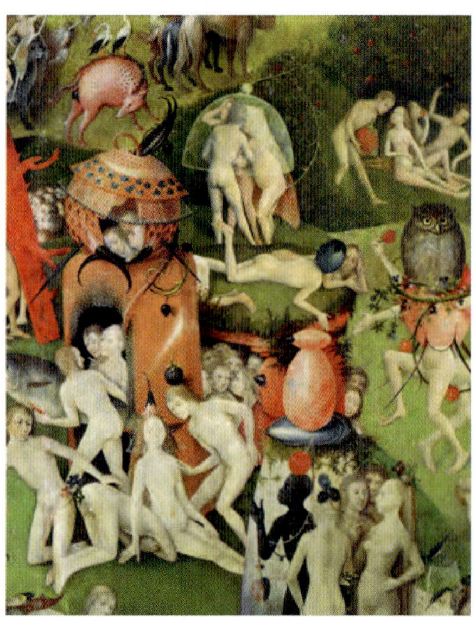

HIERONYMUS BOSCH (um 1450–1516),
Der Garten der Lüste (Details), 1500–1505,
Öl auf Holz, 220 × 389 cm, Museo Nacional del Prado, Madrid

Einhorn, Lebensbrunnen, riesige Früchte in Hülle und Fülle … all das rechtfertigt den Titel *Der Garten der Lüste.* Doch Boschs Gemälde ist verwirrend und widersprüchlich. Eine andere Interpretation beschreibt diese Szene, zweifellos aufgrund der beängstigenden Formen und Fabeltiere, als unmoralisch und ausschweifend. Für sie steht bei diesem Gemälde mit seinen nackten, verschlungenen und zu lasziven Körpern die Sünde der Wollust im Mittelpunkt. Darüber hinaus kann man die Tafel mit der Erschaffung Evas als Einführung des Bösen durch die sündhafte Frau deuten. Die durch die übergroßen Früchte verdeutlichte Völlerei und die Faulheit, dargestellt durch die träge ausgestreckten Figuren, sind ebenfalls zentrale Themen dieser Szene. Die Hölle ist nicht weit, und Bosch setzt dort meisterhaft zahlreiche Qualen in Szene, mit denen diese Sünden bestraft werden.

Die Kreatur mit Menschengesicht im Zentrum der Tafel mit der Höllendarstellung wird oft als Selbstporträt Boschs angesehen.

Wenn sich uns schon der Sinn der Gesamtszene nicht erschließt, so stehen wir bei den Details vor einem noch größeren Rätsel. Aber muss man bei einem solchen Werk wirklich jedes Detail begründen können? Kann man nicht einfach näher herantreten und die zügellose Fantasie des Malers auf sich wirken lassen? Denn genau diese Fantasie hat ihm seinen Erfolg beschert …

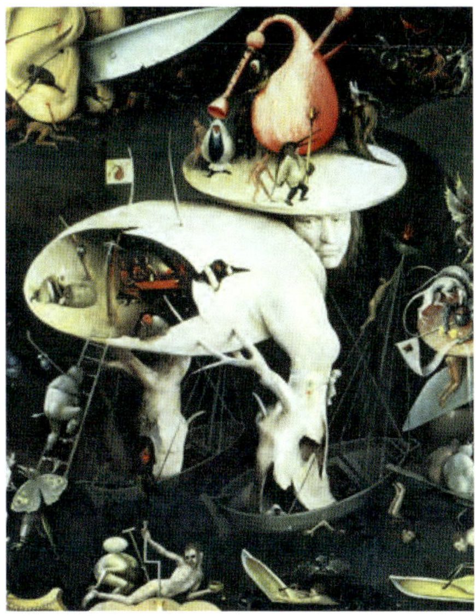

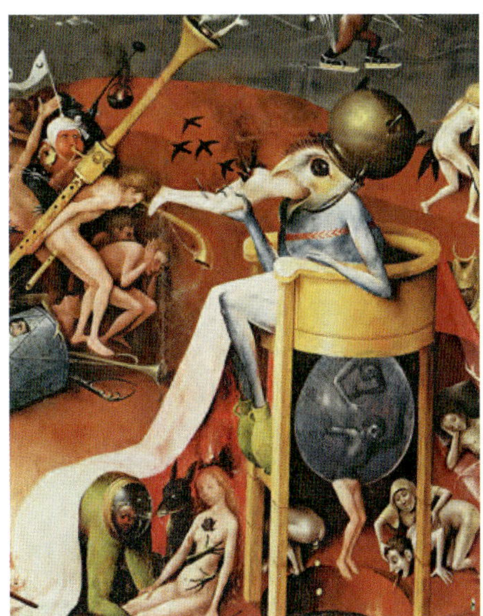

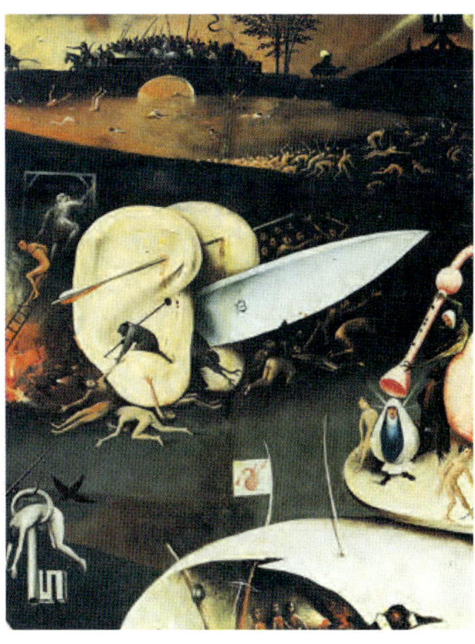

EINE FLUT VON INTER-PRETATIONEN

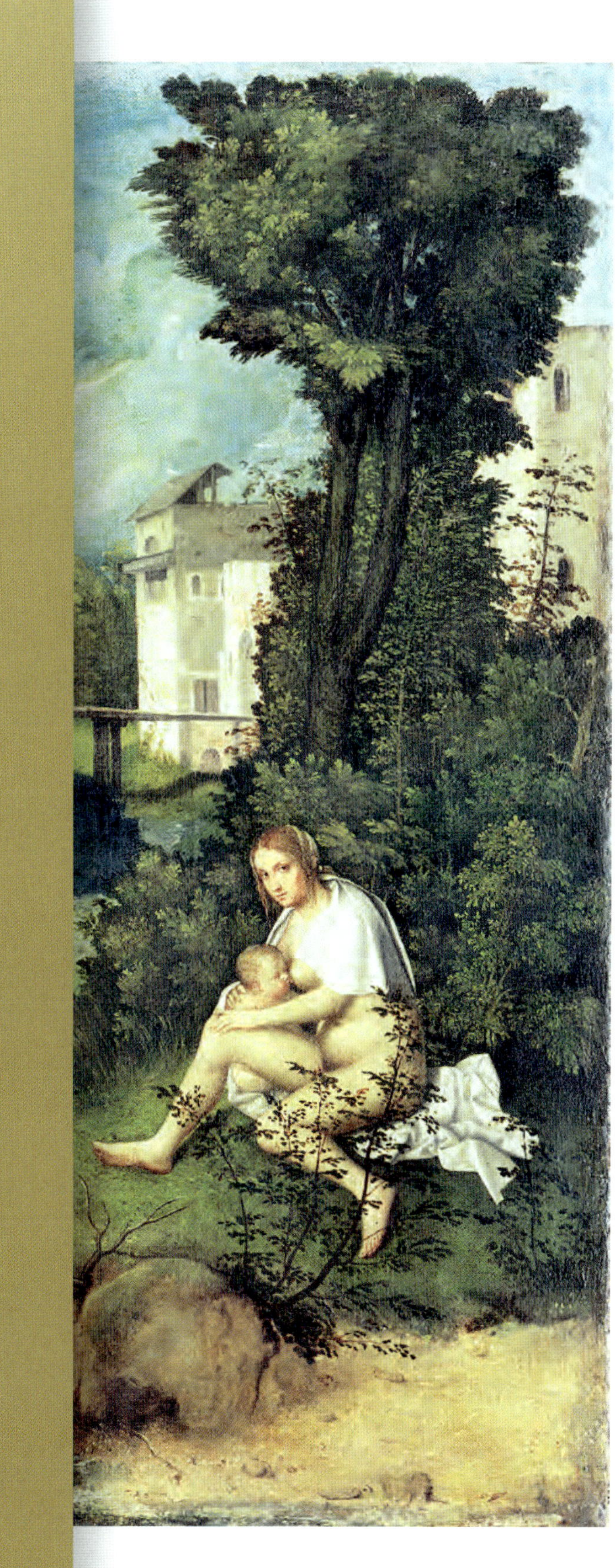

Personen, die in keiner Verbindung zueinander zu stehen scheinen, eine nackte Frau, die ein Kind stillt, das nicht auf ihrem Schoß, sondern auf dem Boden sitzt, eine Ruine, ein Blitz ... die verschiedenartigen Elemente des *Gewitters* lassen keine Deutung der Szene zu. Dennoch haben es viele versucht.

Kleine Landschaftsszene auf Leinwand mit einem Gewitter, einer Zigeunerin, einem Soldaten ...« So lautet die erste Beschreibung des Gemäldes, die wir Marcantonio Michiel, einem venezianischen Adligen und großen Kunstliebhaber, zu verdanken haben, nachdem dieser im Jahr 1530 der Sammlung Gabriele Vendramins einen Besuch abgestattet hatte. Letzterer, ein Aristokrat und Mäzen der venezianischen Maler, war vermutlich der Auftraggeber des Gemäldes. Hat er seinen Besucher zu diesem Kommentar veranlasst oder ist es nur die Vermutung eines Bewunderers, der nicht wusste, wie er die Szene beschreiben sollte?

Es ist in der Tat nicht leicht zu verstehen, was der Maler hier ausdrücken wollte. Ein Mann, sein Gesicht ist in Schatten getaucht, beobachtet eine nackte Frau. Zwar ähnelt seine Kleidung der eines Hellebardiers, es könnte sich aber auch um einen prächtig ausstaffierten Hirten oder einen jungen Adeligen handeln. Eine Untersuchung mit Röntgenstrahlen hat eine Deutung nur weiter erschwert, da sie gezeigt hat, dass die Pluderhose, die die letzte Hypothese bestätigt hätte, erst nachträglich hinzugefügt wurde.

Die Frau blickt uns eindringlich an. Was will sie uns sagen? Einige haben hier angesichts des durchdringenden Blicks des Soldaten einen Hilferuf gesehen, andere hingegen einen Vorwurf, der den Betrachter des Voyeurismus beschuldigt. Röntgenstrahlen haben die Gegenwart einer anderen, ebenfalls nackten Frau am Ufer des Flusslaufs zutage gefördert. Man weiß weder, wer sie entfernt hat, noch warum dies geschah. Giorgione selbst könnte, nachdem er begonnen hatte, die Frau auf der linken Seite zu malen, sie wieder entfernt haben, um das Gleichgewicht der Komposition zu bewahren. Weitere Elemente wie der kleine Fluss, die zerbrochenen Säulen oder der aufflammende Blitz, während Sonnenlicht den Vordergrund erhellt, bleiben ungeklärte Symbole.

Den Personen hat man immer wieder neue Identitäten verliehen. Sogar die Vermutung, es handele sich hier um Giorgione und seine Familie, wurde laut. Der Maler war allerdings nie verheiratet und hatte keine Kinder. Andere haben versucht, in der Bibel oder Mythologie eine Antwort zu finden. Auch die zeitgenössische Literatur wurde untersucht, aber keine Quelle lieferte für das gesamte Gemälde eine Erklärung. Man kann die Figuren auch als Allegorien betrachten: beispielsweise der Mut (der Soldat) mit der Güte (die stillende Frau) und dem Glück (der Säugling). Letztendlich gibt es bei einigen Werken ganz einfach keinen Sinn zu entdecken, sei es, weil der Maler eine Landschaft zeigen wollte und die Personen deshalb keine Bedeutung haben, sei es, weil er ein Rätsel schaffen wollte, wie es damals in Venedig Mode war!

GIORGIO DA CASTELFRANCO, GENANNT GIORGIONE (UM 1477–1510),
Das Gewitter, um 1505, Öl auf Leinwand, 82 × 73 cm, Gallerie dell'Accademia, Venedig

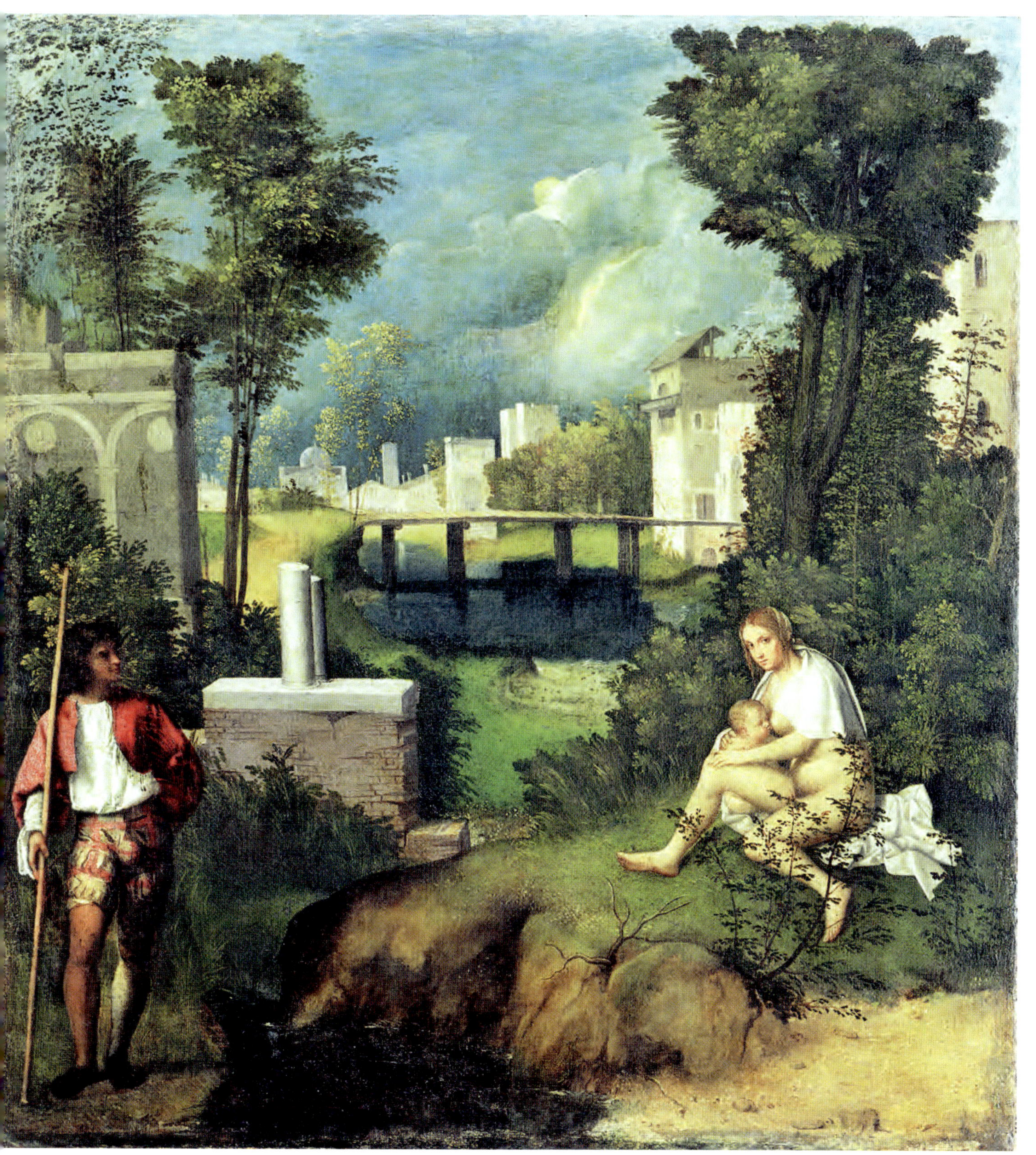

Melencolia I

AN DEN GRENZEN DER ERKENNTNIS

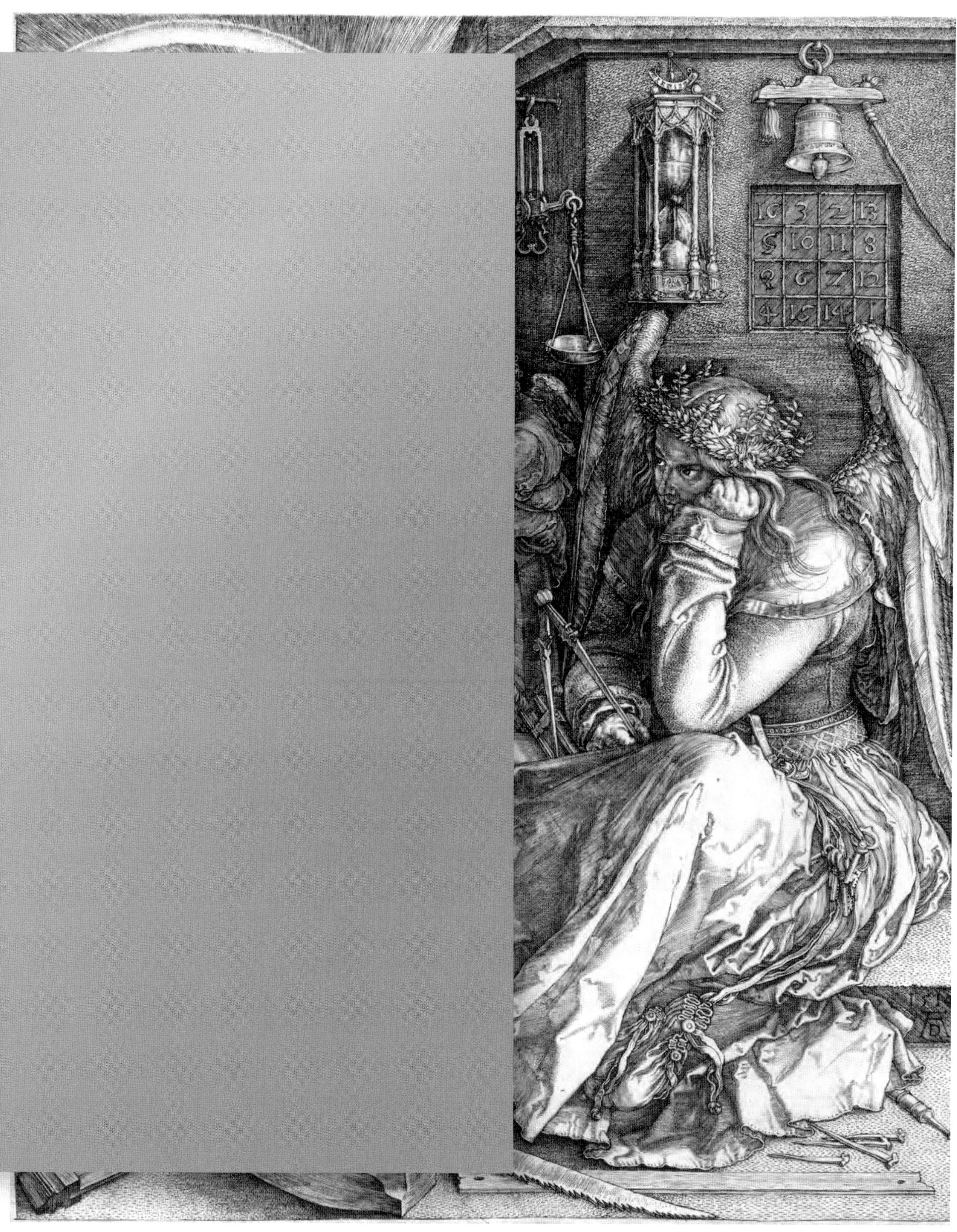
16 3 2 13
5 10 11 8
9 6 7 12
4 15 14 1

Albrecht Dürer, ein faszinierender Tausendsassa, lehnt den Status des Künstlers, wie er ihm im Mittelalter zugestanden wird, ab und sieht sich vielmehr als kultivierter Humanist der Renaissance. Er ist Maler, verschreibt sich aber auch dem Kupferstich, den er erneuert und dessen Technik er meisterhaft beherrscht. *Melencolia I* ist das berühmteste Beispiel für diese Technik: Die Feinheit und Kunstfertigkeit des Strichs vereinen sich hier sogar so stark mit einer tiefgehenden intellektuellen Recherche, dass der Sinn im Verborgenen bleibt.

Die Überfülle an Details auf diesem Stich, der nicht größer ist als ein DIN-A4-Blatt, macht jeden Versuch der Interpretation schwierig. Beherrschend ist eine engelhaft geflügelte und aufwendig gekleidete Figur mit gedankenschwerem, in die Hand gestütztem Kopf als Sinnbild für die Melancholie. Man erkennt in dieser Pose die für diese Stimmung typische Haltung. Eine Fledermaus, oben links im Bild, ein Symbol für die Melancholie, weil sie sich bevorzugt an dunklen Orten aufhält, trägt zwischen den ausgebreiteten Flügel ein Spruchband mit der Aufschrift »Melencolia I«. Die Deutung des Zeichens »I« ist problematisch: Handelt es sich um die römische Ziffer eins, die weitere Stiche zu diesem Thema vermuten ließe, oder um die Initiale eine mysteriösen Wortes? Die allegorische Figur sitzt auf einer Steinplatte vor einem Turm. Neben ihr ein schlafender Hund, zweifellos als Sinnbild für die Faulheit (eine Schwäche, die man Melancholikern vor der Renaissance vorwarf), und vor ihr verschiedene Werkzeuge zur Bearbeitung von Holz und Stein, als hätten Arbeiter sie dort liegen gelassen. Im Hintergrund ist das Meer zu erkennen, erhellt von einem Regenbogen und einem strahlenden Gestirn.

Dürer hat hier in Anlehnung an die neuplatonische Theorie die Melancholie als charakteristisches Merkmal des Genies dargestellt. Im Gegensatz zu der im Mittelalter verbreiteten Meinung wird diese Stimmung nicht mehr als unheilvoll betrachtet, weil, wie Aristoteles in seinem Werk *Metaphysik* anmerkt, alle Menschen, die sich außerhalb der Norm in den Bereichen der Kunst und der Politik bewegen, Melancholiker sind.

Die Figur ist von Gegenständen umgeben, die auf das Wissen Bezug nehmen: Buch, Tintenfass, Kompass, magisches Quadrat, Polyeder aus Stein, Sanduhr und Waage … Sie symbolisieren die Kultur und vor allem die Geometrie, die als Mutter der Mathematik (zu der auch die Malerei und die Architektur gehören) betrachtet wird. So wird die Figur auch als Allegorie der Geometrie, ja sogar der Astronomie (der edelsten der sieben freien Künste) gedeutet, die traditionell geflügelt dargestellt wird.

Für den Kunsthistoriker Erwin Panofsky ist die Figur eine spirituelle Selbstdarstellung Dürers, der auf der Suche nach der Perfektion an die Grenzen der Kunst und der Wissenschaft stieß, daher die Melancholie. Bekannt für seine unglaubliche Serie von gemalten Selbstporträts, die sich über Jahre hinzieht, wäre es nicht verwunderlich, wenn der Künstler in diesem Stich mehr darauf abgezielt hätte, seinen Geist als seine Gesichtszüge darzustellen.

ALBRECHT DÜRER (1471–1528),
Melencolia I, 1514, Kupferstich, 23,9 x 16,8 cm,
Staatliche Museen zu Berlin, Kupferstichkabinett

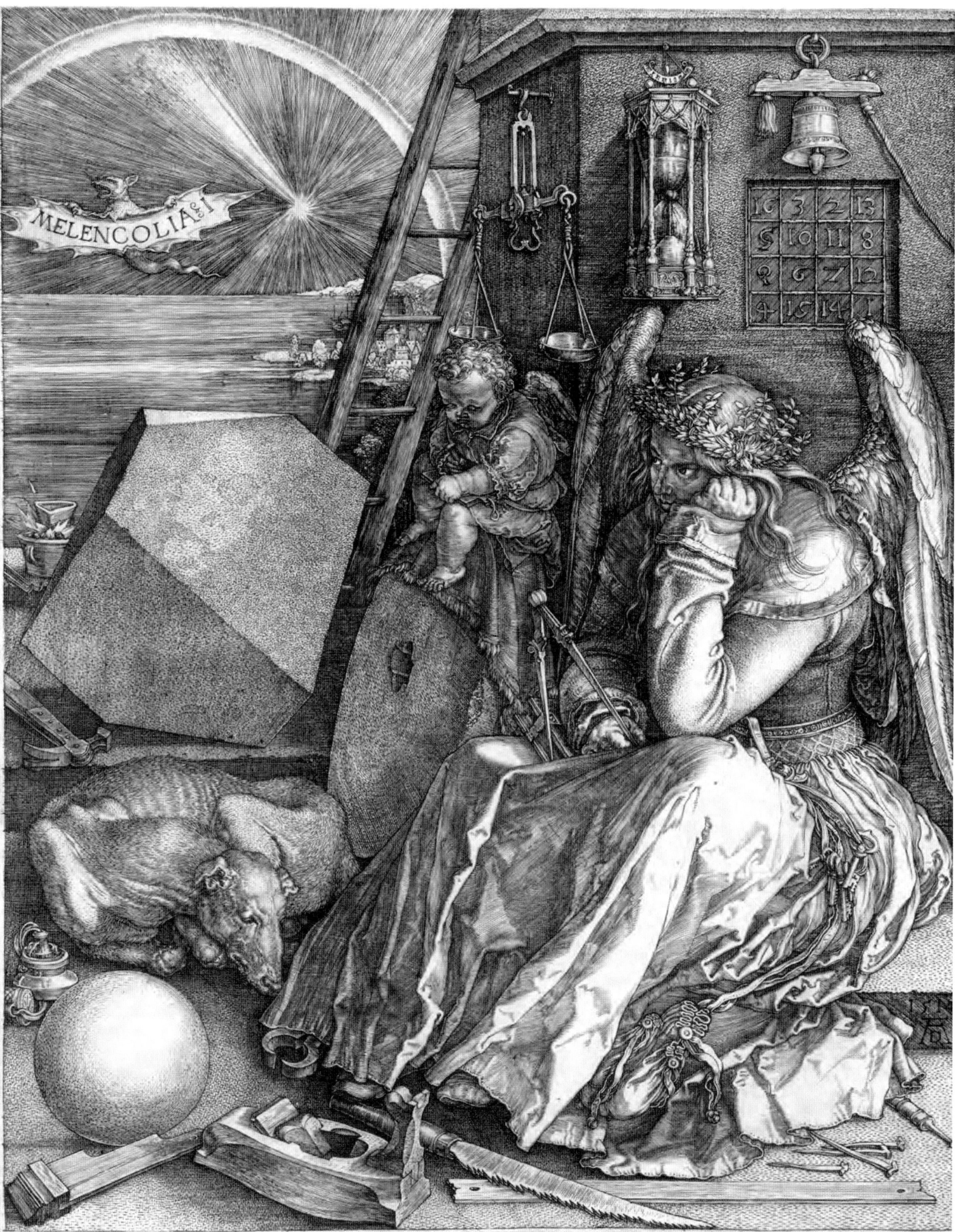
MELENCOLIA I
16 3 2 13
5 10 11 8
9 6 7 12
4 15 14 1

ACHTUNG, LIEBE KANN SCHÄDLICH SEIN!

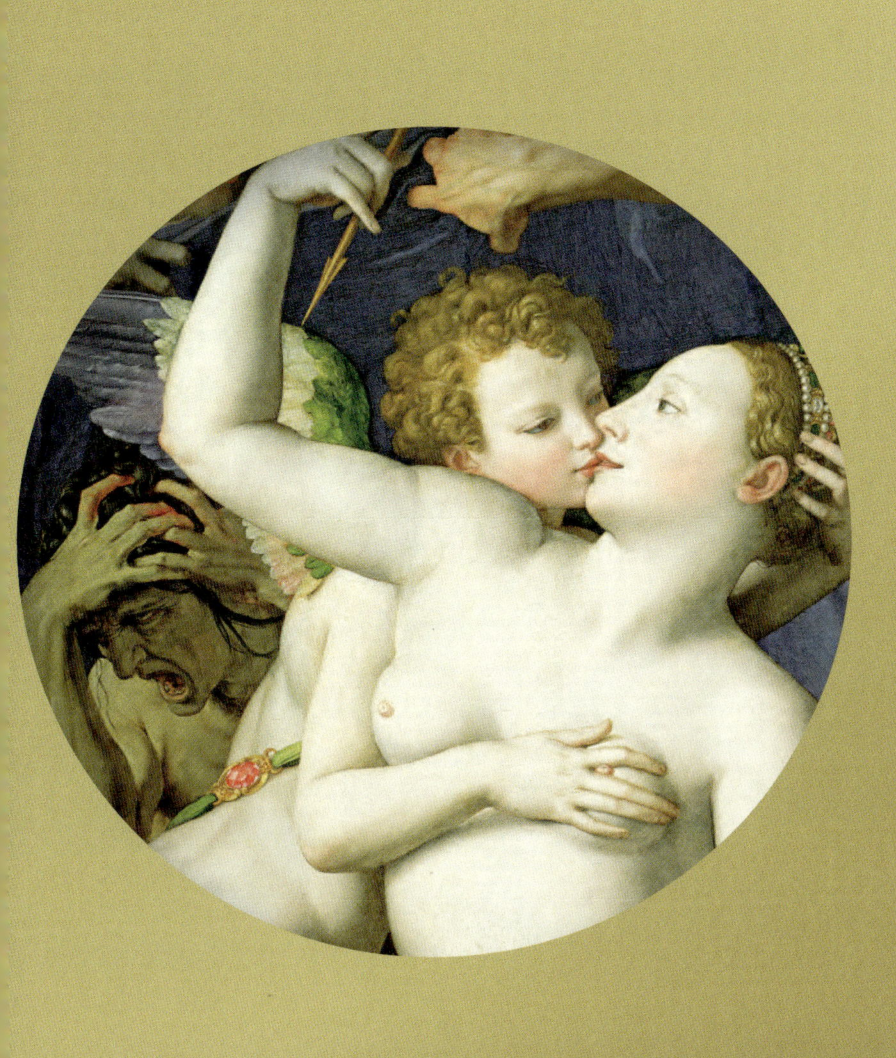

Dieses Gemälde wurde dem französischen König Franz I. von Cosimo de Medici als diplomatisches Geschenk übersandt. Es zeichnet sich durch zahlreiche Vorzüge aus, die den König sicherlich erfreut haben. Letzterer schätzt die italienische Kunst, liebt Rätsel und ist weithin für seinen sexuellen Appetit bekannt. Er kann also diese unkeusche Umarmung genussvoll betrachten und gleichzeitig versuchen, die vielen Bedeutungen zu entziffern, die Bronzino, gebildeter Poet und Maler, darin unterzubringen verstand.

Dieses höchst erotische Gemälde war nur für den Privatgebrauch des Königs bestimmt: Es wird weder in den Archiven der Krone noch in den königlichen Sammlungen erwähnt. Die Komposition lädt dazu ein, das Bild alleine zu genießen, als wäre der Betrachter der privilegierte Zeuge einer geheimen Szene. Die drapierten Laken auf dem Boden und im Hintergrund rufen in Erinnerung, dass diese Umarmung verhüllt sein müsste und nicht dem Blick preisgegeben. Die Zeit – erkennbar an der Sanduhr, den Flügeln und dem Kopf eines alten Mannes – und eine weitere Figur sind mit ihrer zweideutigen Art, das Laken zu halten, ebenfalls ein Zeichen für die zweifellos vom Maler beabsichtigte Ambiguität. Enthüllen sie die Szene oder versuchen sie, sie schamhaft zu verschleiern?

Keine Frage, die Darstellung ist überaus lasziv: Das Geschlecht der Venus und das Gesäß Amors sind in keiner Weise verhüllt; bei ihrem Kuss ist die Zunge der Venus zu erkennen, während der Knabe den Blick auf ihre Brust lenkt. Erinnern wir uns daran, dass diese beiden, selbst wenn sie als Allegorien verstanden werden können, in der Mythologie Mutter und Sohn sind.

Das Gemälde ist jedoch nicht nur eine Glorifizierung der Liebe, sondern warnt auch vor deren Gefahren. Hinter dem kleinen Engel zum Beispiel erkennt man ein Mädchen mit klaren Gesichtszügen und einer Honigwabe (dem Symbol für die Freuden der Liebe) in der Hand, das aber mit dem Körper eines monströsen Tieres ausgestattet ist und in der anderen Hand einen Stachel hält. Darüber hinaus sind die rechte und die linke Hand seltsam verdreht, als solle dadurch die Hinterlist noch unterstrichen werden! Die Masken auf dem Boden und die wie ein lebendiges Gesicht erscheinende Maske oben links symbolisieren ebenfalls die Hinterlist und die Gefahren des äußeren Scheins. Die sich vor Verzweiflung die Haare raufende Figur links kann als Allegorie der Eifersucht gesehen werden oder als Symbol der Syphilis, einer damals wütenden, sexuell übertragbaren Krankheit. Noch subtiler: Der Engel mit den Rosen läuft auf Dornen, die von den Blütenstielen abgefallen sind, ein Blutstropfen perlt über seinen Fuß … Das sind die Dornenfallen der Liebe.

Venus mit dem Pfeil in der Hand ist die gängige Darstellung der Amor entwaffnenden Schönheit. Gleichzeitig aber scheint sie mit dem Pfeil auf das vorgestreckte Gesäß des Jünglings zu zielen, über das der Köcher hinausragt. Das Ganze kann als Anspielung auf Analverkehr interpretiert werden, ebenso wie das weibliche Gesicht und der biegsame und androgyne Körper Amors als Anspielung auf Homosexualität gedeutet werden können.

Unendlich viele Interpretationen dieses Gemäldes scheinen möglich zu sein, da jede Figur mehrere Bedeutungen haben kann. Eine gute Interpretation sollte auf jeden Fall aufzeigen, dass die Mehrdeutigkeit gewollt ist und die zahlreichen Anspielungen vom Maler beabsichtigt sind.

AGNOLO TORI, GENANNT BRONZINO (1503–1572),
Allegorie der Liebe, um 1545,
Öl auf Holz, 146,1 × 116,2 cm, National Gallery, London

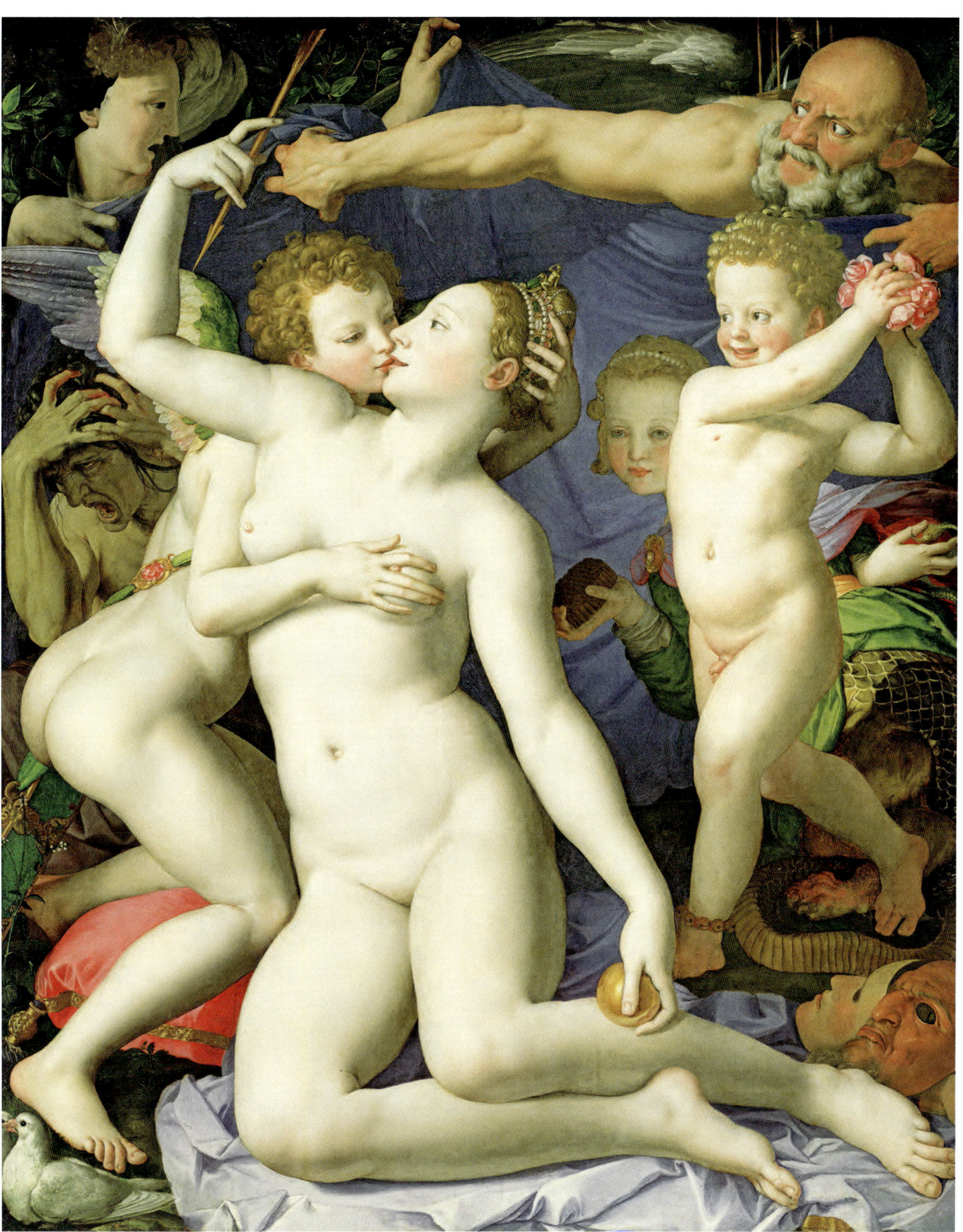

Vulkan überrascht Venus und Mars

EINE FRAU, EIN BETROGENER EHEMANN UND EIN LIEBHABER UNTER DEM TISCH

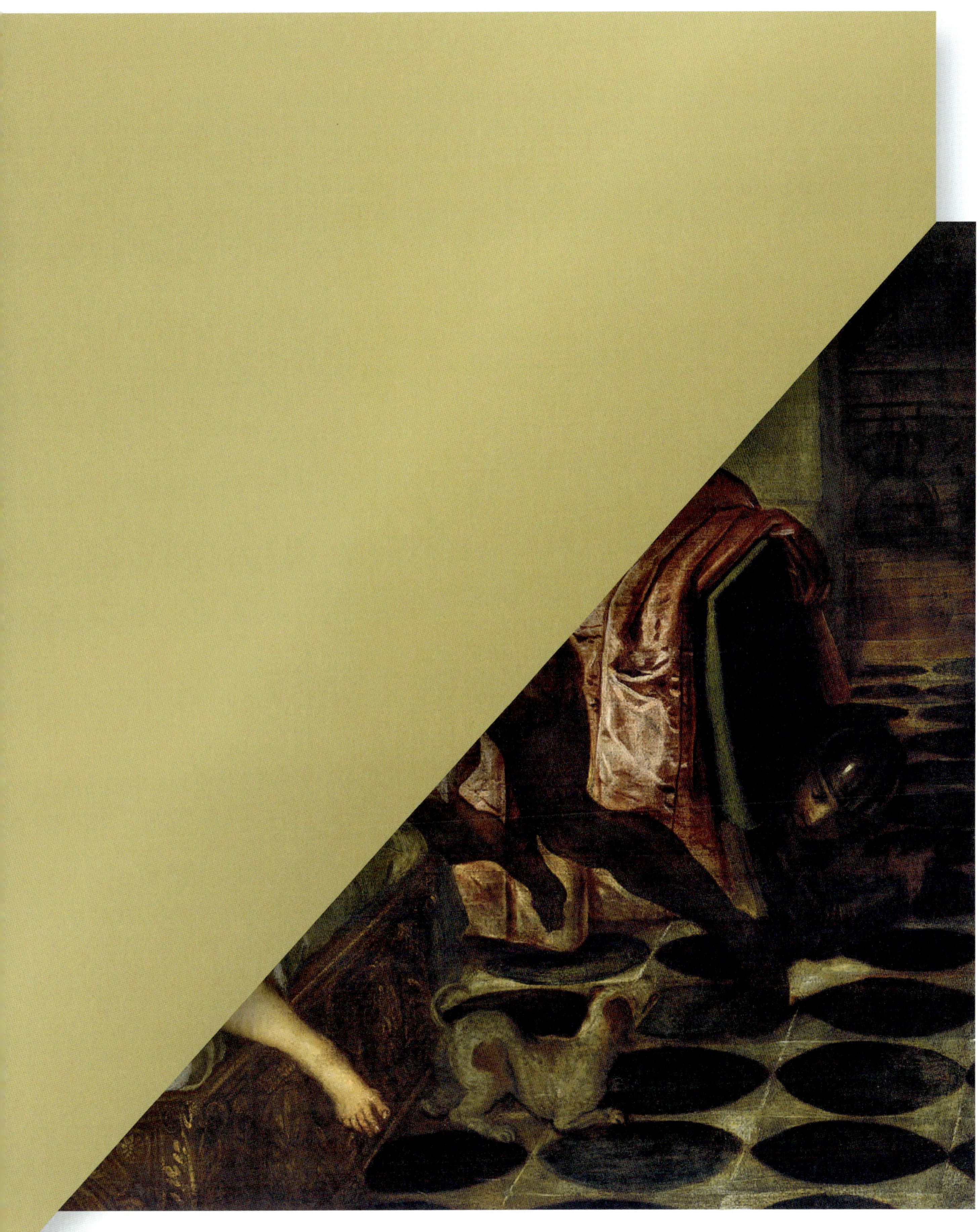

Die Liebe zwischen Mars und Venus war zwar häufig Thema von Gemälden, wurde aber nie auf diese Weise dargestellt. Tintoretto, der ebenso bewundert wie von konservativen Religionsvertretern als Provokateur angeprangert wurde, verbirgt schelmische Anspielungen in seinem Gemälde, um uns eine wenig moralische Geschichte zu erzählen, die der Komik nicht entbehrt. Der Spiegel ist, wieder einmal, der Schlüssel zum Ausgang der Geschichte.

Alle Welt weiß, dass Venus, diese wunderbare Göttin der Liebe, in ihrer Ehe unglücklich ist: Sie wurde gegen ihren Willen mit dem hässlichsten Gott vermählt, einem altem hinkenden Schmied namens Vulkan. Das hindert die Schöne allerdings nicht daran, in den starken Armen des Kriegsgottes Mars Trost zu suchen. Eines schönen Tages jedoch überrascht der betrogene Ehemann die Liebenden, fängt sie mit einem unsichtbaren Netz ein und führt sie so, nackt und erniedrigt, den anderen Göttern vor. Tintoretto befasst sich hier mit diesem griechisch-römischen Mythos, stellt ihn aber in einem ganz anderen Licht dar: ohne Netz und auf, gelinde gesagt, so ungewöhnliche Weise, dass die Szene mehr einem Boulevardstück als einem Mythos ähnelt. Dem misstrauischen Vulkan gelingt es nicht, Mars zu entdecken, der dieses Mal zweifellos ungesehen entkommen kann. Mars, als lächerliche Figur unter dem Tisch versteckt, beobachtet den bellenden Hund in der Hoffnung, nicht entdeckt zu werden. Warum ist Vulkan durch das Gebell nicht alarmiert? Dem Kunsthistoriker Daniel Arasse zufolge ist der Ehemann so fasziniert, dass er darüber seinen Verdacht vergisst. Er hat das Tuch über dem Geschlecht seiner Frau angehoben, um sie zu überführen, kann dann aber seinen Blick nicht mehr von ihr abwenden. Was wird geschehen? Wird Mars entdeckt? Kann Vulkan sich rächen? All das erfahren wir in der nächsten Geschichte, die sich … im Spiegel abspielt!

Die Szene im Spiegel ist in der Tat eine völlig andere als die im Vordergrund abgebildete: die Position des Ehemannes hat sich verändert; er hat sich jetzt auf allen vieren auf dem Bett niedergelassen. Der Spiegel zeigt die nahe Zukunft. Vulkan kann Venus nicht länger widerstehen und macht sich bereit, sie zu besitzen. Man vermutet, er habe, den Reizen der Göttin der Schönheit erlegen, Mars nicht bemerkt, der vollkommen unbehelligt fliehen konnte. Kein anderer Maler hat diese Szene so humorvoll dargestellt. Man kann die Darstellung als Kritik an einer arrangierten und unpassenden Hochzeit deuten, die die Eheleute zu Ausschweifungen verleitet, als an Frauen gerichtete Warnung vor den Reizen des weiblichen Geschlechts oder ganz einfach als komische Geschichte, die vielleicht die Wände des Boudoirs einer venezianischen Kurtisane schmückte!

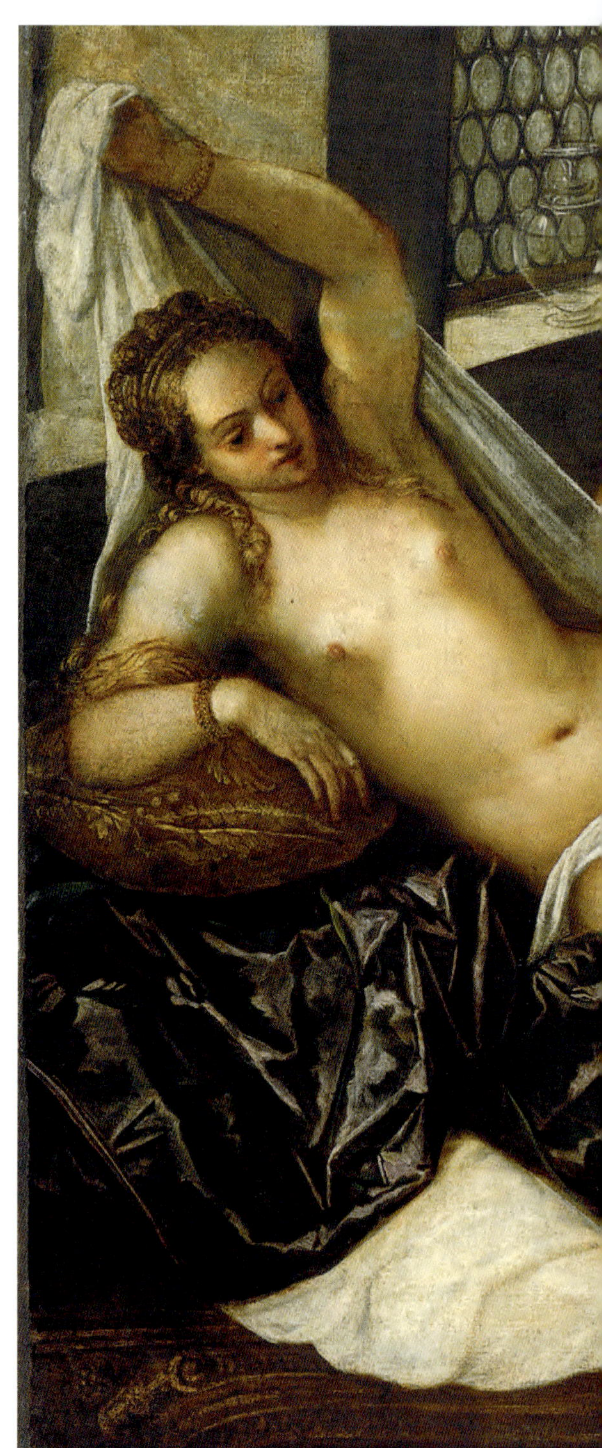

JACOPO ROBUSTI, GENANNT TINTORETTO (1518–1594),
Vulkan überrascht Venus und Mars, um 1555,
Öl auf Leinwand, 135 × 198 cm, Alte Pinakothek, München

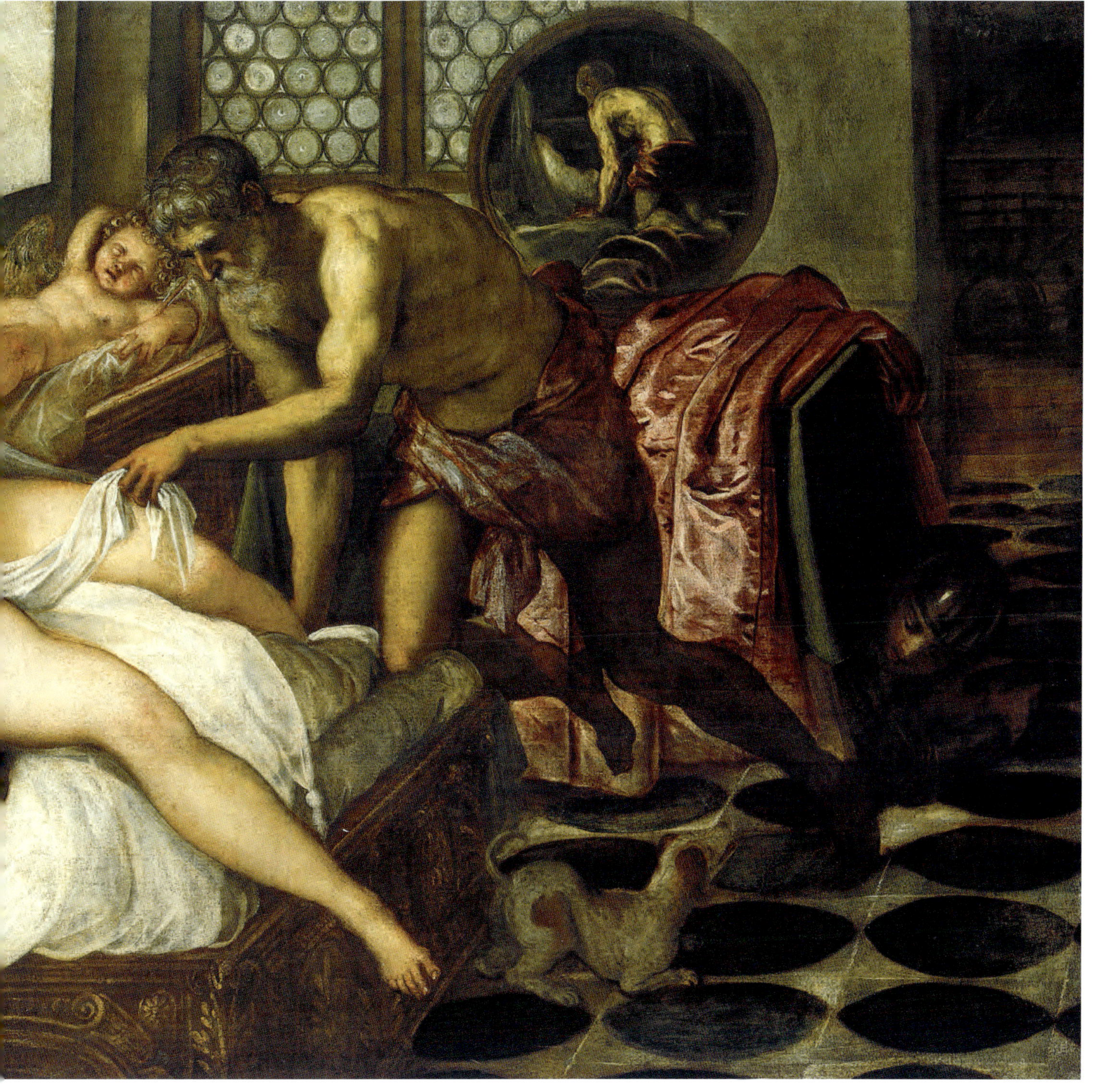

DER VERBORGENE SCHATZ DES NICOLAS POUSSIN

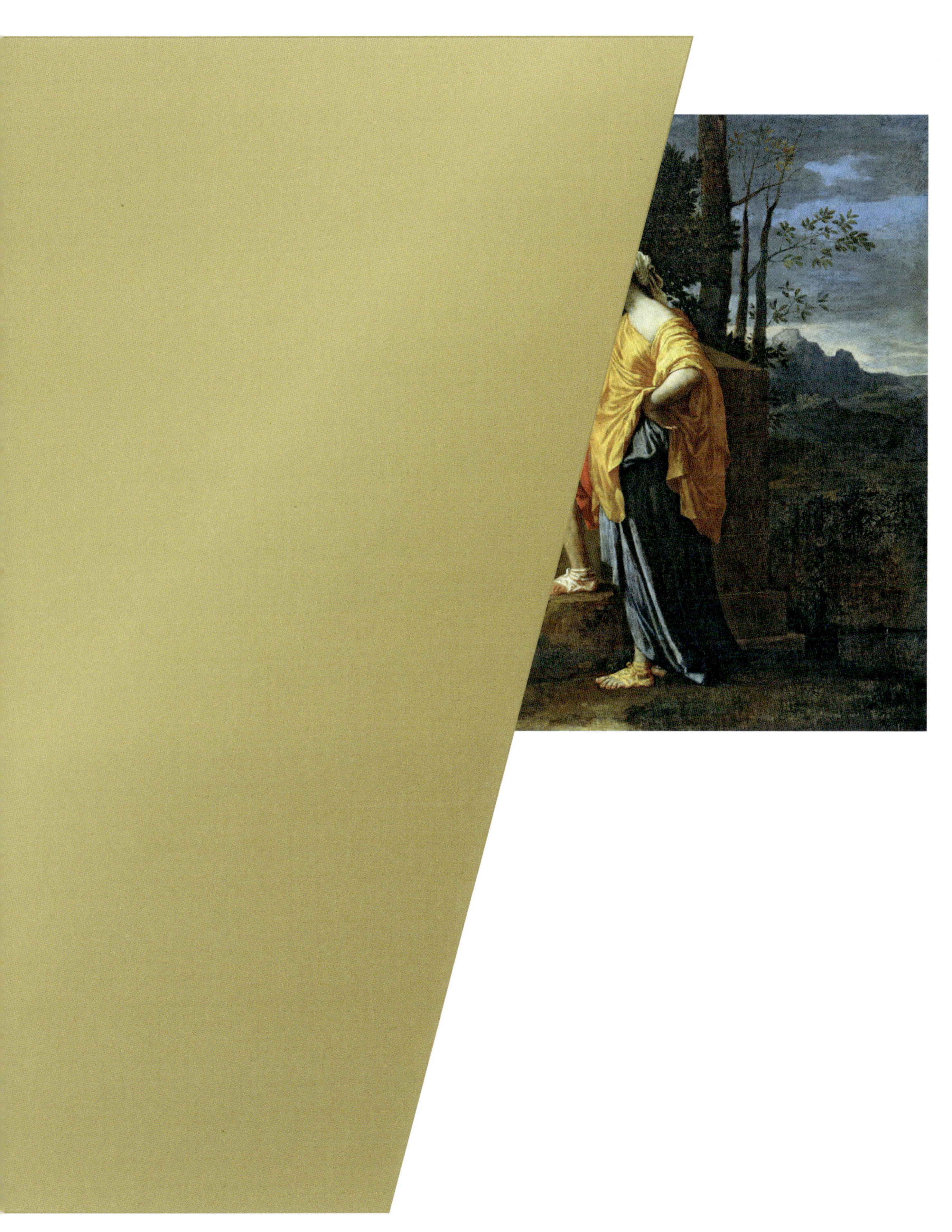

In der griechischen Mythologie ist Arkadien eine idyllische Region, in der die Götter und fröhliche Hirten im Einklang mit der Natur leben. Ein Thema, dass bis ins 19. Jahrhundert bei Malern und Dichtern sehr beliebt war. Nicolas Poussin allerdings hat seiner Darstellung dieses Sujets eine obskure lateinische Inschrift hinzugefügt, die bis heute Anlass zu unzähligen Interpretationen gibt …

D*ie Hirten von Arkadien* werden auch deshalb so eingehend analysiert und kommentiert, weil Poussin zehn Jahre vor der berühmten Version im Louvre ein anderes Bild mit demselben Titel gemalt hat. Auf dem ersten Gemälde sieht man vier Hirten bei der Entzifferung einer in einen Grabstein gemeißelten Schrift. In der späteren, bekannteren Version malt Poussin die gleiche Szene, aber mit klar erkennbaren Unterschieden. Die gleichen Figuren sind abgebildet, aber die Männer wenden uns jetzt nicht mehr nur ihren Rücken zu. Anstatt über ihre Entdeckung entsetzt zu sein, scheinen sie über den Sinn nachzudenken, den dieses Grabmal haben könnte. Hier ist nicht die Inschrift das zentrale Thema des Gemäldes, sondern die Hirten, das Grab und die Szenerie stehen im Mittelpunkt. Die Inschrift wird in einer wohlkomponierten und sorgfältig studierten Landschaft, nicht vor einem unbedeutenden Hintergrund inszeniert. Wozu all diese Veränderungen? Wie soll man auf dieses neue Werk reagieren? Die Hirtin rechts im Bild zeigt uns, wie wir uns verhalten sollen: Wir sollen, genau wie sie, über diese Inschrift nachdenken und das Gemälde nicht wie ein unbeteiligter Betrachter sehen. Ein Hinweis, der aus der ersten Version nicht ersichtlich wird.

Die Fachleute sind sich heute über die Bedeutung der Inschrift »Et in Arcadia ego« auf dem Grabstein einig: »Auch in Arkadien bin ich (der Tod).« Der Tod ist also selbst in Arkadien, diesem herrlichen Landstrich der Nymphen und glücklichen Hirten allgegenwärtig, wodurch die Freude der Menschen flüchtig und zwecklos wird. Poussin erinnert uns daran, dass niemand dem Tod entkommen kann.

Ist in diesem Gemälde dann nichts weiter als ein Memento mori zu sehen? Experten und Idealisten haben sich mit diesem mehrdeutigen Werk befasst und eine Vielzahl von Hypothesen dazu aufgestellt. Nach dem Motto »Wer suchet, der findet« glauben einige, in den *Hirten von Arkadien* den Schlüssel zur Legende um Rennes-le-Château gefunden zu haben. Man vermutet, der über Nacht reich gewordene Abt dieses kleinen Dorfes, Bérenger Saunière, habe Anfang des 20. Jahrhundert einen Schatz gefunden und versteckt. Da Saunière sich eine Kopie des Bildes aus dem Louvre beschafft hatte, wurde die Verbindung zwischen dem vermeintlichen Schatz und dem Gemälde Poussins hergestellt. Der Schriftsteller Ollivier Ruca ist unlängst sogar noch weiter gegangen, indem er das Gemälde mit einer topografischen Karte verglichen hat. Er behauptet, die ländliche Szenerie auf diesem Bild sei vom Schloss von Puivert im Departement Aude aus gemalt worden.

Bis der Schatz des François Bérenger Saunière wiedergefunden ist, bemühen sich andere Poussin-Forscher, in dem Gemälde einen verborgenen Sinn zu entdecken: Trompe-l'œil-Konstellationen in der Silhouette der Figuren, verborgene Pentagramme der Freimaurer, Anagramme, die darauf hinweisen, es handele sich um das Grab Jesu und so weiter. Keine dieser Theorien findet allerdings allgemeine Zustimmung. Ist nicht das einzige Geheimnis, das Poussin uns klar erkennen lassen wollte, das Mysterium des Todes?

Das Bild hing jedenfalls ausgerechnet in dem Zimmer an der Wand, in dem Ludwig XIV. starb. Vielleicht war es ihm vergönnt, das Rätsel zu lösen, als er seinen letzten Atemzug tat…

NICOLAS POUSSIN (1594–1665),
***Die Hirten von Arkadien,* auch *Et in Arcadia ego* genannt,**
um 1638–1640, Öl auf Leinwand, 85 × 121 cm, Musée du Louvre, Paris

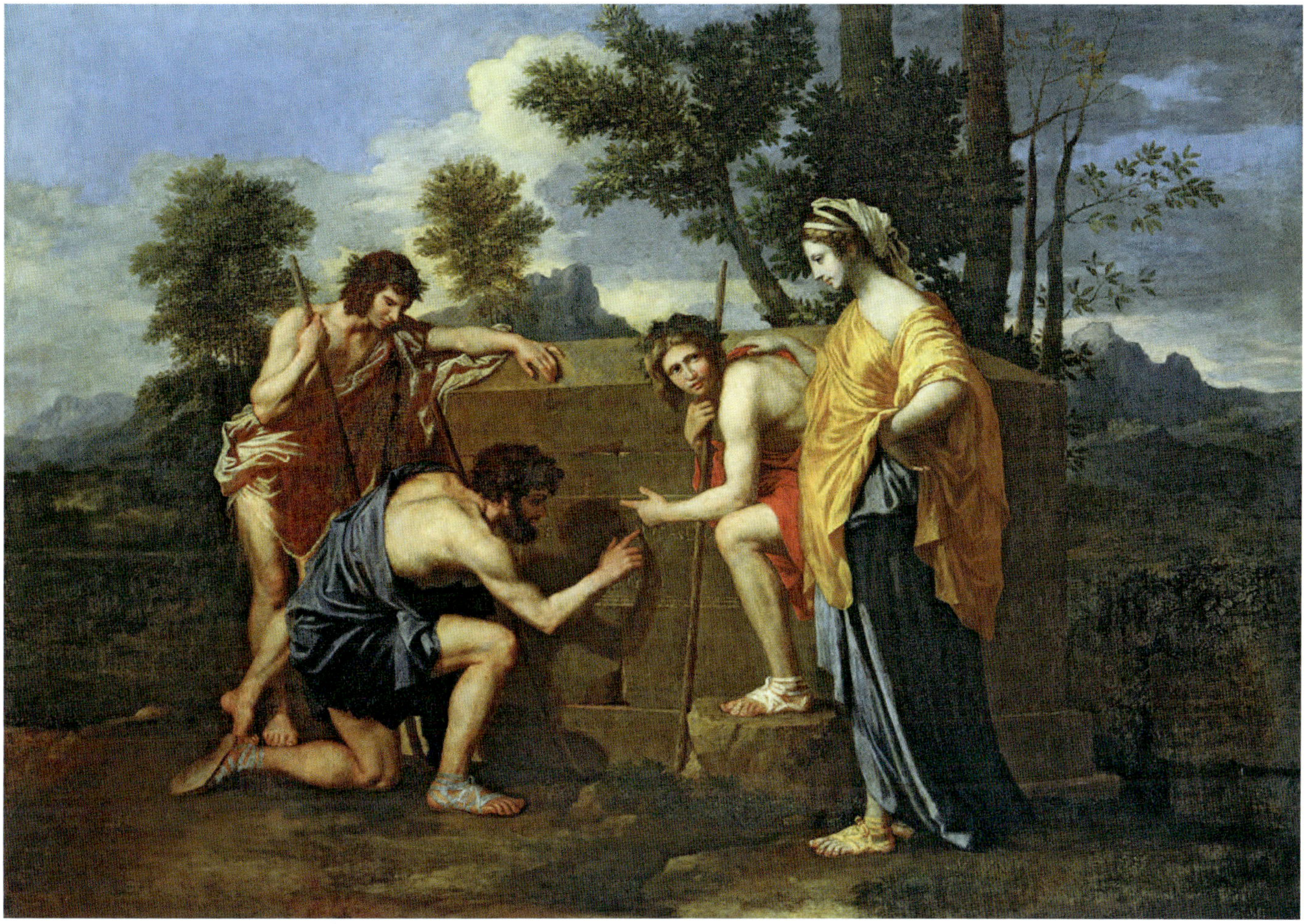

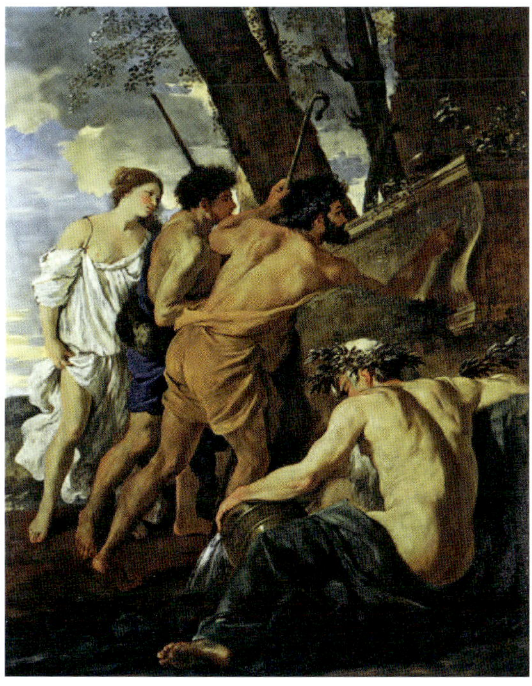

NICOLAS POUSSIN,
Die Hirten von Arkadien, um 1628–1630,
Öl auf Leinwand, 101 × 82 cm,
Privatsammlung, Chatsworth House, Derbyshire

DIE UNER-GRÜNDLICHE SPHINX-FRAU

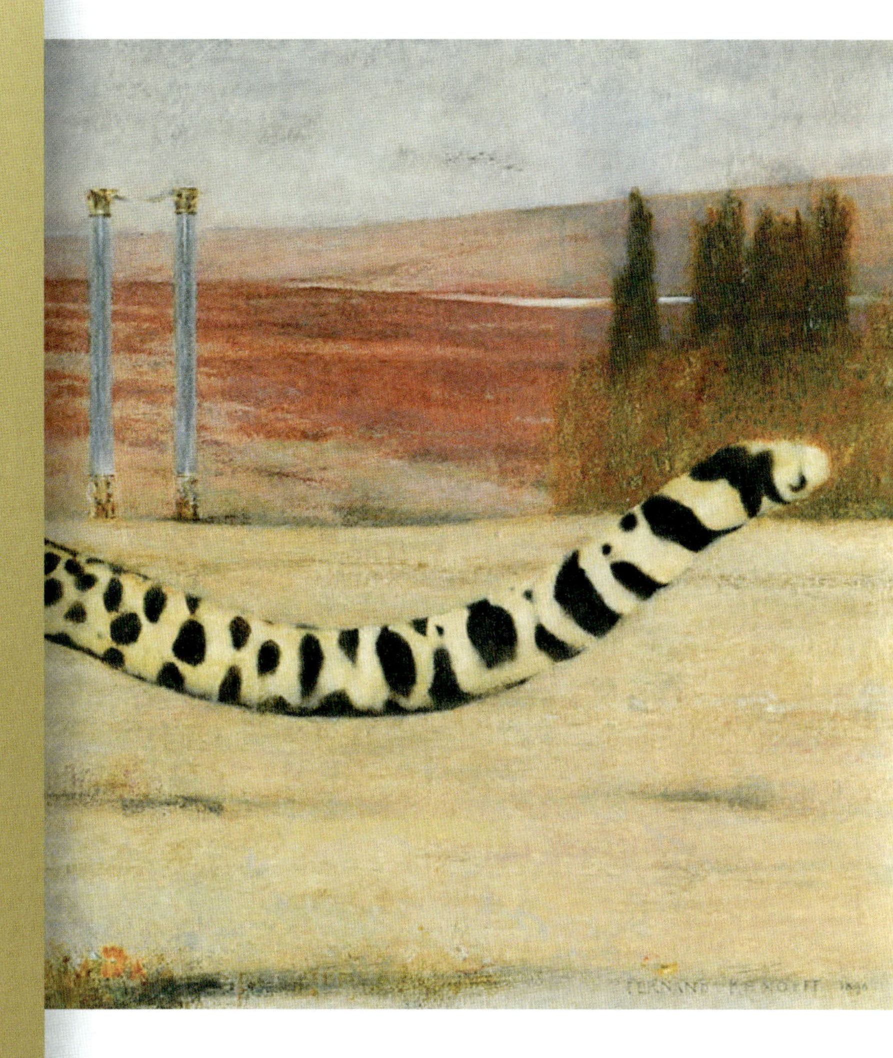

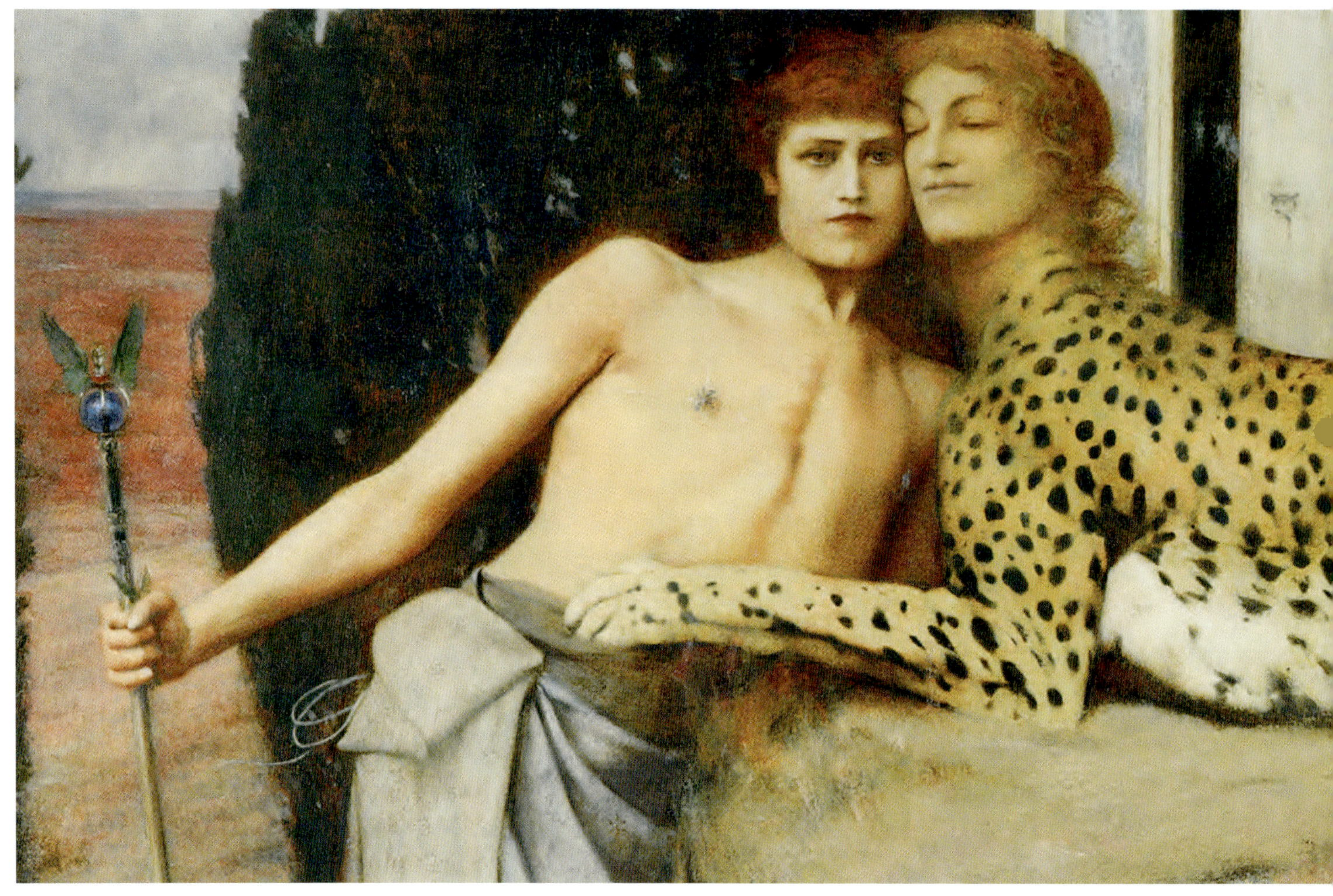

Fernand Khnopff, die Galionsfigur des Symbolismus, räumt Mysterien, Träumereien und Gefühlen in seinen Werken einen breiten Raum ein. Eine Sphinx, die keine ist, eine unwirkliche Landschaft, mysteriöse Schriften und eine androgyne Figur, von der man nicht weiß, ob es sich um Ödipus oder den Maler selbst handelt … Das bekannteste Werk des Meisters ist zugleich auch eines der rätselhaftesten!

D*ie Liebkosungen* setzt einen Gepard mit Frauenkopf in Szene, der an die Sphinx aus der griechischen Mythologie erinnert. Seine Sphinx schmiegt ihre Wange an die eines jungen Mannes, der ein Zepter in der rechten Hand hält, und hat die Augen geschlossen, ein deutliches Zeichen dafür, dass sie Gefallen an dieser Nähe findet. Auf den ersten Blick geht es hier um eine der Episoden aus dem Ödipus-Mythos – in der dieser versucht, das von der Sphinx gestellte Rätsel zu lösen –, eine Vermutung, die durch die antiken Säulen im Hintergrund bekräftigt wird. Khnopff setzt diese Geschichte allerdings völlig neu in Szene. Zunächst hat die Sphinx keinerlei Ähnlichkeit mit jener, die im Körper eines Löwen und mit den Flügeln eines Vogels Ödipus befragt. Dann ist in diesem Gemälde, wider Erwarten, keine provokative Stimmung zu spüren: Die Sphinx stellt nicht ihre berühmte Frage (»Was geht am Morgen auf vier, am Mittag auf zwei und am Abend auf drei Beinen?«), und der Held liefert keine Lösung des Rätsels (»Der Mensch«). Im Gegenteil,

FERNAND KHNOPFF (1858–1921),
Die Liebkosungen, 1896,
Öl auf Leinwand, 50,5 × 151 cm, 1898, Musées royaux des Beaux-Arts de Belgique, Brüssel

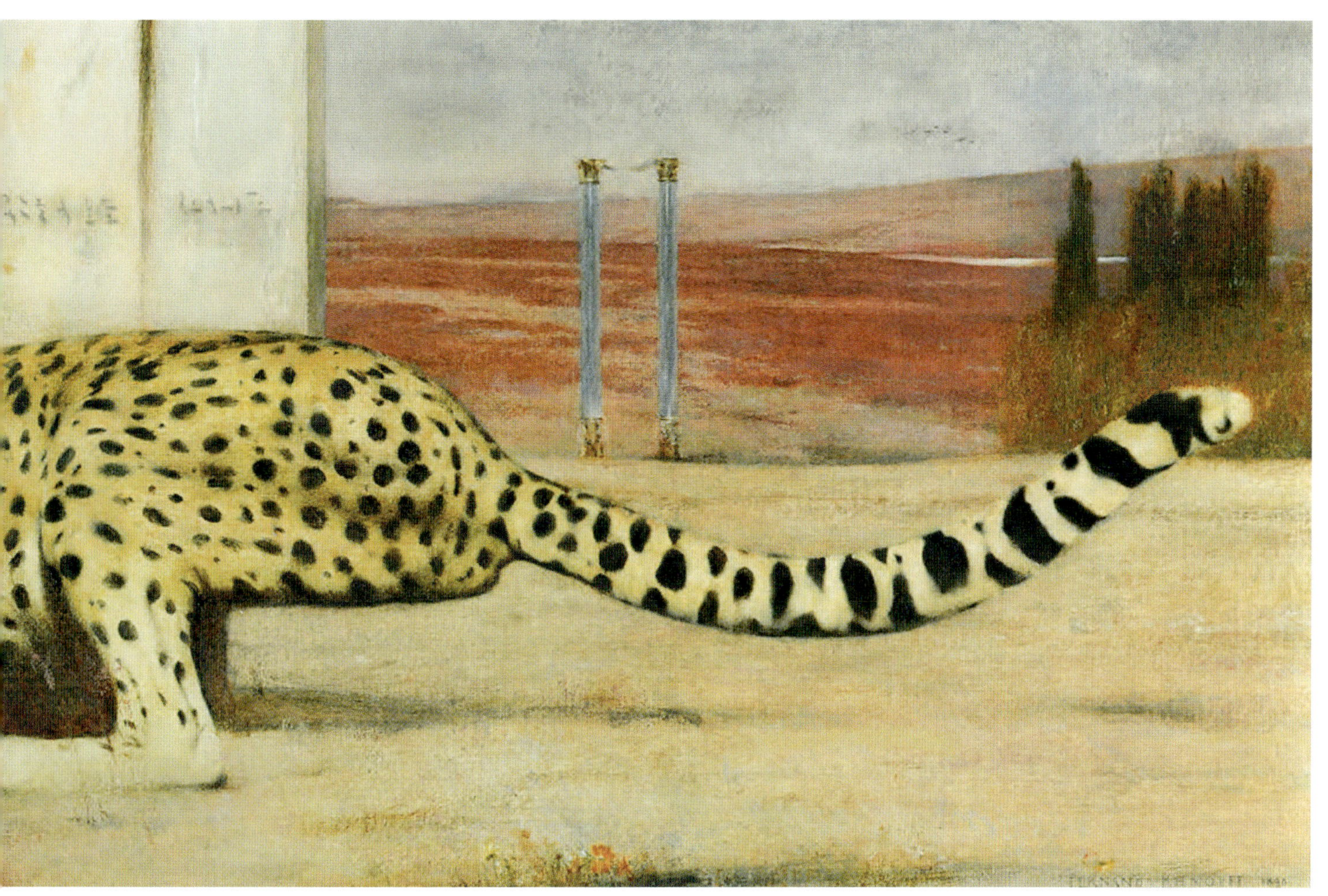

anstatt sich gegenseitig herauszufordern, scheinen sie vereint zu sein. Diese völlig neue Version des Mythos ist von Verlangen erfüllt. Die Landschaft veranschaulicht im Übrigen diese Dialektik: Die beiden miteinander verbundenen Säulen im Hintergrund sind das Symbol für die Vereinigung. Warum also wird diese Thematik anhand einer mythologischen Episode dargestellt, in der an keiner Stelle von Verliebtheit die Rede ist? Man vermutet, Khnopff habe Honoré de Balzacs im Jahr 1830 verfasste Novelle *Une Passion dans le desert (Eine Leidenschaft in der Wüste)* inspiriert, in der es um die befremdliche Liebe zwischen einem Soldaten und einem Panther geht.

Trotzdem bleibt vieles rätselhaft. Wie kommt es zum Beispiel, dass der angebliche Ödipus dem Maler Khnopff stark ähnelt, obwohl es doch dessen vom ihm tief verehrte Schwester Marguerite war, die für ihn Modell stand (wie übrigens auch für die Sphinx!)? Mit dieser androgynen Figur, halb Fernand, halb Marguerite, könnte der Künstler seiner verdrängten inzestuösen Neigung Ausdruck verliehen haben. Außerdem erinnert uns ein Blick in die griechische Mythologie daran, dass Ödipus sich, sicherlich unfreiwillig, des Inzests schuldig machte. Dann ist da noch dieser merkwürdige Tempel – mit seinen unleserlichen Inschriften –, der die Landschaft unterbricht, ohne dass man wüsste, welchen Sinn er haben könnte, und dieses Zepter mit einer … geflügelten, die Welt beherrschenden Sphinx an der Spitze. Khnopff hat diese Komposition nie erläutert und das Rätsel bleibt ungelöst.

In jedem Fall markiert das Bild *Die Liebkosungen* den Beginn eines tiefgreifenden Wandels in der Arbeit des Malers. Danach waren seine Gemälde stärker von Wollust und mysteriösen ätherischen Frauen geprägt, die immer sinnlicher und verführerischer wurden.

REISE IN DAS UNBEWUSSTE DES ZÖLLNERS

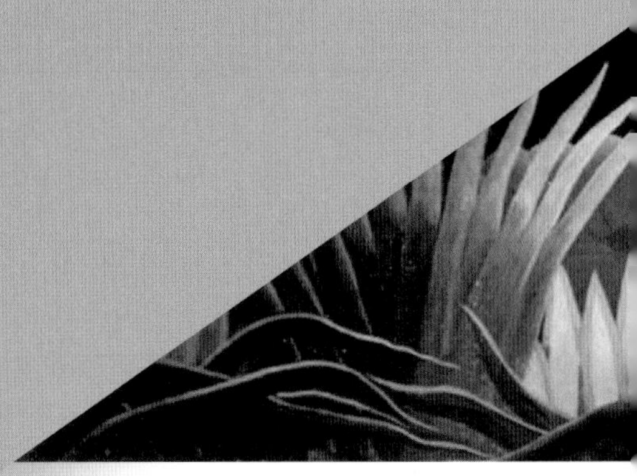

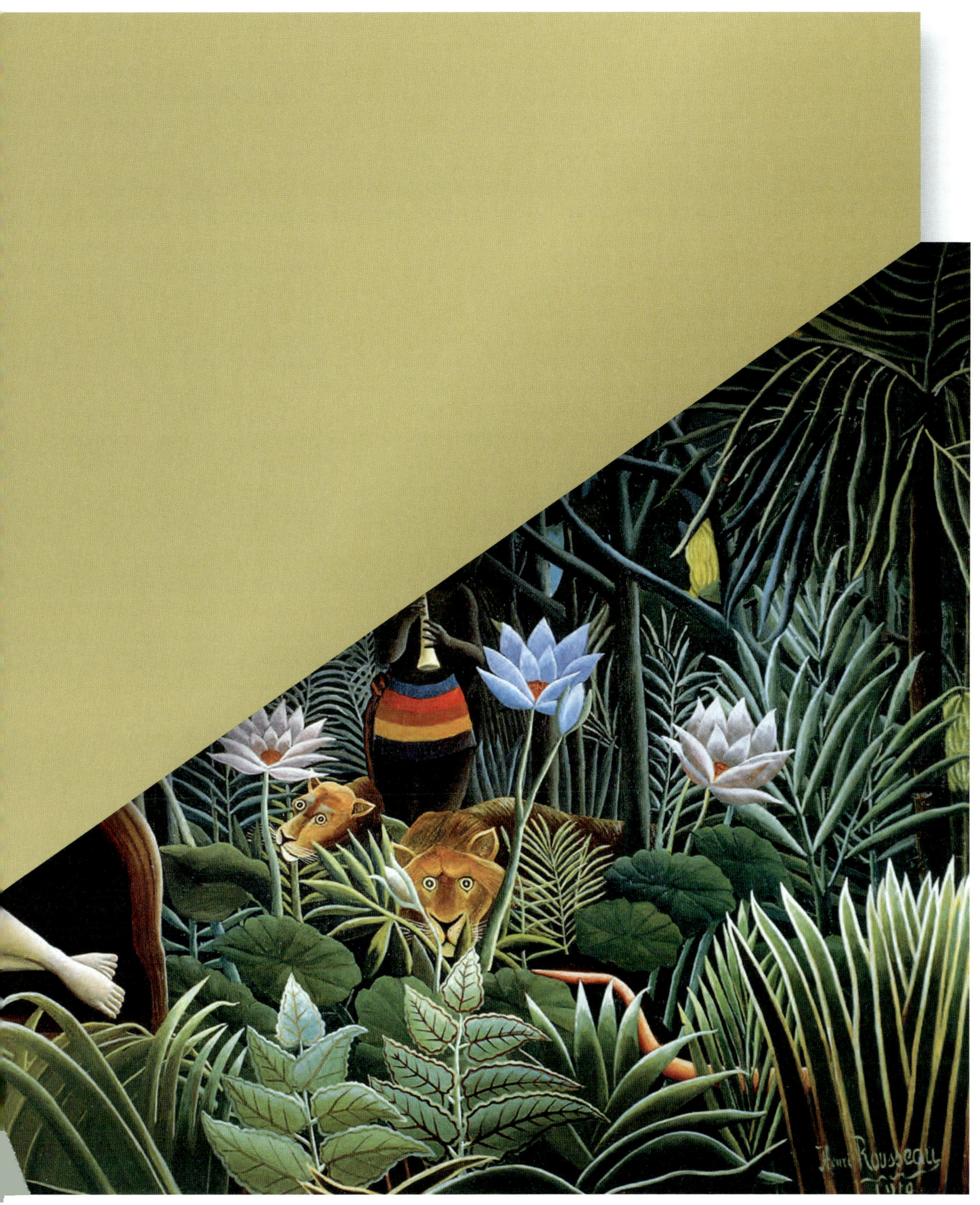

Der autodidaktische Maler Henri Rousseau hat im Laufe seiner Karriere mehr als zwanzig Dschungelbilder gemalt. *Der Traum* ist das letzte dieser Serie, aber auch das monumentalste und komplexeste. Was hat diesen Mann, der auch ›Le Douanier Rousseau‹ (›der Zöllner‹) genannt wird, inspiriert? Welchen Sinn soll man in dieser überbordenden Vegetation entdecken, die bevölkert ist von wilden Tieren, einem Eingeborenen und … einer nackten, auf einem Sofa ausgestreckten Frau?

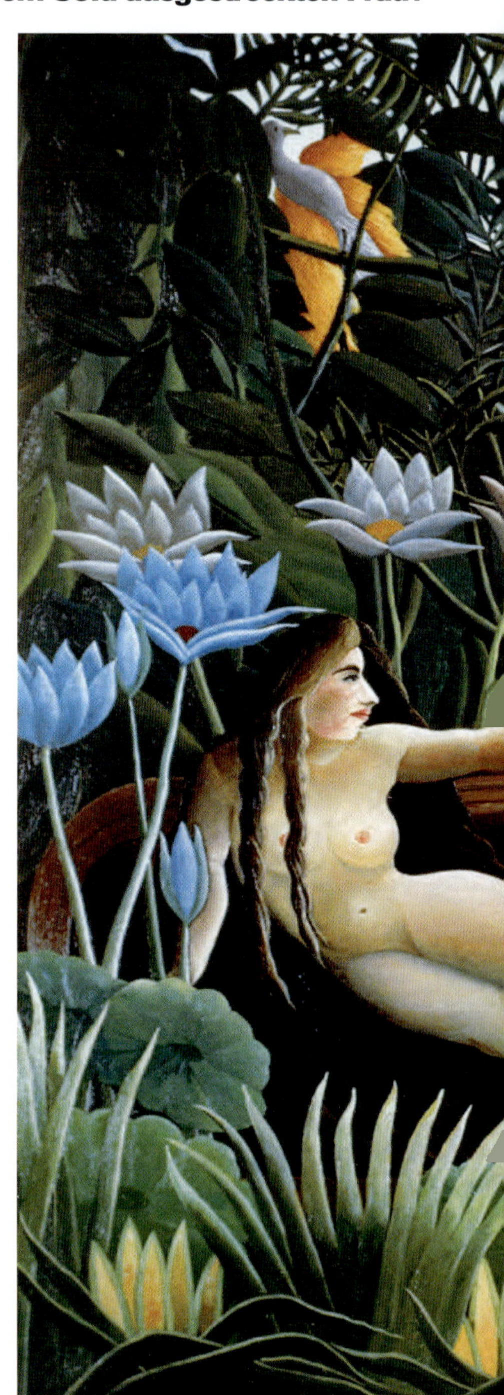

Rousseau muss, um eine solche Landschaft malen zu können, weit entfernte und unbekannte tropische Gegenden erkundet haben. Übrigens hat er selbst versucht, andere in diesem Glauben zu lassen: Er versicherte, er habe sich von der tropischen Natur in Mexiko inspirieren lassen, die er kennengelernt habe, als er mit seinem Regiment zur Unterstützung Maximilians von Österreich dort gewesen sei. Man weiß aber heute, dass er Frankreich in Wirklichkeit nie verlassen hat. Wenn er seine Zeit nicht in Bücher über Fotografie oder Reiseberichte vertieft verbringt, besucht der Zöllner den botanischen Garten oder das Naturkundemuseum, um dort exotische Pflanzen und wilde Tiere zu studieren. Die exotischen Dörfer der Weltausstellung von 1889 prägten ihn zwar außerordentlich, als Inspirationsquelle für seinen *Traum* aber diente ihm ein Stich, den er in einer Zeitschrift fand.

Welche Bedeutung hat denn nun dieses Gemälde? Rousseau will den Betrachtern seine Vorgehensweise erklären und es im Salon des Indépendants im Frühjahr 1910 den akademischen Malern gleichtun, die in der Regel ihre Dichterfreunde baten, als Begleittext zu ihren Gemälden einige Verse zu verfassen. Er selbst schreibt zu seinem Werk die folgenden Verse: »Yadwigha in einem schönen Traum / sanft schlafend / hörte die Klänge der Musette / eines wohlmeinenden Schlangenbeschwörers […].«

Auf diesem Gemälde wäre folglich die träumende Yadwigha zu sehen. Diese rationale Erklärung würde die heterogenen Elemente und die seltsame Inszenierung rechtfertigen. Aber wer ist diese Yadwigha? Handelt es sich wirklich um eine reale Person? Guillaume Apollinaire und Pablo Picasso, beide Freunde des Künstlers, haben sie als eine mögliche Jugendliebe des Malers, die polnische Wurzeln hatte, geschildert. Der Name taucht ebenfalls in einem 1899 von Henri Rousseau geschriebenen Theaterstück auf. Es gibt allerdings keinen einzigen weiteren Beweis für die Existenz des jungen Mädchens. Er wäre möglich, dass sie, wie die Reise nach Mexiko, ein Fantasiegebilde des Malers ist, der seinem Leben einen exotischen Touch geben wollte. Außerdem ähnelt das weibliche Modell des *Traums* in keiner Weise dem fünfzehn Jahre früher gemalten *Porträt einer Frau,* das ebenfalls Yadwigha darstellen soll.

Was also wollte der Maler mit dieser imaginären Szene zum Ausdruck bringen? Rousseau hat nicht den Traum der Yadwigha, sondern seinen eigenen gemalt. Er hat sich von seinem Unbewussten leiten lassen und die Wünsche und Ängste gezeigt, die ihn bewegten. Nimmt man sich die Zeit, ihn zu betrachten, geht von diesem geheimnisvollen Dschungel eine seltsame Musik aus, die in uns die Träume unseres eigenen Unbewussten weckt.

HENRI ROUSSEAU, GENANNT ›LE DOUANIER ROUSSEAU‹ (1844–1910),
Der Traum, 1910,
Öl auf Leinwand, 204,5 × 298,5 cm, The Museum of Modern Art, New York

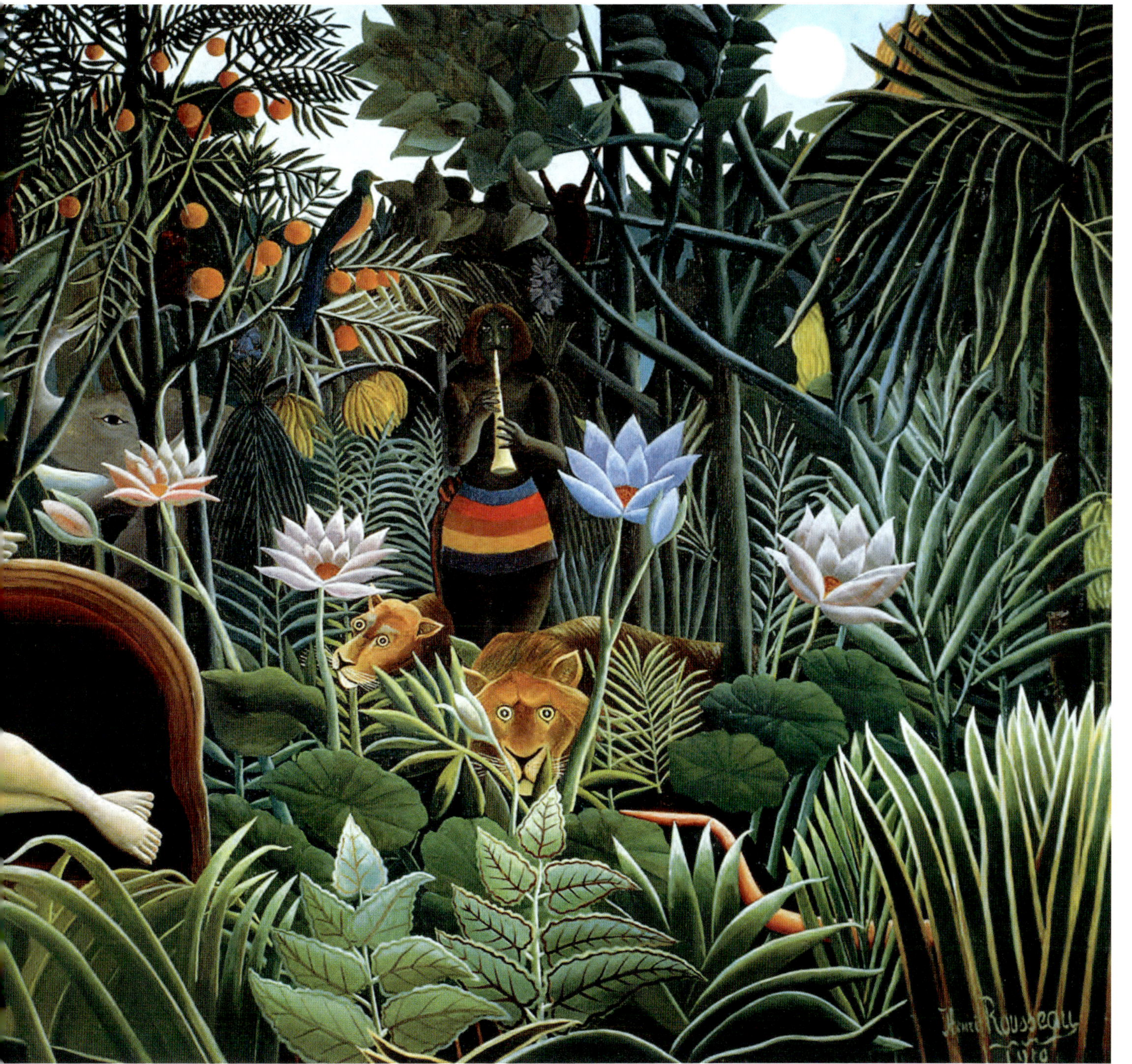

Künstlerregister

Bildnachweis

© ADAGP, Paris 2014 für alle Werke ihrer Mitglieder: Augustin Lesage, **S. 117, 119**

© Succession Marcel Duchamp/ADAGP, Paris 2014 für die Werke von Marcel Duchamp, **S. 32, 34, 35, 37**

S. 8/9 © Christie's Images/The Bridgeman Art Library; **S. 13, 15** © Rich Thompson/IFA-Bilderteam/Photolibrary/Getty Images; **S. 16/17, 18/19** © The Bridgeman Art Library; **S. 21, 22/23** © RMN-Grand Palais (Musée du Louvre)/René-Gabriel Ojéda; **S. 25, 27** © The Bridgeman Art Library; **S. 28, 30/31** © Getty Images; **S. 29, 31** © Christie's Images/The Bridgeman Art Library; **S. 32, 34** © The Bridgeman Art Library © Succession Marcel Duchamp/ADAGP, Paris 2014; **S. 35** © Miguel Ariel Contreras Drake-McLaughlin/Flickr © Succession Marcel Duchamp/ADAGP, Paris 2014; **S. 37** © Gift of the Cassandra Foundation, 1969/The Bridgeman Art Library © Succession Marcel Duchamp/ADAGP, Paris 2014; **S. 39, 40/41** © Google Maps; **S. 42/43** © Ferdaus Shamim/WireImage/Getty Images; **S. 47, 49** © Universal History Archive/UIG/The Bridgeman Art Library; **S. 48** © akg-images; **S. 51, 53** © De Agostini Picture Library/The Bridgeman Art Library; **S. 55, 57** © Stuart Dee/Photographer's Choice/Getty Images; **S. 58, 60** © Giraudon/The Bridgeman Art Library; **S. 63, 65** © Archives Alinari, Florence, Dist. RMN-Grand Palais/Alessandro Vasari; **S. 64** © Alinari/The Bridgeman Art Library; **S. 67** © Bequest of Grenville L. Winthrop/The Bridgeman Art Library; **S. 68, 70** © The National Gallery, London, UK/The Bridgeman Art Library; **S. 72, 74/75** © The Bridgeman Art Library; **S. 77, 79** © SuperStock/Getty Images; **S. 81, 83** © Ferdaus Shamim/WireImage/Getty Images; **S. 84/85** © The Bridgeman Art Library; **S. 88/89, 90/91** © Farrell Grehan/Photo Researchers/Getty Images; **S. 93, 95** © Glowimages/Getty Images; **S. 97, 98/99** © Giraudon/The Bridgeman Art Library; **S. 101, 103** © AWL Images/Michele Falzone/Getty Images; **S. 105, 107** © Giraudon/The Bridgeman Art Library; **S. 108/109, 110/111** © The Bridgeman Art Library; **S. 112/113, 114/115** © The Bridgeman Art Library; **S. 117, 119** © The Art Archive/Institut Métapsychique International Paris/Gianni Dagli Orti/Picture Desk/Image Forum/AFP © ADAGP, Paris 2014; **S. 120/121, 122/123** © Robert Capa © International Center of Photography, Magnum Photos; **S. 124/125** © The Bridgeman Art Library; **S. 129, 130/131** © Getty Images; **S. 133, 135** © De Agostini/Getty Images; **S. 136/137, 138/139** © DEA/J. E. Bulloz/De Agostini/Getty Images; **S. 140, 142/143** © The Bridgeman Art Library; **S. 144 (links und Mitte)** © The Bridgeman Art Library, **(rechts)** © Giraudon/The Bridgeman Art Library; **S. 145 (links)** © Index/The Bridgeman Art Library, **(Mitte)** © Giraudon/The Bridgeman Art Library, **(rechts)** © The Bridgeman Art Library; **S. 147, 149** © Cameraphoto Arte Venezia/The Bridgeman Art Library; **S. 151, 153** © BPK, Berlin, Dist. RMN-Grand Palais/Jörg P. Anders; **S. 155, 157** © The Bridgeman Art Library; **S. 159, 160/161** © BPK, Berlin, Dist. RMN-Grand Palais/image BStGS; **S. 163, 165** © Giraudon/The Bridgeman Art Library; **S. 165** © Devonshire Collection, Chatsworth/Reproduced by permission of Chatsworth Settlement Trustees/The Bridgeman Art Library; **S. 167, 168/169** © akg-images/Erich Lessing; **S. 170/171, 172/173** © De Agostini Picture Library/The Bridgeman Art Library.